国防特色教材·力学

飞行器动力学与控制

张嘉钟　魏英杰　曹　伟　编著

哈爾濱工業大學出版社

北京航空航天大学出版社　北京理工大学出版社
哈尔滨工程大学出版社　西北工业大学出版社

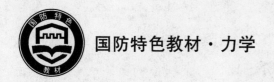

内容简介

本书根据国防科工委"十一五"规划教材的要求，针对力学专业的教学需要编写。本书内容包括：绪论，飞行器动力学建模的基本方法，飞行器轨道动力学与控制，飞行器姿态动力学，飞行器姿态稳定控制，复杂航天飞行器动力学，载人航天飞行，星际飞行等。通过本课程的学习使力学专业的本科生、研究生或相关专业的学生对航天飞行器的背景知识增加了解，掌握空间飞行器动力学分析的基本方法，明确航天器动力学研究的内容，把握复杂航天器动力学研究的方向。

本书可作为高等学校力学专业和相关专业的本科生和研究生的教学或自学用书，也可供研究人员和技术人员参考。

图书在版编目(CIP)数据

飞行器动力学与控制/张嘉钟，魏英杰，曹伟编著. —哈尔滨：哈尔滨工业大学出版社，2011.3

(航天科学与工程系列丛书)

国防特色教材 "十一五"国家重点图书

ISBN 978-7-5603-3198-0

Ⅰ.①飞… Ⅱ.①张… ②魏… ③曹… Ⅲ.①飞行器-姿态飞行控制-动力学-教材 ②飞行器-飞行控制-教材 Ⅳ.①V412.4 ②V448.2

中国版本图书馆 CIP 数据核字(2011)第 029903 号

飞行器动力学与控制

张嘉钟　魏英杰　曹伟　著

责任编辑　刘　瑶

*

哈尔滨工业大学出版社出版发行

哈尔滨市南岗区复华四道街 10 号(150006)　发行部电话:0451-86418760　传真:0451-86414749

http://hitpress.hit.edu.cn

东北林业大学印刷厂　各地书店经销

*

开本:787mm×960mm　1/16　印张:13　字数:283 千字

2011 年 3 月第 1 版　2011 年 3 月第 1 次印刷　印数:2 000 册

ISBN 978-7-5603-3198-0　定价:38.00 元

前　言

航天事业自20世纪以来,历经几代人的努力,目前已经成功地实现了载人航天、登月飞行、行星际和恒星际的探索。航天事业的发展不仅推动了科学技术的发展,也进一步促进了相关领域的技术发展,并促进了国民经济的增长。航天事业已经成为国民经济的重要组成部分,因此,力学专业的学生了解航天领域的发展以及未来技术应用的前景对其自身的发展和对国民经济的发展都是必要的。为适应这一需要,编者在国防科工委制订的该项教材编写计划背景下,结合多年的教学经历编写了本书。编写本书的目的是使学生初步了解航天器的相关背景知识,掌握航天飞行器动力学与控制的基本理论,明确航天飞行器动力学研究的主要内容,把握未来复杂航天器技术的发展。

全书共分8章:第1章绪论,介绍了航天器及航天器动力学研究的问题;第2章飞行器动力学建模的基本方法,介绍了牛顿-欧拉法、拉格朗日法、凯恩法等航天飞行器建模的主要基本方法;第3章飞行器轨道动力学与控制,介绍了飞行器的运行轨道、轨道转移和轨道摄动源等问题及相关概念;第4章飞行器姿态动力学,介绍了简单飞行器的姿态动力学及姿态控制的原理;第5章飞行器姿态稳定控制,介绍了重力梯度稳定、自旋稳定和三轴稳定的原理;第6章复杂航天飞行器动力学,介绍了复杂航天器的多体动力学以及多柔性体动力学建模的问题;第7章载人航天飞行,介绍了载人航天环境和生命保障、载人航天器及载人航天史;第8章星际飞行,介绍了空间航行的基本理论、太阳系探测以及恒星际航行所面临的时空和技术问题。

本书可以作为高等学校本科生和研究生的教学用书。本书的内容主要参考了曲广吉教授著的《航天器动力学工程》、褚桂柏教授主编的《航天技术概论》等书籍和相关文献，并补充了近年来在航天器方面的最新成果。在此特向参考文献的相关作者表示感谢。

本书撰写分工如下：魏英杰负责第1、2、3、6章，曹伟负责第4、5、7、8章，张嘉钟教授负责全书统稿及修改工作。由于全书内容涉及的领域比较广，鉴于作者水平有限，书中难免出现不足之处，恳请读者批评指正。

编者　张嘉钟

2011年1月

符　号　表

A	面积
$\boldsymbol{A}$	方向余弦阵
$\boldsymbol{A}_n$	方向余弦矩阵
a	轨道半长轴
B_{m}	地球磁场强度
c	光速,$c = (29.979\ 29 \pm 0.000\ 08) \times 10^4$ km/s
$\boldsymbol{C}$	雅可比矩阵
C_{D}	阻力系数
C_{L}	升力系数
$\boldsymbol{C}_n$	定常矩阵
$C\xi, C\eta, C\zeta$	刚体的中心惯性主轴
D	气动阻力
$\boldsymbol{D}_n$	$O_{\overline{n+1}} - xyz$ 相对 $O_{n+1} - xyz$ 的方向余弦矩阵
$\mathrm{d}F$	作用在 $\mathrm{d}m$ 上的力
e	偏心率
f	真近点角,即近地点和卫星所在位置矢径之间的夹角
$\boldsymbol{F}$	主动作用力
$\boldsymbol{F}^*$	惯性力
$\boldsymbol{F}_j$	第 j 个质点的合力
$\boldsymbol{F}_r$	第 r 个刚体上的合力
$\boldsymbol{F}_j^*$	第 j 个质点的惯性力

F_r^*	第 r 个刚体上的惯性力
$f_{n,n-1}$	铰点 O_n 处物体 B_n 对物体 B_{n-1} 的作用力
G	万有引力常数 $G=(6.670\pm0.005)\times10^{-3}\ \mathrm{N\cdot mm^2/g^2}$
$\boldsymbol{H}$	系统角动量矢量
$\boldsymbol{h}$	单位质量的动量矩矢量
$\boldsymbol{H}_C^{\mathrm{T}}$	动量矩在质心连体坐标系 $C\xi\eta\zeta$ 中的坐标列阵
i	轨道倾角,即轨道面与赤道面的夹角
I_x,I_y,I_z	主惯量矩
J_1,J_2,J_3	物体对轴 $C\xi$,$C\eta$ 和 $C\zeta$ 的转动惯量
$[J]_C$	刚体相对质心连体坐标系的惯性矩阵
J_{g}	陀螺的转动惯量
J_{f}	框架的转动惯量
L	气动升力
$\mathrm{L}_{\odot}$	日心黄经,从春分点沿黄道逆时针度量到日心的角距
L	系统拉格朗日函数
M	质量
m_i	第 i 个刚体的质量
M	主动作用力矩
M_x,M_y,M_z	外力矩的分量
M^*	惯性力矩
M_r	第 r 个刚体上的合力矩
M_r^*	第 r 个刚体上的惯性力矩
$M_{n,n-1}$	铰点 O_n 处物体 B_n 对物体 B_{n-1} 的作用力矩
N	运动质点数
p	半正焦弦

P	太阳光压常数
$\boldsymbol{P}$	系统线动量
p_n	刚体的动量
q_i	系统第 i 个广义坐标
$\dot{q}_1,\cdots,\dot{q}_n$	系统独立广义速度
Q_i	对应于广义坐标 q_i 的广义力
r	刚体序号
R	受照表面的反射系数
$\dot{R}_j$	第 j 个质点的运动速度
S	横截面面积
T	周期
T_{E}	航天器总动能
T_{n}	章动能
$\dot{T}_{\mathrm{EP}}$	平台的能量耗散速率
$\dot{T}_{\mathrm{ER}}$	转子的能量耗散速率
V	系统的势能
v_i^r	第 r 个刚体质心的第 i 个偏速度
v_r	第 r 个刚体平动速度
v_{A1}	轨道 A 在交点处所对应的卫星速度
v_{B1}	轨道 B 在交点处所对应的卫星速度
x_C	物体的质心 C 在固定坐标系 $Oxyz$ 中的坐标
x_i	广义坐标 $q_1,\cdots,q_n$ 及时间 t 的函数
y_C	物体的质心 C 在固定坐标系 $Oxyz$ 中的坐标
$\boldsymbol{Z}$	第 i 个柔性体中 $\mathrm{d}m$ 的径向量
z_C	物体的质心 C 在固定坐标系 $Oxyz$ 中的坐标

Z_i	第 i 个刚体的质心位置
λ_k	拉格朗日算子
$\dot{\sigma}$	转子轴沿框架轴的进动角速度
Ω	升交点赤经,从春分点到升交点的角距
ω	卫星升交点矢径与近地点矢径夹角叫做近地点角距
$\omega_{i,j}$	广义坐标 $q_1,\cdots,q_n$ 及时间 t 的函数
ω_r	第 r 个刚体的转动速度
ω_i^r	第 r 个刚体的第 i 个偏角速度
ω_g	陀螺相对于框架绕自旋轴的旋转角速度
$\{\omega\}$	刚体的角速度矢量在质心连体坐标系中的坐标列阵
$\tilde{\boldsymbol{\omega}}^j$	ω^j 的反对称矩阵
$\overline{\overline{[\boldsymbol{\omega}^j+\boldsymbol{\omega}^{jk}]}}$	$\omega^j+\omega^{jk}$ 的反对称矩阵
δA	作用在刚体间的力由于虚位移 δZ_i 引起的虚功
δP_i	第 i 个柔性体内部弹性力的虚功率
δP	作用在物体间铰中弹簧力和阻尼力的虚功率
ψ,θ,φ	物体的质心连体坐标系 $C\xi\eta\zeta$ 相对质心平动坐标系 $Cx'y'z'$ 的欧拉角
μ	地球引力常数 $\mu=3.896\times10^{14}\,\mathrm{m}^3/\mathrm{s}^2$
$\mu_T=I_z/I_T$	纵横惯量比
$\boldsymbol{\Phi}_{ai}$	附件 i 的模态矩阵
η_{ai}	附件 i 的模态坐标
$\boldsymbol{\Lambda}_{ai}$	附件 i 的刚度矩阵

目　录

第1章 绪论

【教学目的】

通过本章的学习，希望达到如下教学目的：

1. 了解各类航天器的特点。

2. 了解航天器动力学领域存在的问题。

【内容提要】

绪论部分主要针对航天飞行器及其动力学问题，以及我国航天事业的发展状况作一简要介绍，对本课程有一个初步的了解。在飞行器部分，根据飞行器的功能特点主要介绍了人造卫星、深空探测轨道器、载人飞船、航天飞机、空间站及其轨道、姿态和环境载荷等问题。介绍上述内容的目的是使学生对所研究的背景对象的任务、结构特点以及环境载荷对轨道和姿态的影响问题有更深入的了解。带着对这样一些问题的思考学习本门课程，意在提高学生主动学习的精神。在动力学部分针对飞行器向复杂结构方向发展的特点，主要介绍了复杂航天器动力学方面所面临和应该研究的问题。在我国航天事业的发展状况一节中主要介绍了我国航天事业中的一些重大事件以及政府关于航天事业未来发展的政策。

本章部分内容主要参考褚桂柏教授主编的《航天技术概论》一书和曲广吉教授著的《航天器动力学工程》一书，了解详细内容请参见上述文献。

飞行器动力学与控制的研究对象是航天飞行器，研究的内容是航天器在空间环境载荷条件下，其轨道运动和姿态稳定的动力学特性以及动力学建模的方法。为此，本章将对航天飞行器及其动力学问题作一简要介绍，最后简要介绍我国航天事业的发展状况。

1.1 航天飞行器简介

目前，航天飞行器根据其功能可以划分为五大类，即卫星、深空探测器、轨道着陆器（包括返回器）、载人航天器（如宇宙飞船、航天飞机等）、空间站。由于功能的需要，其结构特征、运行轨道、姿态稳定的方式以及感受的载荷环境都存在较大差异。下面将以上分类加以介绍，目的是使学生对研究对象的背景知识有深入的了解。

1.1.1 航天飞行器

1. 人造卫星

人造地球卫星是人类的一大创举。1957 年 10 月 4 日，苏联用卫星号运载火箭把世界上第一颗人造地球卫星送入太空，开创了人类迈出地球、探索宇宙的新纪元。尽管它只有 86.3 kg重，呈球形，直径为 0.58 m，外部伸展了 4 根条形天线，如图 1.1 所示，在天上正常工作了 3 个月，但它却是世界上第一个人造天体，把人类几千年来探索宇宙的梦想变成现实。

人造地球卫星出现以后，20 世纪 60 年代，苏联和美国发射了大量的科学实验卫星、技术试验卫星和各类应用卫星，卫星凭借它得天独厚的空间位置，其应用日益多样化。20 世纪 70 年代，卫星全面进入应用阶段，向侦察、通信、导航、预警、气象、测地、海洋和地球资源等专门化方向发展。如图1.2、图1.3所示，卫星的结构都与图1.1有明显的差别。同时，各类卫星也

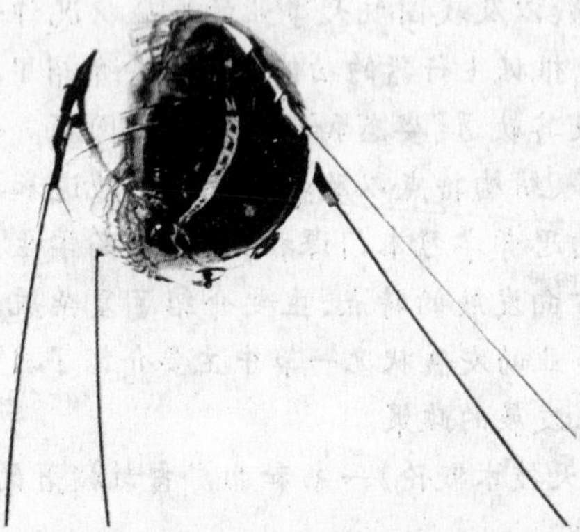

图 1.1 前苏联的第一颗人造地球卫星

图 1.2 我国北斗一号导航卫星

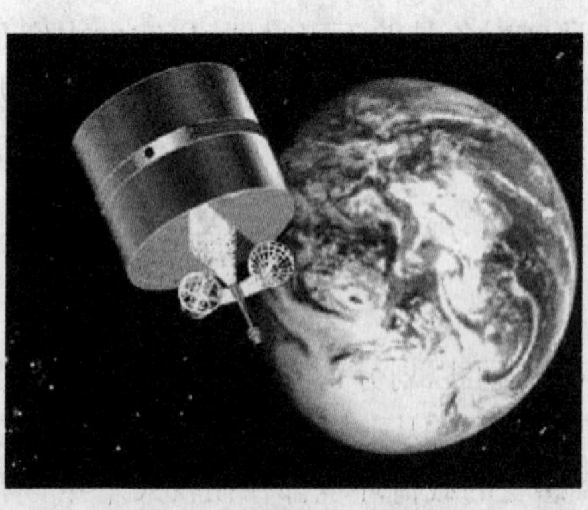

图 1.3 风云二号气象卫星

向多用途、长寿命、高可靠性和低成本方向发展。自20世纪80年代后期起,单一功能的微型化、小型化卫星受到各国的重视,这类质量轻、成本低、研制周期短、见效快的小型卫星将成为卫星发展史上的新动向。

2. 深空探测器

空间探测的主要目的是了解太阳系的起源、演变和现状;探索生命的起源和演变;通过对太阳系内的各主要行星及其卫星的比较研究,进一步认识地球环境的形成和演变;行星际探测器为行星和行星际空间的研究提供了新的手段。空间探测器实现了对月球和太阳系中其他行星的逼近观测和直接取样探测,从而开创了人类探索太阳系内天体的新阶段。

空间探测活动主要分为两个阶段:一是围绕月球的探测活动;二是围绕太阳系中其他行星的逼近观测和直接取样探测活动。1969年7月20日,美国N·A·阿姆斯特朗和E·E·奥尔德林乘坐阿波罗11号飞船登月成功,在月球静海西南角着陆,成为涉足地球之外另一天体的首批人员,首次实现了人类登上月球的理想。图1.4为美国阿波罗11号飞船及登月舱。图1.5~1.7分别展示了部分探测木星、火星、深空探测器的图片。从这些图片中可以看到其结构的相对复杂性。

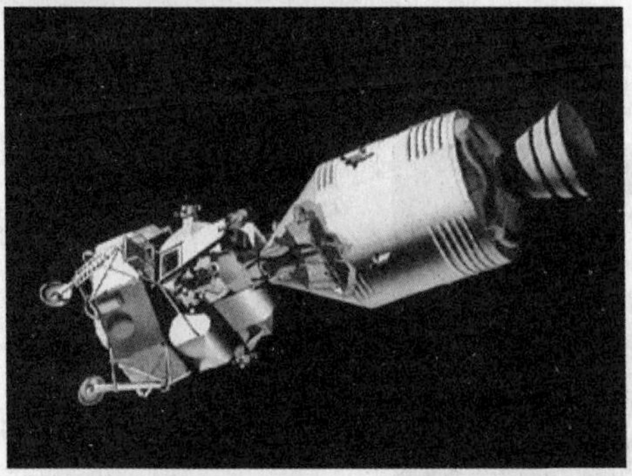

图1.4 美国阿波罗11号飞船及登月舱

图1.5 伽利略号探测木星

图1.6 欧空局火星快车轨道器

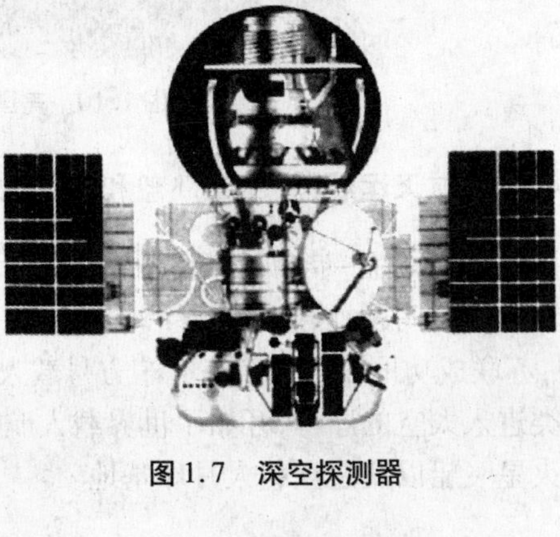

图1.7 深空探测器

3. 轨道着陆器/返回器

轨道着陆器是航天飞行器家族中的重要成员，为满足在外星球着陆、自主行走及探测的要求，如勇气号火星探测器（图1.8），其结构相当复杂，完成一系列的动作，如与轨道器分离（图1.9），进入预定的着陆轨道，实现软着陆，着陆器展开实现预定功能形态，实现自主行走调整姿态。对于载人轨道着陆器，还需要具备生命保障系统和返回轨道器的功能。图1.10为美国阿波罗飞船的登月舱。

图1.8　勇气号火星探测器

图1.9　探测着陆器与轨道器分离

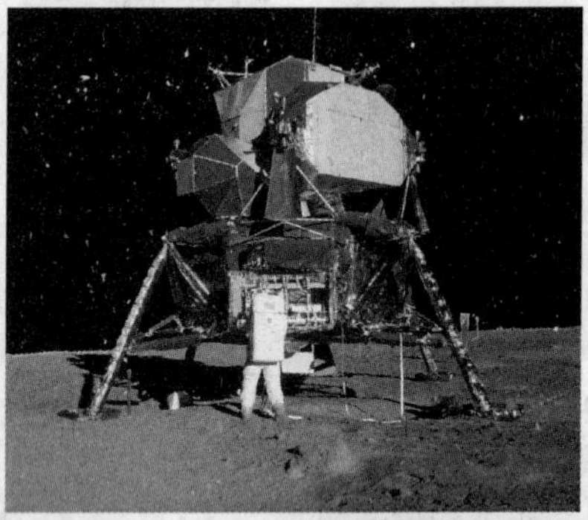

图1.10　美国阿波罗飞船的登月舱

4. 载人航天运载器（宇宙飞船和航天飞机）

载人航天面临一系列的问题，如生命的保障问题、空间环境下的生理问题和航天员的运动等前所未遇的问题，因此与卫星和深空探测相比载人航天具有更高的技术难度。1961年4月12日，苏联成功地发射了第一艘东方号载人飞船，尤里·加加林成为人类第一位航天员，揭开了人类进入太空的序幕，开始了世界载人航天的新时代。俄罗斯计划21世纪前期发射无人和载人火星飞船以及建立载人月球基地。

载人航天器目前分为两类:一类是载人飞船,属于一次性空间运载器;另一类是航天飞机,属于多次性空间运载器。

(1)载人飞船。

苏联自1961年4月至1970年9月,共发射了17艘载人飞船(东方号6艘、上升号2艘、联盟号9艘)。1965年3月,航天员在上升号上第一次走出飞船;1966年1月,两艘联盟号飞船第一次在轨道上交会对接,并实现两个航天员从一艘飞船向另一艘飞船转移。截至1985年,还发射了27艘载人飞船(联盟T号、TM号)和25艘无人飞船(进步号)用做天地往返运输系统。图1.11和图1.12为前苏联采用的载人飞船,根据功能的需要其形态各异。

图1.11　前苏联联盟号载人飞船

图1.12　前苏联上升号载人飞船

1961年5月 ~ 1966年11月,美国发射了16艘载人飞船(水星号和双子星座号)。水星号和双子星座号计划是载人登月飞行目标阿波罗计划的前两个阶段。1965年6月,双子星座飞船上的航天员第一次步入太空;1966年3月,双子星座-8和阿金钠飞行器在轨道上第一次成功地实现对接,此后,双子星座飞船系统进行过多次交会和对接。1967 ~ 1972年共发射了14次阿波罗飞船(其中3次无人飞行,3次载人绕月飞行,6次载人登月飞行,12名航天员登上月球等)。

(2)航天飞机。

1969年,尼克松政府宣布20世纪70年代研制载人航天飞机,20世纪80年代投入使用,往返于地面站和国际空间站之间,运送物资和人员。迄今为止已有两架航天飞机在大气层中发生空难,目前正在研究高可靠性的航天飞机。图1.13为美国航天飞机结构示意图;图1.14为美国未来空天飞机设想图,其重要问题就是可靠性问题。

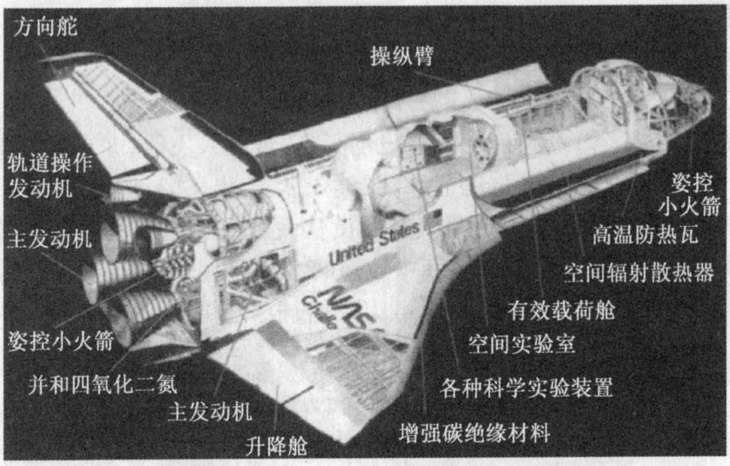

图 1.13　美国航天飞机结构示意图

图 1.14　美国未来空天飞机设想图

5. 空间站

空间站是在高真空和失重条件下开展科学研究的重要基地，它的重要性已被各国政府所共识。早在1971 ～ 1982 年间，苏联发射了7 艘重18 ～ 20 t 的礼炮号空间站。1986 年发射了和平号空间站，如图 1.15 所示。它是未来永久性空间站的核心舱，于20 世纪 90 年代建成，是由 7 个舱组成的大型空间站。1986 年 2 月，苏联和平号轨道空间站发射成功，它成为目前人类发射的在轨运行时间最长的载人航天器，在轨服役超过13 年。2001 年3 月23 日，和平号轨道空间站被引入大气层销毁，完成了其辉煌的历史使命。

1973 年，美国发射了天空实验室，并和阿波罗飞船进行过对接。1984 年，里根政府宣布20 世纪 90 年代建立永久性载人空间站。图 1. 16 为已经建成的国际空间站。空间站是一个庞大的系统，它是由多体部件组成，许多部件具有相当大的柔性，它不但要保证人员的正常生活和科学研究,还要保证在多种扰动下的轨道保持和姿态保持(如与飞船的对接、人员的移动、太阳光压和大气阻力等的干扰)。

图1.15 前苏联和平号轨道空间站

图1.16 国际空间站

1.1.2 航天器的轨道

航天器轨道参数的选择取决于航天器的任务,轨道参数一旦确定,运载火箭的任务就是将航天器运送到预定的轨道上去。由于火箭的推力以及发射场的地点问题,航天器很难一次进入预定的运行轨道,需要经过多次转移最后定位于运行轨道。运载火箭的轨道通常称为发射轨道,它由主动段轨道和自由段轨道构成。

1. 运载火箭的飞行轨道

运载火箭发射航天飞行器的飞行轨道有 3 种方案,如图 1.17 所示。

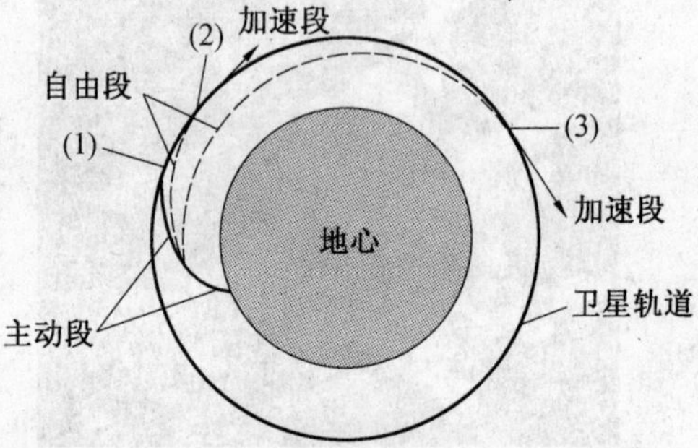

图 1.17 运载火箭的飞行轨道

(1)第一方案。该方案是一次主动段就直接入轨。这种方案比较简单易行,但消耗的能量比较多。

(2)第二方案。先用一段主动段,把大部分推进剂在较低的高度上消耗掉,让火箭获得足够大的速度,再进入一段自由飞行段(被动段)。当火箭飞行到预定轨道高度时,再加一小段主动段,让火箭再一次加速进入预定轨道。众所周知,把一个物体从地面上抬高,必须克服物体的重力而做功,所做的功转变为物体的势能。火箭所携带的大部分推进剂,在地球附近消耗掉比在离地球更高的地方消耗掉,可节省为提高火箭的推进剂势能所消耗的这部分能量。第二方案就是利用这个道理而设计的飞行轨道,所以比第一方案节省了能量。

(3)第三方案。与第二方案基本相同,只是要求自由飞行段要绕地球半圈,即自由飞行段起点和终点正好在地心的连线上。这种发射方案所消耗的能量最省,所以称为"最佳轨道",也称为"霍曼轨道"。

在制订火箭发射方案时,要受到发射场区的位置、测控台站的布局、航区和落点的安全等因素的限制,不可能采用自由飞行段很长的理想发射方案,而是采用多消耗一些能量,甚至经常采用一次主动段就把卫星送入轨道的发射方案。

2. 主动段轨道

在主动段飞行时,作用在火箭上的力和力矩如图 1.18 所示,XOY 为发射平面坐标,$X_1O_1Y_1$ 为速度坐标。在图 1.18 中,η 为地心角,φ 为俯仰角,θ 为速度方向角,α 为火箭飞行攻角。

把作用在火箭上所有的力,投影到速度方向(X_1 轴)上,根据牛顿定律得到动力学方程为

$$\frac{\mathrm{d}v}{\mathrm{d}t} = \frac{1}{m}(P\cos\alpha - D) - g\sin(\theta + \eta) \tag{1.1}$$

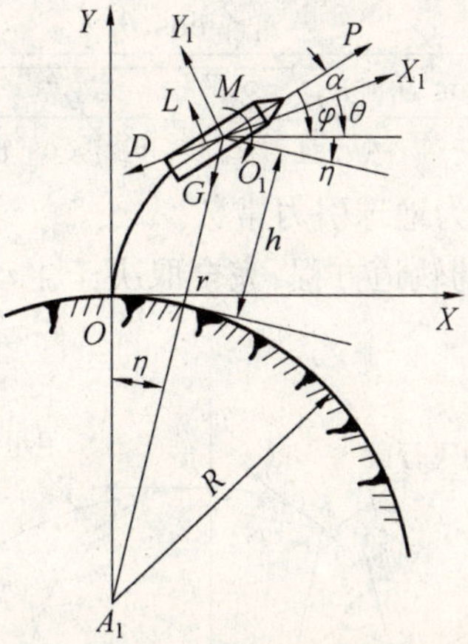

图 1.18 在主动段作用于火箭上的力系

火箭在主动段飞行时，通常攻角都很小，所飞越的地心角也很小，若略去不计，式(1.1) 可简化为

$$\frac{dv}{dt}=\frac{P}{m}-\frac{D}{m}-g\sin\theta \tag{1.2}$$

式中，火箭的推力 P 为

$$P=\dot{m}v_e+(p_e-p_a)S_e \tag{1.3}$$

将式(1.3) 代入式(1.2) 得到

$$dv=v_e\frac{dm}{m dt}dt+\frac{1}{m}S_e(p_e-p_a)dt-\frac{D}{m}dt-g\sin\theta dt \tag{1.4}$$

积分式(1.4)，得到主动段终点的速度为

$$v_k=v_e\ln\frac{m_0}{m_k}+S_e\int_0^{t_k}\frac{1}{m}(p_e-p_a)dt-\int_0^{t_k}\frac{D}{m}dt-\int_0^{t_k}g\sin\theta dt \tag{1.5}$$

式中，$\int_0^{t_k}\frac{D}{m}dt$ 为气动阻力引起的速度损失；$\int_0^{t_k}g\sin\theta dt$ 为地球引力引起的速度损失。

3. 自由飞行段的轨道

运载火箭的自由飞行段都在大气层以外，空气阻力可以忽略不计。因此，火箭的自由飞行段的运动，实际上是质点在地心引力场中的运动。

如图 1.19 所示，把火箭作为一个质点，弧线 OK 为主动段。在主动段终点 K 时，火箭所具有的速度为 v_k，速度方向角为 θ_k，火箭至地心的距离为 r_k。如果主动段终点速度 v_k 小于第一宇宙速度，火箭将沿着抛物线弧线 KBF 再进入大气层。自由段的轨道迹表示为

$$r = \frac{v_k^2 r_k^2 \cos^2\theta_k}{1 + \frac{v_k^2 r_k^2 \cos^2\theta_k}{\mu^2}\sqrt{v_k^2 - \frac{2\mu^2}{r_k} + \frac{\mu^4}{v_k^2 r_k^2 \cos^2\theta_k}}\cos(\eta_0 - \eta)} \tag{1.6}$$

式中,$\mu = 3.896 \times 10^{14}\mathrm{m}^3/\mathrm{s}^2$,称为地球引力常数。

式(1.6)表明,自由飞行段的轨道方程,完全取决于主动段终点的速度 v_k、速度方向角 θ_k 和径向距离 r_k。

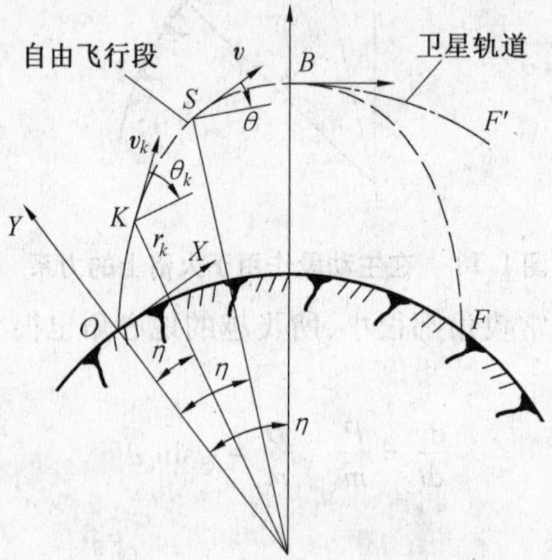

图 1.19　火箭被动段的弹道

在图 1.19 中,如果火箭在点 B,再一次点火加速,使火箭的速度达到航天飞行器在点 B 的运行速度,它就进入绕地球运动的弧线 BF' 的轨道,此轨道称为"卫星轨道"。卫星轨道的高度和形状,由运载火箭主动段终点的速度矢量和空间位置决定。

4. 航天器运行轨道

为完成特定的飞行任务,航天器将在预先设定的轨道上运行,执行飞行任务,该轨道为航天器的运行轨道,其轨道参数应由飞行任务的要求确定。从制动火箭点火,至航天器再入舱降落到地面,是航天器的返回轨道。

5. 航天器转移轨道

航天器从一个轨道转移到另一个轨道,可以用单个或几个推力冲量来调整或改变轨道。要完成两个不相交轨道间的转移,通常需要有两个速度增量。

例如,静止卫星的发射需要多次转移才能进入运行轨道。现以通信技术卫星(CTS)为例,因为地球同步轨道是在地球赤道面内,卫星运行角速度的轨道与地球自转角速度的轨道一样。因此,地面上看卫星相对地球是静止不动的,故又称为"静止"轨道。地球同步轨道要素:

根据定义,轨道偏心率 $e=0$,轨道倾角 $i=0$。由于卫星运行角速度与地球自转角速度一样,于是轨道周期和地球自转周期是1恒星日,即23时56分04秒,其轨道半径 $a=42\ 255$ km,离地面高度 $h=35\ 877$ km,轨道运行速度 $v=3.14$ km/s。

这颗卫星于1976年1月17日世界时23时28分在美国西靶场发射,运载火箭是德尔它2914型火箭。西靶场位于佛罗里达州的卡纳维拉尔角,北纬28°28′。卫星定点位置是西经114°赤道面上,如图1.20所示。运载火箭先将卫星送入185 km高的圆形轨道,即“停泊轨道”。卫星在停泊轨道上滑行15 min将到达赤道上空。在到达赤道前,第三级重新点火,对卫星加速,而火箭熄火点选在赤道面上,使卫星进入近地点在赤道的椭圆形的过渡轨道(也称转移轨道)。过渡轨道的远地点也落在赤道面上,其远地点高度略高于同步轨道高度。卫星在过渡轨道上运行6.5圈,对轨道和姿态进行精确测定,为下一步调整姿态与改变轨道做准备。卫星将在过渡轨道远地点改变轨道进入准地球同步轨道,把这个变轨发动机通常称为“远地点发动机”,安装在星体纵轴上。

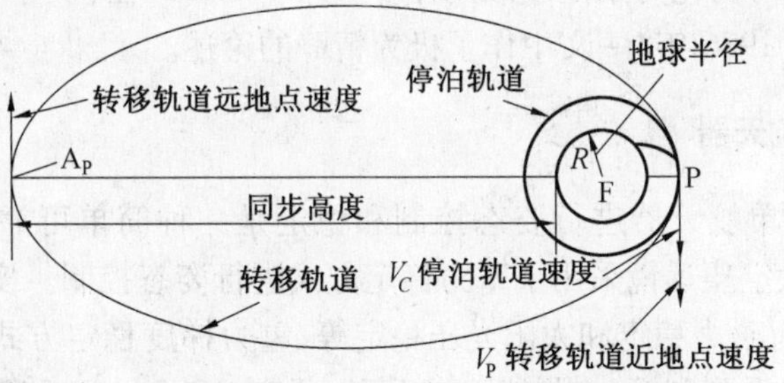

图1.20 静止卫星由地面起飞进入转移轨道

F — 地心;P — 转移轨道近地点;R — 地球半径;A_P — 转移轨道远地点

当卫星在近地点进入过渡轨道时,发动机喷管是背向运行方向的。由于卫星在过渡轨道上以大约60 r/min的速度自旋,因此,卫星纵轴在惯性空间保持定向,而在远地点的运行方向与近地点相反。为使发动机提供的速度增量能将卫星送入准地球同步轨道,应使速度增量与过渡轨道远地点速度的矢量合成速度在赤道面内,并且与卫星向径垂直,使卫星沿赤道周向运行。合成速度的量值近似为同步速度值。为此,在远地点发动机点火前应对卫星纵轴重新定向。CTS是利用星上两个较大的助推器将纵轴在当地水平面内改变255°,以建立点火姿态。虽然反方向转动135°也可获得相同姿态,但采用大于180°的转角可使助推器的高速姿态推力增加远地点速度,从而可稍许节省变轨能量。远地点发动机熄火后卫星进入周期为23 h 15 min的准同步轨道。由于这个周期值比一恒星日小,卫星运转得比地球自转快,因此,卫星相对地面缓慢地朝东移动,进入预定的定点位置。卫星在飘移过程中还进入一系列的轨道修正,使卫星在进入定点位置时的轨道周期近似为一恒星日。此后,由星上位置保持系统,对卫星进行位置保持。同时,卫星纵轴转为垂直于赤道面,姿态控制方式也由自旋稳定转换为对地定向三轴稳定。

综上所述,由于地球同步轨道高、倾角为零,发射场不在赤道上,而且卫星又有定点要求,因此,发射静止卫星通常要经历停泊轨道、过渡轨道、准同步轨道和同步轨道等几个阶段。

1.1.3 航天器的姿态稳定

由于通信、拍照、测量等定向任务的要求,航天器上的有效载荷的姿态具有特定的要求,例如,太阳帆需要始终朝向太阳,通信天线应始终对向地面站,等等。因此航天器需要不断地调整姿态和稳定姿态,其过程取决于控制逻辑。对于那些结构紧凑、构型简单的航天器大多采用自旋稳定、双自旋稳定和重力梯度稳定,部分采用三轴稳定,如前苏联的第一颗人造地球卫星采用了自旋稳定的方式,风云二号气象卫星采用了双自旋的稳定方式,北斗一号导航卫星采用了三轴稳定方式。由于各自的任务和稳定方式的不同,其结构形式也存在着相当大的差异。从动力学角度大都可简化为刚体或准刚体。P. W. Likins 在《关于航天器姿态动力学与控制的早期发展展望》(1986 年)一文中作了极为精辟的论述。

1. 重力稳定航天器

利用重力对简单航天器进行姿态控制和稳定是一种简单可靠和廉价实用的稳定方式,图 1.21中的哈勃太空望远镜采用了重力稳定方式进行姿态控制。实际上,空间环境力矩中除了重力稳定外,还有磁力稳定和太阳光压稳定等,重力梯度稳定方式获得了广泛应用,如美国的 Transit 导航卫星系列和 Geos 测地卫星系列,还有 GGSS、ATS 和DOGE试验卫星以及 OV 科学卫星系列等。重力稳定非常适用于对地定向精度要求不高的长寿命航天器,也能为采用动量交换装置的航天器提供卸载力矩和进行动量管理。1962 年,美国成功发射的 1962-22A 是第一颗重力稳定人造地球卫星。

图 1.21 哈勃太空望远镜

重力稳定航天器是通过伸出顶端带有重物的杆子使卫星呈哑铃型,从而使三个主轴惯量有较大差别。在重力场作用下,重力梯度恢复力矩将使航天器最小惯量主轴沿当地垂线定向。重力稳定最初研究的是如何获得较大的重力梯度恢复力矩以及如何使卫星最小惯量纵轴捕获地球问题,包括倒向后再捕获等。

1963 年,H. J. Fletcher 等人在《两体重力定向卫星动力学分析》的论文中对重力稳定进行了理论研究和初步仿真。1965 年,T. R. Kane 在《对地定向卫星姿态稳定性》研究中发现,当用数值方法分析刚体卫星天平动稳定性时,即使卫星在对地定向中是稳定的,但对小的天平动也许不稳定;J. V. Breakwell 等人在《影响重力梯度卫星的非线性谐振》研究中用非线性谐振分析解决了天平动不稳定的问题;而 G. S. Reiter 在《柔性重力稳定卫星动力学》一文中也得到了同样结果。1968 年,J. K. Newton 等人对《柔性重力梯度卫星自然频率》进行了研究和仿真。1974 年,P. W. Likins 在《重力稳定卫星非线性谐振剖析》中进一步研究了天平动衰减运动中的谐振问题。

2. 自旋稳定航天器

自旋稳定是最常见和有效的一种稳定方式,如苏联的 Sputnik-1(1957 年)、美国的先驱者-1号(Explorer-1)(1958 年)、法国的 France-1(1965 年)和中国的东方红-1 号(DFH-1)(1970 年)(图 1.22)等。

图 1.22　东方红-1 号

自旋稳定理论最早要追溯到 18 世纪欧拉的《自旋体动力学》(1758 年),研究表明单自旋卫星只有绕最大惯性主轴旋转时才能保持稳定。只有绕最大惯性轴旋转才能使限定角动量的动能最小。但是当人类开始发射自旋卫星时,对其动力学稳定性并不很了解,例如,美国第一颗卫星 Explorer-1 入轨后 90 min 就翻倒了。Explorer-1 自旋轴为什么不能保持入轨时初始方位而失稳? V. D. Landon 通过试验证明,航天器柔性结构振动引起内部能量消散是违反 Euler 和 Poinsot 的经典分析假设的,从而使航天器绕最小惯量轴自旋的稳定性受到破坏,因此,Explorer-1卫星自旋失稳主要是柔性结构振动产生内能耗散而导致卫星章动不稳定。对于具有内能耗散的准刚体航天器,其纵横惯量比必须大于 1,即卫星呈短粗型对章动才是稳定的,并广泛采用各种类型被动章动阻尼器来消散章动能量。

3. 双自旋稳定航天器

自旋卫星只能提供对空间遥感、科学探测和空间通信感兴趣目标的周期性扫描覆盖，要想连续覆盖，单自旋方式很难满足要求，很自然的想法和概念是使卫星转子和平台保持所希望的相对转速，如图 1.23 所示。美国 OSO 轨道太阳观测站就是这类航天器的第一颗卫星，OSO 上半部指向太阳，下半部自旋，几个球形贮箱确保了自旋轴惯量最大，章动阻尼器位于消旋平台上，这就是双自旋稳定的卫星。

图 1.23　双自旋稳定航天器风云 2 号气象卫星

OSO 卫星是由 Ball Brothers 公司于 1959 年提出设想，该公司 A. J. Iorillo 在分析了 Spencer对 OSO 的仿真结果后，通过章动阻尼动力学分析，他认为对纵横惯量比大于 1 的自旋卫星，将阻尼器放在自旋转子或消旋平台上都是稳定的。同时，Iorillo 很快认识到，若把阻尼器放在消旋平台上，能使任意惯量分布的航天器自旋稳定，这是第一次突破自旋卫星绕最小惯量主轴稳定是不可能的公认结论；1964 年 Lanton 等人发表了《含有转子的轴对称物体章动稳定性》文章，并于 1967 年召开第一次"双自旋航天器动力学讨论会"，会上 Lanton 宣读了《绕最小惯量轴旋转的自旋航天器稳定性的早期证明》论文。

Hughes 公司在 TACSAT-1 卫星设计中采用了 Iorillo 方案，TACSAT-1 是绕最小惯量轴自旋的第一颗双自旋航天器，1969 年发射成功，以后又相继发射了 Intelsat-4 和 Intelsat-4A 等这类双自旋卫星。TACSAT-1 的成功飞行极大地促进了双自旋航天器动力学与控制技术的发展。1967 年，Likins 为加强 Iorillo 的分析结论，发表了《双自旋航天器姿态稳定性》；20 世纪 70 年代初，C. R. Johnson 的《TACSAT-1 章动动力学》、P. W. Likins 的《双自旋航天器非线性阻尼引起的静态极限环》和《双自旋航天器常幅和变幅极限环》以及 TRW 公司 M. P. Scher 的《双自旋航天器的动力学翻倒状态》等论文均是对双自旋航天器动力学深入研究和发展的理论成果。另外，Longman 和 R. E. Roberson 等人都在陀螺稳定航天器动力学模型研究方面作出了杰出的贡献。

4. 三轴稳定航天器

三轴姿态控制技术在现代应用卫星和载人航天器上已经得到飞速发展和广泛应用,它可满足多种有效载荷对姿态的要求。迄今,航天器三轴稳定主要包括对地定向三轴稳定和惯性定向三轴稳定两类,其主要控制执行机构为反作用推力器、动量轮和力矩陀螺。

动量轮(图1.24)是一个在电机驱动下高速转动的转子,当驱动电机以一定力矩让转子加速(或减速)时,作用在定子上的反作用力矩让飞行器沿转子加速度相反方向运动。由于这种工作原理,动量轮又称为反作用飞轮。

还有一种动量轮,通过改变自旋轴的方向形成陀螺力矩,让陀螺力矩控制飞行器的姿态,这种动量轮又被称为陀螺力矩器或控制力矩陀螺(图1.25)。

系统通过动量轮或力矩陀螺控制航天器三轴的稳定。图1.26是我国和巴西联合研制的地球资源卫星。

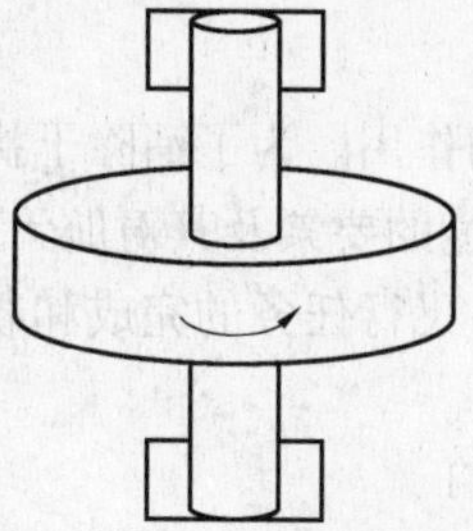

图1.24 动量轮工作简图

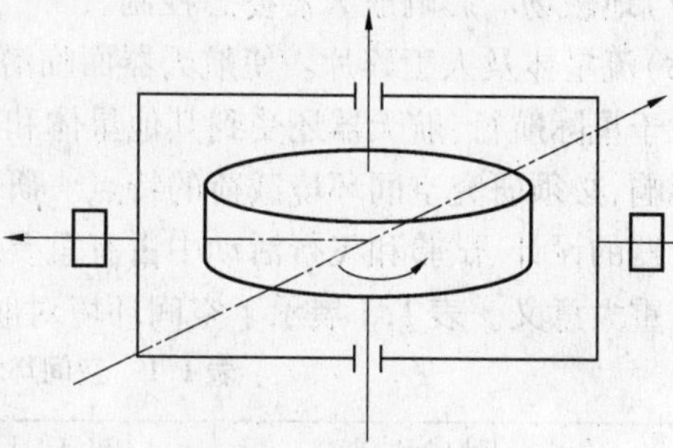

图1.25 力矩陀螺工作简图

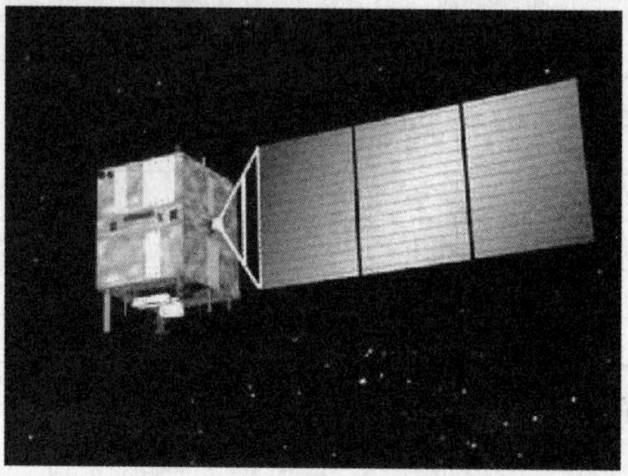

图1.26 我国与巴西联合研制的地球资源卫星

1.1.4 航天器的环境载荷

对于航天活动,近地空间一般可以定义为航天器绕地球作轨道运动的空间范围。近地空间一般指距离地面 90 ~65 000 km(约为 10 个地球半径)的地球外围空间。近地空间环境由多种环境要素组成,其中对航天活动存在较大影响的环境要素主要包括以下几点:

(1)地球引力分布的不均匀。将对航天器运行轨道产生引力摄动。

(2)重力梯度。会产生扰动力矩影响航天器姿态。

(3)高层大气密度。它是影响低地球轨道航天器工作寿命的主要因素。

(4)空间带电粒子辐射。损害电子元器件、材料、人员、仪器设备。

(5)电离层。影响无线电波的传播,导致通信、导航定位障碍。

(6)太阳电磁辐射以及地球反照。影响航天器的光照环境以及对地观测的光学背景。

(7)地磁场。影响航天器姿态控制。

(8)流星体及人工碎片。使航天器面临潜在危险。

对于星际航行,航天器还受到其他星体和日、月等引力的作用。为了消除干扰对轨道和姿态的影响,必须研究空间环境载荷的特点。研究近地空间环境的要素及其对航天活动的影响,在航天器的设计、试验和飞行活动中占有重要地位,尤其是对飞行任务的完成和载人航天的安全具有重大意义。表 1.1 展示了空间环境对航天器的影响。

表 1.1 空间环境对航天器的影响

项目	地球引力场	高层大气	原子氧	地磁场	银河宇宙线	太阳宇宙线	地球辐射带	电离层	磁层等离子体	流星体	空间碎片	太阳电磁辐射	地球返照	地气辐射
温度		☆										★	★	★
通信测控								★						
计算机软件错误					★	★	★							
充电						☆	☆		★			★		
化学损伤			★											
辐射损伤					★	★	★					☆		
机械损伤										★	★			
姿态	☆	☆		★								☆		
轨道	☆	★							☆			☆		

(注:★ 表示有严重影响;☆ 表示有一般影响)。

1.1.5 航天器的应用

卫星在国民经济建设、国防建设和科学文化教育事业上的应用日益显示出它的重要性。

例如,科学实验卫星,为空间科学研究提供了先进的技术手段,在地磁场、宇宙线、电离层、大气密度、太阳 X 射线、粒子辐射、红外线辐射等方面,均获得了第一手探测资料,开辟了近地空间、日地空间和行星际空间的物理环境、生活环境研究的新领域;国土普查卫星获得了分辨率高、清晰度好、信息量丰富的国土照片。这些遥感资料已应用于石油勘探、地质调查、地图测绘、铁路选线、电站选址、草原及林区普查、海岸滩涂测量、环境监测、地震预报、考古研究等方面,取得了良好的社会经济效益。又如,利用卫星照片,仅用两年时间就完成了全国陆地、海域分析,绘制了耕地、林、草、水等 10 类 1∶200 万和 1∶25 万的土地利用图。利用卫星照片,查明了黄河、滦河、海河三大河流的流沙活动规律,为港口建设提供了科学依据。利用卫星照片,在北京找到了铁矿;在内蒙古找到了金矿,发现了新油田;在浙江找到了铅锌矿;在西藏发现了铬和石油的富集地;在新疆发现了克拉玛依油田的 4 个新油带。利用卫星照片开展普查工作,减少了野外作业和航测的工作量,填补了人工无法涉足、飞机无法航测地区的空白。在通信和广播方面,中央人民广播电台的国内广播和 30 路对外广播,中央电视台两套电视节目和两套电视教育节目,都是由中国广播卫星传送的;同时还开通了数字和模拟电话,图片和文字仿真,数据表报传送业务,改变了边远地区收视难、通信难的状况。利用外层空间的微重力、超洁净、深低温的特殊环境,在返回型遥感卫星上进行砷化镓、碲镉汞晶体生长和超导材料、难混熔合金等材料试验,以及有关植物、细菌、动物变异和活力变化等空间生物学试验,均获得理想结果,从而使我国空间微重力科学研究登上了新台阶。

1.2 航天飞行器的动力学问题

1.2.1 简单航天器的动力学问题

早期航天器的结构紧凑,构型简单,称为简单航天器。这类航天器大多采用自旋稳定、双自旋稳定和重力梯度稳定,部分采用三轴稳定,因此,从动力学角度大多可简化为刚体或准刚体。对简单航天器动力学的研究历经半个多世纪,目前已经比较成熟,其发展与卫星稳定方式的发展和应用密切相关。对早期航天器动力学的发展,P. W. Likins 在《关于航天器姿态动力学与控制的早期发展展望》(1986 年)一文中作了极为精辟的论述。

牛顿-欧拉方法是动力学研究的基础,重点解决轨道问题,其中包括轨道参数和轨道转移的问题;姿态稳定问题,包括重力稳定航天器动力学、自旋稳定航天器动力学和双自旋稳定航天器动力学的问题。

1.2.2 复杂航天器的动力学问题

现代航天器的规模庞大，构形复杂，不仅带有多个大型柔性附件和大型充液贮箱，而且通过空间交会对接还可增长为大型轨道复合体。这类复杂航天器大多采用对地定向或惯性定向三轴稳定，而且大多是典型的多体、柔性、充液航天器系统，有的成为多级控制和变结构航天器系统，其动力学特性的复杂性和指向精度的高要求都是早期简单航天器所无法比拟的。虽然航天器历经了半个多世纪的研究，迄今还在发展、完善。

复杂航天器动力学的发展主要指航天器多体动力学、柔性航天器动力学和充液航天器动力学的研究、发展和应用，其重点是研究复杂航天器的结构振动、液体晃动、多体运动和环境扰动与全星及其附件控制的相互作用耦合动力学问题。

1. 在多体动力学研究方面

1978 年，Jerkowsky 在《多体动力学方程结构》一文的综述中，对多体系统动力学的研究发展按难易程度分为：两刚体系统、链状拓扑多刚体系统、树状拓扑多刚体系统、中心刚体带多个柔性附件的簇状多体系统、带有内联刚体和柔性端体的树状拓扑多体系统、链状拓扑柔性多体系统和树状拓扑柔性多体系统等。R. E. Roberson 和 J. Wittenburg 于 1966 年发表了《任意内联多刚体系统动力学方程》，为树状拓扑多刚体系统动力学的发展奠定了基础；1970 年，Hooker又发表了《具有旋转自由度的任意 N 体卫星姿态动力学方程组》；1977 年，J. Wittenburg 出版了《多刚体系统动力学》这一著名专著。关于建立系统动力学方程有多种方法，包括 Newton-Euler 方法及其推广形式旋量矩阵法、Lagrange 方法、Kane 方法和 Roberson-Wittenburg 方法等都得到了广泛应用。

2. 在多柔体动力学研究方面

在多刚体系统动力学研究发展基础上，自 20 世纪 70 年代以来，众多学者和科学家在航天器柔性多体动力学的研究和发展方面作出了杰出贡献，如 P. W. Likins、P. Boland、J. Y. L. Ho、V. J. Modi、P. C. Hughes、R. L. Huston、A. A. Shabana 等人。Likins 于1973 年撰文对《带有非刚性附件的铰接多刚体系统动力学分析》进行了系统研究。1974 年，Ho 的《推导树状拓扑结构航天器动力学运动方程的直接路径法》和 Boland 等人的《在树状拓扑结构中内联多变形体的稳定性分析》等论文提出了开环树状柔性多体系统动力学模型。1977 年、1978 年和 1985 年，Ho 又连续发表了《柔性多体航天器动力学建模的直接路径法》、《树状拓扑结构全柔性多体航天器动力学运动方程》和《大型柔性空间系统动力学与控制仿真的研究发展》的论文，详细阐述了他对柔性多体系统动力学的理论研究成果，提出了用直接路径法、准静态方法和摄动方法进行建模的新方法，并介绍了 ALLFLEX 仿真软件的程序结构和主要功能。20 世纪七八十年代,许多学者还针对航天器带有多种空间展开机构和柔性机械臂开展了链状柔性多体系统动力学与控制研究,如 Ho 的《遥控机械臂系统仿真(卷1)——动力学和技术描述》(1974 年)、Hughes 的《链状柔性多体动力学》(1979 年)、Huston 的《计及柔性和塑性影响的多体动力学和计算机程序结构》(1981 年),Shabana 于 1989 年还发表了《利用推广 Newton-Euler 方程建立柔性多体动力学》论文和《多体系统动力学》专著;1990 年,Modi 在《关于增长式自由号空间站系统模态和动力学方法》论文中,将整个空间站作为大型柔性多体系统,给出了基本动力学模型、分析软件框图和动力学仿真结果,其模型和软件将航天器多体动力学仿真和柔性动力学分析在功能上结合起来;Huston 还发表了《多体动力学建模和分析方法》(1991 年)论文。这些工作反映了柔性多体动力学从理论研究开始向工程应用发展。

对于现代复杂航天器,柔性航天器动力学主要是研究航天器的柔性结构振动与控制系统控制作用之间的耦合动力学问题。在长期轨道运行期间,各类大型附件已伸展为在轨工作构形,各类部件相对航天器的运动通常是很缓慢的,因此,可根据若干典型位形来建立航天器动力学方程,如天空实验室研制中对大约 20 种位形进行了动力学分析,伽利略航天器依据其转子和定子间不同相对转角分别对 6 个位形进行了动力学分析和仿真。实践证明,柔性航天器动力学的研究发展为这类复杂航天器控制系统设计与仿真提供了理论依据和可靠保证。

美国从事航天器动力学研究的著名科学家 P. W. Likins 指出,当航天器存在活动部件和结构柔性时,航天器姿态控制问题必须要由结构、动力学和控制三个方面的工程师共同解决。实际上,Likins 关于柔性航天器动力学与控制的研究是从较为简单的双自旋航天器开始的,他在《混合坐标动力学分析中综合模态的应用》(1968 年)和《柔性附件对双自旋航天器动力学与控制的影响》(1970 年)的两篇文章中,提出了用"混合坐标"方法来描述系统动力学方程,并成功用于海盗航天器。应该指出,混合坐标法是由 L. Meirovitch 和 H. D. Nelson 在《带有弹性部件卫星高速自旋动力学》(1966 年)一文中首先提出的,后来由 P. W. Likins 结合航天工程作了发展和推广应用,尤其在三轴稳定柔性航天器动力学与控制研究方面,Likins 作出了重大贡献。

对中心刚体加大型柔性附件类三轴稳定航天器,P. W. Likins、V. J. Modi、P. C. Hughes、C. J. H. Williams、L. Meirovitch、T. R. Kane 等人在 20 世纪七八十年代结合航天工程对这类航天器动力学与控制问题作了卓有成效的研究。20 世纪 70 年代初,Likins 连续发表了《柔性空间飞行器动力学与控制》(1970 年)、《姿态控制系统和柔性附件相互作用分析》(1970 年)和《用于混合坐标动力学分析的有限元附件方程》(1971 年)等文章,为采用混合坐标法(或模态函数法)建立柔性航天器动力学模型奠定了理论基础。Hughes 在《带有大型柔性太阳阵三轴稳定卫星姿态动力学》(1972 年)、《带有柔性太阳阵航天器姿态动力学最新进展》(1973 年)和《CTS 类柔性航天器有限元分析》(1976 年)等论文中为混合坐标法的工程应用进行了深入研究,并列举了工程实用范例。Modi 在 1974 年发表了《带有柔性附件卫星姿态动力学》论文,这是最早见到的对当时柔性航天器姿态动力学建模和精确控制的研究状况进行评述的文章。此后,Williams 的《非刚性航天器动力学建模技术》(1976 年)、Hablanix H. B. 的《柔性航天器约束模态和非约束模态的某些建模问题》(1982 年)、Meirovitch 的《受控柔性航天器运动方程》(1987 年)、Atluri S. N. 的《关于空间结构动力学与控制的非线性问题》(1988 年)、Modi 的《关于增长式自由号空间站系统模态和动力学方法》(1990 年)等论文以及 Kane、Likins、Levison 的《航天器动力学》(1983 年)专著都从不同方面对柔性航天器动力学建模的有关问题进行了研究。

这类柔性航天器动力学建模的一个关键问题是模态截断和模型降阶,在这方面,Likins、Hughes 和 Skelton 等人作了开创性研究。1976 年,Likins 发表了题为《在混合坐标动力学分析中附件模态坐标的截断准则》的著名论文。此后,Hughes 和 Skelton 合作发表了《柔性空间结构利用模态价值分析进行模态降阶和控制设计》(1979 年)以及《柔性航天器模型截断》(1981 年)等文章;尤其是 Hughes 对惯性完备性准则和模态价值准则进行了理论分析和证明,他在《用于飞行器动力学与控制的弹性体模态恒等式》(1980 年)一文中,从部件模态和系统模态、约束模态和非约束模态出发,对惯性完备性准则进行了理论推导和证明,给出了极有价值的 24 个模态恒等式。与模型降阶密切相关的是降阶后的模型误差问题,在这方面,Likins 和 Skelton 等人作了深入研究。当采用古典控制理论时,是通过修正传递函数来计及部件柔性影响,为了对降阶模型进行优化,Likins 在《太阳电子推进航天器的最优建模和姿态控制》(1977 年)论文中,采用了状态方程和现代控制理论来建立柔性航天器动力学最优模型,该航天器的轨道飞行验证了这种方法的有效性。另外,为了降低对建模误差的灵敏度,Skelton 和 Likins 等人在《非刚性航天器控制中补偿模型误差的正交滤波器》和《利用误差灵敏度抑制的柔性航天器控制》论文中提出了补偿模型误差的柔性滤波器设计问题。

对于低频模态不太密集的柔性航天器系统,已经提出和发展的模态选取准则有:一是频率准则,包括模态频率、模态影响系数和传递函数等准则,做法是保留系统的低阶模态和接近外作用频率的模态,或除掉其频率远离控制系统带宽的模态;二是惯性完备性准则,它是判断所选取模态集是否完备的重要指标,其实质是略去对柔性耦合系数影响较小的模态,已得到广泛应用;三是模态可控性和可观性准则,去掉那些不可控和不可观的模态,尽管存在控制溢出和观测溢出有时会引起系统不稳定,但受控制自由度限制只能保留少数模态,溢出引起不稳定性问题需由控制器设计解决;四是模态价值准则,这是按模态价值对系统贡献大小来决定模态的取舍,其应用前景甚至可以用于低频模态较为密集的系统进行模型降阶。上述四种准则都是在模态空间进行模态截断和选取,有的适用于部件模态,有的适用于系统模态,或将二者结合起来从部件到系统进行两次模态截留。对于低频模态密集或具有间隔式密集模态群的柔性航天器系统,按常规降阶准则处理,必然会导致降阶模型维数太高;有效的模态截断准则是基于内平衡理论和子系统内平衡方法进行模型降阶,这是由美国 C. Z. Gregory 于 1984 年在《基于内平衡理论的大柔性航天器模型降阶》一文中首次提出的。内平衡准则是通过对原系统进行线性变换,以便在内平衡空间实现各阶模态解耦合进行模态选取;内平衡降阶的实质是注重准确计算密集频率所对应的振型子空间,而不关心根本算不准的单个模态振型。R. R. Craig 等人在《结构控制设计的模型降阶方法述评》一文中,对常用的模型降阶准则进行综述,同时把 Gregory 的内平衡法概括为是基于"平衡奇异值"进行降阶。与平衡奇异值不同, P. T. Kabamba提出了称为"平衡增益"的 L2 模型降阶基,而 Craig 又在 Gregory 的平衡模型基础上给出了近似平衡增益,从而获得更精确的降阶模型。

3. 在充液航天器动力学方面

充液航天器动力学主要是研究贮箱级的稳态下液体自由晃动和扰动下液体受迫晃动以及系统级的贮箱液体晃动与全星控制作用之间的耦合动力学问题。液体晃动对充液航天器稳定性的影响及其复杂性与许多因素有关:一是充液贮箱或容器的几何形状、内部结构、充液量和容器安装布局;二是航天器姿态稳定方式,如三轴稳定、自旋稳定(快旋、慢旋)等;三是轨道微重力环境,如失重、微重、低重、自旋等工况;四是晃动类型对非自旋体可分为小幅线性晃动、大幅非线性晃动等。因此,充液航天器液体晃动动力学特性是极其复杂的,要用数学模型准确描述其晃动特性很困难,而且在多数情况下得不到解析解,工程应用只能针对具体工况给出简化动力学模型和求其数值解,最终还需通过试验进行验证和修改。

迄今,关于充液航天器液体晃动问题已发表了大量研究文章,不少综述性论文对液体晃动动力学的研究、发展和应用作了详细描述。诸如 R. M. Cooper 的《运动容器中流体动力学》(1960 年)、H. H. Abramson 的《运动容器中流体动力学特性》(1963 年)、N. N. Moiseev 的《充液物体晃动理论导论》(1964 年)及《充液物体动力学稳定性》(1968 年)等都是早期有代表性的综述论文,对液体自由晃动特征值问题的建立和求解、液体受迫晃动等效力学模型的研究建立和航天领域液体晃动的工程应用等问题作了系统总结。

对非自旋充液航天器,液体自由晃动问题的研究都采用了理想、不可压和无旋的假设,并利用流体势流理论建立液体晃动动力学方程和边界条件。因此,液体晃动问题在数学上归结为由自由液面形成的流体动力学的初边值问题,即求解 Navier-Stokes 方程(以下简称 N-S 方程)等的初边值问题。对该问题的 N-S 方程处理,又可将液体晃动问题分为小幅晃动和大幅晃动两类问题。显然,小幅液体晃动主要是对线性 N-S 方程求解,这时忽略了微重和失重时表面张力的影响,适用于低重和常重等工况,包括对充液贮箱的稳态运动下液体自由晃动、扰动激励下液体受迫晃动和充液系统的液体晃动等效力学模型等分析研究,已成功用于充液航天器动力学分析设计,并可通过晃动试验对理论结果进行验证和修改。在微重工况时需考虑表面张力的影响,这时小幅晃动是对非线性 N-S 方程求解,求解特征值问题时其液面边界形成是由微分方程表征的弯月面,通常采用摄动理论对线性模型进行修正。对大幅非线性液体晃动进行理论分析实际上是非常困难的,由于液面的大幅波动常呈现流体非线性黏性流动和瞬态流动,除试验外是很难用数学模型准确描述的。F. H. Harlow 等人于 1965 年首次提出用 MAC(Markers and Cells)方法对大幅晃动非线性 N-S 方程进行直接求解,这是通过对 N-S 方程作差分离散和用标记追踪自由面位置来确定流体区域,从而克服了自由面不确定的困难。几十年来,许多学者的研究工作使 MAC 方法得到了不断改进和完善,甚至能有效求解液面破碎和飞溅等强非线性流动问题。

由于求解方程和边界条件的复杂性,液体晃动问题的求解即使在线性情况下也只有对少数贮箱形状才能获得解析解。因此,数值方法被广泛用于液体晃动问题的求解。常用的方法有里兹法、有限元法、边界元法和有限差分法,这些方法都以其各自的特点成为液体晃动分析的有效方法并得到发展。数值法的困难在于选择一种形式使之能适用于各种不同工况,包括贮箱的不同构形及其内部结构的复杂性,并确保数值求解的高效、稳定和收敛。应该说明,在充液航天器的工程设计中,真正得到广泛应用的还是小幅线性液体晃动理论模型。这类线性模型对低重和常重工况的发展应该说具有足够的正确性和工程实用性。但对许多情况(如微重环境、慢旋工况、流固耦合和贮箱偏置等),即使小幅线性模型的发展也还是不完善的。至于大幅非线性液体晃动理论模型就更不够完善,实际工程应用更加少见。因此,现代充液航天器通过试验来确定其不同工况的液体晃动特性就显得尤为重要,液体晃动试验一方面可以对理论分析结果进行验证和修改;另一方面可以确定理论分析尚无法准确获得的参数和结果。世界几个航天大国诸如美国、俄国和欧洲太空局都非常重视充液航天器液体晃动试验技术和方法的研究和发展,尤其是俄罗斯不仅发展了各类地面液体晃动试验系统,而且通过和平号空间站进行了在轨微重失重工况下的液体晃动特性试验研究。

对自旋充液航天器,液体晃动问题的研究着重于自旋充液系统的稳定性分析。不少学者采用线性理论来研究这类航天器的稳定性问题,包括具有平均涡旋情况下的自旋稳定性,并给出了自旋稳定性判据。对快旋充液系统,通常是将充液贮箱作为能量耗散部件来研究其章动稳定性判据,这在工程上具有实用性;对于慢旋充液系统比较复杂,其液体晃动特性兼顾了自旋和非自旋的特点。

4. 在大型空间结构动力学方面

大型空间结构动力学与控制问题的研究,包括形状控制和振动抑制,其应用对象是大型空间平台、大型载人空间站、空间发电站和空间基地等。1984 年,G. S. Nurre 发表了题为《大型空间结构的动力学与控制》的著名论文,对大型空间结构动力学与控制的有关问题进行了较为系统深入的论述。关于大型空间结构的定义,Nurre 认为:这类结构是专为在接近失重的空间环境运行而设计的规模极为庞大的航天器,而且局限于那些主动控制的空间结构;严格来讲,这些大型空间结构只能在轨道上进行建造或展开,因为它们规模庞大,发射时经受不住苛刻的力学环境条件。M. J. Batas 早在 1982 年发表的《大型空间结构控制理论的发展趋势》一文中就认为,大型空间结构(LSS)的主要特点是:①LSS 是典型的分布参数系统,结构模型的维数实际上是无限的;②LSS 的振动模态具有许多低频谐振项,而且这些低频模态常以密集的间隙群出现;③LSS 本身的阻尼很弱,其临界值非常小,为 0.1% ~0.5%;④通过地面试验来预测

LSS 在空间的动态特性大大受到限制;⑤LSS 对形状、方向、校准、振动抑制和指向精度的要求是非常苛刻的。因此,这就要求设计者建立主动控制的概念,利用安装在 LSS 结构上的各种传感器和作动器,通过操作在线计算机控制器来修正和控制系统的特性和行为。

Nurre 还指出,大型空间结构动力学与控制设计将面临四个方面的挑战:第一,要求控制系统频率比大型结构主谐振频率高出若干倍,另外要保证控制设计具有足够的鲁棒性,以允许结构模型存在较大误差。迄今,人们还未经历航天器控制频率高于主结构谐振频率的经验,其关键技术是控制器设计如何处理被舍弃模态的控制溢出和观测溢出以及执行机构和敏感器如何配置问题。第二,要求建立比较精确的大型空间结构动力学模型,由于这类结构具有大柔性、低刚度、弱阻尼、低基频及其模态密集等特点,其关键技术是对高阶系统如何进行模态截断和模型降阶;另外,模态综合法是大型空间结构动力学建模的主要方法,降阶处理应在子结构级和系统级多次进行,而且应寻求更精确的模态阻尼预测方法。第三,要求解决大型空间结构这类被控对象的振动激励和振动抑制问题,当大型空间结构受到空间环境扰动和主动控制作用时,控制对象就会被激励而振动起来,由于基频很低、结构阻尼很弱,低频模态又很密集,其关键技术是如何增大阻尼和使低频振动快速衰减下来。第四,要求解决大型空间结构的形状控制问题,这里涉及集中控制和分散控制问题;集中控制是解决大型全柔性结构航天器的定向和稳定问题,分散控制是要解决每一个子结构控制问题,如大型太阳能列阵的平面形状保持以及高指向精度的天线形状和光学反射器形状的控制;完成这一任务的技术关键首先是要解决柔性体的振动阻尼问题,还要通过控制规律设计和敏感器与执行机构配置来建立静态平衡所需的结构形状。美国于 1988 年召开了“大型空间结构动力学与控制”讨论会,针对上述四个方面的挑战,许多学者宣读了论文,比如,Modi 发表了《关于柔性轨道结构的瞬态动力学》,A. K. Noor发表了《大型空间结构连续统一建模的状况和剖析》,Bainum 发表了《大型空间结构开环和闭环建模技术综述》的论文等。另外,关于智能结构研究也取得了显著进展。

对大型空间结构动力学与控制技术经过 10 年左右理论研究和部分仿真试验,美国 J. R. Newsom 于 1990 年在第 41 届国际宇航联合大会上宣布了“NASA 控制与结构相互作用技术计划”,简称 CSI 计划。该计划的实施标志着美国对大型空间结构动力学与控制的研究已由理论研究转向工程应用研究。由于大规模航天器带有多个大型分布质量部件,不但要控制构件质心和航天器质心的位置,还要保持各类大型构件分布的几何构形关系,结构大柔性的存在使控制与结构在动力学上产生相互作用,降低航天器指向精度和稳定性,甚至导致失稳或破坏。CSI 技术计划就是研究对结构与控制进行一体化设计的方法和可能性,以避免在动力学上可能产生的相互作用问题。

综上所述,伴随着这一复杂程度的发展,航天器动力学的研究也将面临更加艰巨的任务,其主要表现在以下几个方面:

(1)全柔性结构航天器动力学建模与模型降阶研究:包括对全柔性结构系统的模化方法、动力学理论模型、模态截断准则与模型降阶方法及其与控制系统设计关系等问题进行探索和研究。

(2)大型复杂构型航天器柔性多体动力学分析与仿真研究:包括开展工程实用的柔性多体动力学模型建立、高效数值算法研究、工程化软件编制及其参数化建模与仿真研究等。

(3)大型充液航天器大幅液体晃动动力学建模与分析研究:航天器在变轨机动过程往往会激起大幅晃动,这是典型的非线性动力学问题,目前主要靠试验研究其晃动特性,很有必要进行理论分析与仿真研究,再辅以试验验证。

(4)大型变结构柔性充液航天器动力学与控制总体仿真研究:包括大型中继卫星和载人航天器空间增长结构。在动力学与控制建模和仿真研究时,必须考虑大柔性、大晃动、变结构、变参数和两级控制与高指向精度的特点和要求。

(5)航天器空间交会过程轨道动力学和制导控制分析与仿真研究:主要是研究和建立工程实用、通用和最优化的空间交会过程动力学模型、制导控制规律、故障处理对策及其工程化仿真软件。

(6)航天器空间对接过程动力学分析与仿真研究:主要是研究和建立工程实用和通用的空间对接过程动力学模型以及对接机构运动学和动力学模型及其工程化仿真软件。

(7)航天器非线性结构系统动力学建模与分析研究:主要包括航天器大型展开构件及其空间机构的几何非线性、间隙接触非线性等动力学问题的分析研究和验证,尤其是大型铰接展开构件的多间隙非线性结构系统模态分析与验证研究等。

(8)大型空间结构动力学与控制研究:包括智能结构控制的振动抑制和形状控制以及总体、结构、控制一体化分析和综合优化等探索与追踪研究。

(9)航天器力学环境分析设计研究:包括大型复杂航天器噪声、振动力学环境预示、星箭耦合动力学分析、动态载荷设计和结构动力模型修正等问题研究。

(10)航天器动力学试验与辨识研究:包括大型航天器各类动力学问题的地面试验与辨识研究及其在轨试验研究等。

1.3 我国航天器的发展状况

与苏联1957年发射的世界第一颗人造卫星相隔13年后的1970年4月24日,我国也成功地发射了中国的第一颗东方红一号卫星。第一颗人造卫星的发射成功,在中国航天史上具有划时代的意义,它表明我们有能力将卫星送入预定的轨道。

1975年11月26日,中国成功地发射了第一颗返回型遥感卫星,返回型遥感卫星发射成功,标志着我国航天技术跨上了新台阶,开始了卫星应用的发展阶段,是迄今世界上掌握卫星返回技术的第三个国家。

1984年4月8日我国发射了一颗试验通信卫星,4月16日18时26分57秒卫星成功地定点于东经125°赤道上空。试验通信卫星发射成功,为中国航天事业的发展开创了新局面,为中国航天技术的应用奠定了新基础。

截至2000年底，中国成功发射46颗各类人造地球卫星。其中，返回型遥感卫星17颗，通信广播卫星13颗，气象卫星5颗，资源卫星1颗，其他卫星10颗（表1.4）。我国第一颗现代小卫星——实践五号如图1.27所示。

图1.27 我国第一颗现代小卫星——实践五号

表1.2 中国发射人造卫星一览表

序号	发射日期	卫星名称	卫星质量/kg	轨道参数				运载火箭	简况
				近地点/km	远地点/km	倾角/(°)	周期/min		
1	1970.4.24	东方红一号	173	439	2 384	68.5	114	长征一号	用20.009 MHz频率播送“东方红”乐曲
2	1971.3.3	实践一号	221	266	1 826	69.9	106	长征一号	空间物理参数测量和硅太阳电池、热控制技术试验，在轨道上工作8年
3	1975.7.26	技术试验卫星一号	1 107	186	464	69	91	风暴一号	各系统工作正常
4	1975.11.26	返回型遥感卫星一号	1 790	173	483	63	91	长征二号	运行3天后按预定计划返回地面
5	1975.12.26	技术试验卫星二号	1 109	184	387	69	90	风暴一号	各系统工作正常

续表 1.2

序号	发射日期	卫星名称	卫星质量/kg	轨道参数				运载火箭	简况
				近地点/km	远地点/km	倾角/(°)	周期/min		
6	1976.8.30	技术试验卫星三号	1 108	191	2 145	70	109	风暴一号	各系统工作正常
7	1976.12.7	返回型遥感卫星二号	1 812	167	489	59	91	长征二号	运行3天后按预定计划返回地面
8	1978.1.26	返回型遥感卫星三号	1 810	159	509	57	91	长征二号	运行3天后按预定计划返回地面
9	1981.9.20	实践二号	257	237	1 622	60	103	风暴一号	进行空间物理探测和新技术试验
10		实践二号甲							
11		实践二号乙							
12	1982.9.9	返回型遥感卫星四号	1 783	169	395	63	90	长征二号丙	运行5天后按预定计划返回地面
13	1983.8.19	返回型遥感卫星五号	1 842	175	404	63	90	长征二号丙	运行5天后按预定计划返回地面
14	1984.1.29	试验卫星一号	461	474	6 480	36	161	长征三号	进行通信功能和新技术试验
15	1984.4.8	试验通信卫星	461	35 599	35 792.8	0.62	1 431.5	长征三号	完成通信试验后已提供实用,4月16日定点于东经125°赤道上空
16	1984.9.12	返回型遥感卫星六号	1 809	174	408	68	90	长征二号丙	运行5天后按预定计划返回地面

续表 1.2

序号	发射日期	卫星名称	卫星质量/kg	轨道参数				运载火箭	简况
				近地点/km	远地点/km	倾角/(°)	周期/min		
17	1985.10.21	返回型遥感卫星七号	1 820	1 733	402	63	90	长征二号丙	运行5天后按预定计划返回地面
18	1986.2.1	实用通信广播卫星一号	433	35 783	35 790	0.09	1 436	长征三号	2月20日定点于东经103°赤道上空
19	1986.10.6	返回型遥感卫星八号	1 820	175	397	57	90	长征二号丙	运行5天后按预定计划返回地面
20	1987.8.5	返回型遥感卫星九号	1 820	175	409	63	90	长征二号丙	运行5天后按预定计划返回地面
21	1987.9.9	返回型遥感卫星十号	2 076	208	323	63	90	长征二号	运行8天后按预定计划返回地面
22	1988.3.7	实用通信卫星二号	441	35 786.4	35 862.6	0.07	1 438	长征三号	3月23日定点于东经87.5°赤道上空
23	1988.8.5	返回型遥感卫星十一号	2 129	207	325	63	90	长征二号丙	运行8天后按预定计划返回地面
24	1988.9.7	试验气象卫星一号	750	891	925	99	103	长征四号	达到预期试验目的
25	1988.12.22	实用通信卫星三号	441	35 782.5	35 790.2	0.56	1 436.1	长征三号	12月30日定点于东经110.5°赤道上空
26	1990.2.4	实用通信卫星四号	441	35 783.3	35 797.8	0.11	1 436.3	长征三号	2月14日定点于东经98°赤道上空

续表 1.2

序号	发射日期	卫星名称	卫星质量/kg	轨道参数				运载火箭	简况
				近地点/km	远地点/km	倾角/(°)	周期/min		
27~29	1990.9.3	试验气象卫星二号大气一、二号卫星	881	873	900	99	103	长征四号	同时为中科院搭载两颗大气观测气球卫星
30	1990.10.3	返回型遥感卫星十二号	2 050	208	326	57	90	长征二号丙	运行8天后按预定计划返回地面
31	1992.8.9	返回型遥感卫星	2 580	172	346	63.1	89.7	长征二号丁	新一代返回型遥感卫星，运行16天后返回
32	1994.2.8	实践四号卫星	400	200	36 000	28.5		长征三号A	用于空间辐射环境及其效应探测
33	1994.7.3	返回型遥感卫星	2 600	174	343	63	89.7	长征二号丁	运行15天后返回，进行遥感和微重力试验
34	1996.10.30	返回型遥感卫星	2 600	171	342	63	89.6	长征二号丁	遥感和微重力试验卫星
35	1997.5.12	东方红三号通信卫星	2 230	地球同步轨道				长征三号A	定位在125°E，星上24台C频段转发器，可传输6路彩色电视和8100路电话
36	1997.6.10	风云二号A气象卫星	1 380	地球同步轨道				长征三号	定位在105°E，静止轨道气象卫星

续表1.2

序号	发射日期	卫星名称	卫星质量/kg	轨道参数				运载火箭	简况
				近地点/km	远地点/km	倾角/(°)	周期/min		
37	1999.5.10	风云-1C号气象卫星	958	849	868	98.79	102.11	长征四号B	获取有关大气层、云、陆地和海洋数据
38	1999.5.10	实践五号卫星	300	849	868	98.79	102.11	长征四号B	微重力科学试验,新技术试验,单粒子探测
39	1999.10.14	资源一号卫星	1 450	733	746	98.54	99.6	长征四号B	中巴合作研制的地球资源卫星
40	1999.11.20	神舟一号试验飞船						长征2号F	第一艘无人试验飞航
41	2000.1.26	中星-22卫星	2 300	35 781	35 788	0.75	1 436	长征三号A	通信卫星,定点于98°E
42	2000.6.25	风云二号B气象卫星	1 400	35 778	35 792	1.08	1 436	长征三号	气象卫星,定点于105°E
43	2000.6.28	航天清华一号	50	683	706	98.13	98.66	宇宙-3M	微型卫星,通信研究和成像灾害监测
44	2000.9.1	资源二号卫星	1 500	484	500	97.41	94.45	长征四号B	中国地球资源卫星
45	2000.10.31	北斗一号卫星	2 300	198	41 892	24.98	753.23	长征三号A	导航试验卫星,定点于140°E
46	2000.12.21	北斗二号卫星	2 300	35 768	35 809	0.11	1 436.18	长征三号A	导航试验卫星,定点于80°E

1. 载人航天

2003 年 10 月 15 日,宇航员杨利伟乘坐“神舟”五号飞行 21 h,成功完成了中国的首次载人航天,实现了中国人遨游太空的梦想。

2005 年 10 月 12 日,宇航员费俊龙、聂海胜乘坐“神舟”六号,实现了载人长时间的飞行,于 10 月 17 日安全返回地面(图 1.28、图 1.29 和图 1.30)。

2008 年 9 月 25 日宇航员翟志刚、刘伯明、景海鹏乘坐“神舟”七号进入预定轨道,首次实现了出舱的太空行走。

上述事实表明我国的载人航天技术已经达到了国际先进水平。

图 1.28 “神舟”六号返回舱再入大气

图 1.29 “神舟”六号返回舱

图 1.30 “神舟”六号飞船模型

2. 探月工程

2007 年 11 月 7 日,嫦娥一号实现了环月轨道的首次飞行。图 1.31 为嫦娥一号发射后,其发射轨道和转移轨道的示意图;图 1.32 为嫦娥一号进入环月轨道定轨时的情况,在北京时间 2007 年 11 月 7 日,08:25:38 实现定轨。嫦娥一号的成功发射和定轨,表明我国已经大大地缩短了与发达国家在航天技术领域的差距。

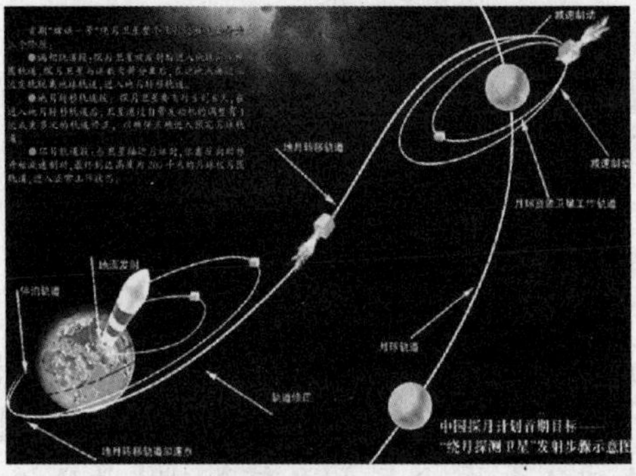

图1.31 嫦娥一号发射轨道和转移轨道的示意图

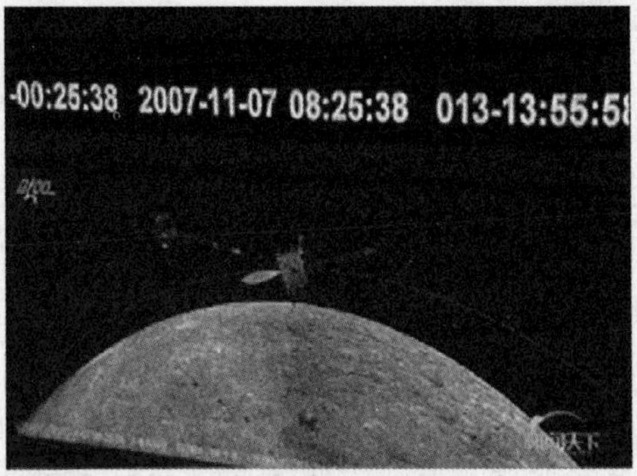

图1.32 嫦娥一号定轨

2009年3月1日,嫦娥一号卫星成功实现了撞击月面的试验。根据我国2000年制定的航天白皮书,计划在未来10~15年内实现载人登月飞行。近20年,中国实施月球探测工程设想分为3个发展阶段:

第1阶段(2002~2005年或稍后)"环月探测"阶段,即研制和发射第1个月球探测器——月球探测卫星,并对月球表面的环境、地貌、地形、地质构造与物理场进行探测。

第2阶段(2005~2010年)"月面软着陆探测与月面巡视勘察"阶段,探测着陆区岩石的化学与矿物成分,测定着陆点的热流、岩石剩磁,月表的环境,进行高分辨率摄影和月岩的现场探测或采样分析。

第3阶段(2010~2020年)"月面巡视勘察与采样返回"阶段,采集关键性样品返回地面。

第2章　飞行器动力学建模的基本方法

【教学目的】

通过本章的学习，希望学习者掌握动力学建模的基本原理。

【内容提要】

本章主要对已学过的牛顿－欧拉(Newton-Euler)法、达朗贝尔(D'Alember)原理、拉格朗日(Lagrange)法、凯恩(Kane)方法、虚功原理等作一简要回顾，这些方法也都是航天飞行器建模的基本方法。对于上述方法的详细内容请参考理论力学、分析力学、高等动力学的相关内容。

航天飞行器动力学建模最常用的方法有牛顿－欧拉法、拉格朗日法、达朗贝尔原理、凯恩方法和虚功(率)原理等。在航天器动力学建模过程中，将针对刚体或准刚体系统建立刚体动力学模型；针对多刚体系统建立多体系统的动力学模型；针对柔性部件应引入弹性结构振型函数，建立自由度降阶后的多柔性体系统的动力学模型。本章对上述方法作一必要的回顾，以便为后续章节奠定分析基础。

2.1　牛顿－欧拉法

牛顿–欧拉法是建立系统运动方程最基本、最直接的方法。我们知道，刚体的一般运动可分为随基点的平动和绕基点的"定"点运动。如果将基点选为刚体的质心，则刚体的一般运动可分为随质心的平动和绕质心的"定"点运动。其中刚体随质心的平动部分可由质心运动定理来描述，而刚体绕质心的"定"点运动部分可由相对质心的动量矩定理来描述。因此，可以对系统各部分应用动量和动量矩定理，获得系统的平动和转动方程，即

$$\frac{\mathrm{d}}{\mathrm{d}t}P = F \tag{2.1}$$

$$\frac{\mathrm{d}}{\mathrm{d}t}H = M \tag{2.2}$$

式中，P，H 分别为系统线动量和角动量；F，M 分别为相应的作用力和力矩。

对多刚体系统，运动方程是通过对各刚体逐个书写牛顿－欧拉方程而得到，然后再根据部件界面边界的位移协调条件和力的协调条件建立系统的动力学方程。虽然该方法存在不能消除内部约束力的缺点，但仍然是建立航天器动力学方程最常用的方法。

【例1】　如图2.1所示，设一刚体在力 $F_1, F_2, \cdots, F_n$ 的作用下相对固定参考系 $Oxyz$ 做一

般运动，刚体的质量为 M，刚体的质心 C 在固定参考系中的坐标为 (x_C, y_C, z_C)。根据质心运动定理，有

$$\left.\begin{aligned} M\ddot{x}_C &= \sum F_x \\ M\ddot{y}_C &= \sum F_y \\ M\ddot{z}_C &= \sum F_z \end{aligned}\right\} \tag{1}$$

这就是刚体的质心运动微分方程，它描述了刚体随质心的平动。

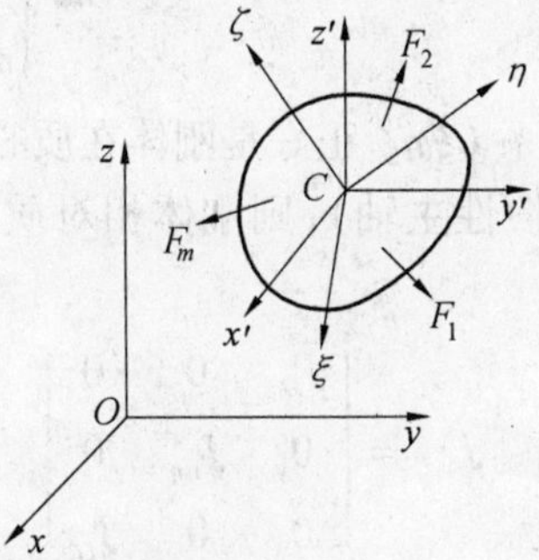

图 2.1　坐标系

下面来推导刚体绕质心的“定”点运动的微分方程。如图 2.1 所示，以刚体的质心 C 为原点分别建立质心连体坐标系 $C\xi\eta\zeta$ 和质心平动坐标系 $Cx'y'z'$。考虑到刚体相对质心平动坐标系的运动为绕质心的“定”点运动，故刚体相对质心平动坐标系的运动中对质心的动量矩 $\boldsymbol{H}_C^{\mathrm{T}}$ 在质心连体坐标系 $C\xi\eta\zeta$ 中的坐标列阵为

$$\{H_C^{\mathrm{T}}\} = [J]_C\{\boldsymbol{\omega}\} \tag{2}$$

式中，$[J]_C$ 表示刚体相对质心连体坐标系的惯性矩阵；$\{\omega\}$ 表示刚体的角速度矢量在质心连体坐标系中的坐标列阵。根据相对质心的动量矩定理，有

$$\frac{\mathrm{d}\,\boldsymbol{H}_C^{\mathrm{T}}}{\mathrm{d}t} = \sum \boldsymbol{m}_C(F) \tag{3}$$

根据矢量的绝对导数与相对导数的关系，有

$$\frac{\mathrm{d}\,\boldsymbol{H}_C^{\mathrm{T}}}{\mathrm{d}t} = \frac{\tilde{\mathrm{d}}\,\boldsymbol{H}_C^{\mathrm{T}}}{\mathrm{d}t} + \boldsymbol{\omega} \times \boldsymbol{H}_C^{\mathrm{T}} \tag{4}$$

式中，$\frac{\mathrm{d}\,\boldsymbol{H}_C^{T}}{\mathrm{d}t}$ 和 $\frac{\tilde{\mathrm{d}}\,\boldsymbol{H}_C^{T}}{\mathrm{d}t}$ 分别表示矢量在固定参考系和质心连体坐标系中对时间的导数。

将式(4) 代入式(3)，得

$$\frac{\tilde{\mathrm{d}}\,\boldsymbol{H}_C^{\mathrm{T}}}{\mathrm{d}t} + \boldsymbol{\omega} \times \boldsymbol{H}_C^{\mathrm{T}} = \sum \boldsymbol{m}_C(F) \tag{5}$$

将矢量式(5) 写成在质心连体坐标系 $C\xi\eta\zeta$ 中的矩阵形式,即

$$\{\dot{H}_C^{\mathrm{T}}\} + [\tilde{\omega}]\{H_C^{\mathrm{T}}\} = \sum \begin{Bmatrix} m_\xi(F) \\ m_\eta(F) \\ m_\zeta(F) \end{Bmatrix} \tag{6}$$

再将式(4) 代入式(6),得

$$[J]_C\{\dot{\omega}\} + [\tilde{\omega}][J]_C\{\omega\} = \sum \begin{Bmatrix} m_\xi(F) \\ m_\eta(F) \\ m_\zeta(F) \end{Bmatrix} \tag{7}$$

如果所建立的质心连体坐标系 $C\xi\eta\zeta$ 正好是刚体在质心 C 处的惯性主轴坐标系(此时对称轴 $C\xi$,$C\eta$ 和 $C\zeta$ 为刚体的中心惯性主轴),则刚体相对质心连体坐标系 $C\xi\eta\zeta$ 的惯性矩阵 $[J]_C$ 为对角线矩阵,即

$$[J]_C = \begin{bmatrix} J_{\xi\xi} & 0 & 0 \\ 0 & J_{\eta\eta} & 0 \\ 0 & 0 & J_{\zeta\zeta} \end{bmatrix} \tag{8}$$

设

$$\{\omega\} = \begin{Bmatrix} \omega_\xi \\ \omega_\eta \\ \omega_\zeta \end{Bmatrix} \tag{9}$$

则

$$[\tilde{\omega}] = \begin{bmatrix} 0 & -\omega_\zeta & \omega_\eta \\ \omega_\zeta & 0 & -\omega_\xi \\ -\omega_\eta & \omega_\xi & 0 \end{bmatrix} \tag{10}$$

将式(8) ~ (10) 代入式(7),得

$$\begin{Bmatrix} J_{\xi\xi}\dot{\omega}_\xi + (J_{\zeta\zeta} - J_{\eta\eta})\omega_\eta\omega_\zeta \\ J_{\eta\eta}\dot{\omega}_\eta + (J_{\xi\xi} - J_{\zeta\zeta})\omega_\xi\omega_\zeta \\ J_{\zeta\zeta}\dot{\omega}_\zeta + (J_{\eta\eta} - J_{\xi\xi})\omega_\xi\omega_\eta \end{Bmatrix} = \begin{Bmatrix} \sum m_\xi(F) \\ \sum m_\eta(F) \\ \sum m_\zeta(F) \end{Bmatrix} \tag{11}$$

即

$$\left.\begin{aligned} J_{\xi\xi}\dot{\omega}_\xi + (J_{\zeta\zeta} - J_{\eta\eta})\omega_\eta\omega_\zeta &= \sum m_\xi(F) \\ J_{\eta\eta}\dot{\omega}_\eta + (J_{\xi\xi} - J_{\zeta\zeta})\omega_\xi\omega_\zeta &= \sum m_\eta(F) \\ J_{\zeta\zeta}\dot{\omega}_\zeta + (J_{\eta\eta} - J_{\xi\xi})\omega_\xi\omega_\eta &= \sum m_\zeta(F) \end{aligned}\right\} \tag{12}$$

这就是刚体绕质心的"定"点运动的微分方程。该方程与刚体绕固定点运动的微分方程的形式相同。

将方程(1) 和方程(12) 联立,刚体的一般运动微分方程为

$$\left.\begin{aligned} M\ddot{x}_C &= \sum F_x \\ M\ddot{y}_C &= \sum F_y \\ M\ddot{z}_C &= \sum F_z \\ J_{\xi\xi}\dot{\omega}_\xi + (J_{\zeta\zeta} - J_{\eta\eta})\omega_\eta\omega_\zeta &= \sum m_\xi(F) \\ J_{\eta\eta}\dot{\omega}_\eta + (J_{\xi\xi} - J_{\zeta\zeta})\omega_\xi\omega_\zeta &= \sum m_\eta(F) \\ J_{\zeta\zeta}\dot{\omega}_\zeta + (J_{\eta\eta} - J_{\xi\xi})\omega_\xi\omega_\eta &= \sum m_\zeta(F) \end{aligned}\right\} \tag{13}$$

由于刚体的一般运动微分方程中的后三个方程只确立了作用力矩与角速度的关系,为了获得与刚体方位(即刚体姿态) 的关系,还需补充运动学方程。如果刚体的方位用质心连体坐标系 $C\xi\eta\zeta$ 相对质心平动坐标系 $Cx'y'z'$ 的欧拉角 ψ,θ,φ 来描述,则可将刚体的角速度与欧拉角之间的关系式

$$\left.\begin{aligned} \dot{\psi} &= (\omega_\xi \sin\varphi + \omega_\eta \cos\varphi)/\sin\theta \\ \dot{\theta} &= \omega_\xi \cos\varphi - \omega_\eta \sin\varphi \\ \dot{\varphi} &= \omega_\zeta - (\omega_\xi \sin\varphi + \omega_\eta \cos\varphi)\cot\theta \end{aligned}\right\} \tag{14}$$

作为运动学补充方程。将方程(13) 和方程(14) 联立,即可求解刚体一般运动的动力学两类问题 —— 已知运动求力和已知力求运动。对于后一类问题来说,只能通过数值积分的方法加以解决。

【例 2】　如图 2.2 所示,设某一质量为 m 的物体在重力场中自由飞行,它所受到的空气阻力的主矢和对质心 C 的主矩分别为

$$\boldsymbol{R} = -k_1\boldsymbol{v}_C,\quad \boldsymbol{L} = -k_2\boldsymbol{\omega}$$

式中,$\boldsymbol{v}_C$ 和 $\boldsymbol{\omega}$ 分别表示物体质心的速度和物体的角速度;k_1 和 k_2 分别为空气对物体的阻力系数和阻力矩系数。

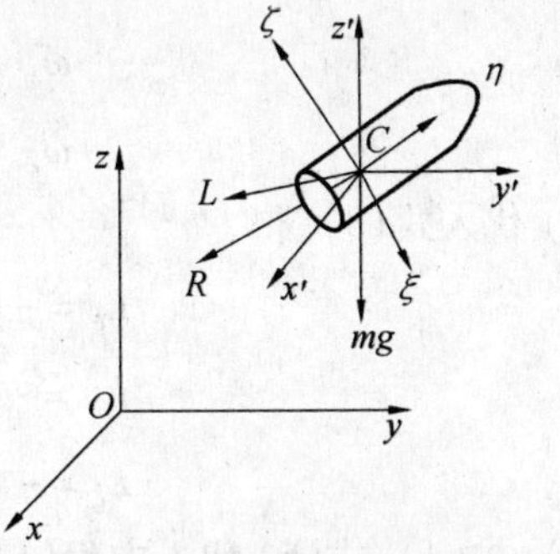

图 2.2　飞行器坐标系

试以 $x_C,y_C,z_C,\psi,\theta,\varphi$ 为广义坐标,建立物体的运动微分方程。这里 x_C,y_C,z_C 为物体的质心 C 在固定坐标系 $Oxyz$ 中的坐标;ψ,θ,φ 为物体的质心连体坐标系 $C\xi\eta\zeta$ 相对质心平动坐标系 $Cx'y'z'$ 的欧拉角。设固定轴 Oz 铅直向上,质心连体坐标系 $C\xi\eta\zeta$ 是物体在质心 C 处的惯性主轴坐标系,物体对轴 $C\xi$,$C\eta$ 和 $C\zeta$ 的转动惯量分别为

J_1, J_2 和 J_3，其中 $J_1 = J_3$。

该物体的运动可看为刚体的一般运动。根据刚体的一般运动微分方程，有

$$\left.\begin{aligned} m\ddot{x}_C &= R_x \\ m\ddot{y}_C &= R_y \\ m\ddot{z}_C &= R_z - mg \\ J_1\dot{\omega}_\xi + (J_3 - J_2)\omega_\eta\omega_\zeta &= L_\xi \\ J_2\dot{\omega}_\eta + (J_1 - J_3)\omega_\xi\omega_\zeta &= L_\eta \\ J_3\dot{\omega}_\zeta + (J_2 - J_1)\omega_\xi\omega_\eta &= L_\zeta \end{aligned}\right\} \tag{1}$$

式中，R_x, R_y, R_z 分别表示空气阻力的主矢 $\boldsymbol{R}$ 在轴 Ox, Oy, Oz 上的投影；L_ξ, L_η, L_ζ 分别表示空气阻力对质心 C 的主矩 $\boldsymbol{L}$ 在轴 $C\xi, C\eta$ 和 $C\zeta$ 上的投影。

考虑到 $\boldsymbol{R} = -k_1\boldsymbol{v}_C, \boldsymbol{L} = -k_2\boldsymbol{\omega}$，故有

$$\left.\begin{aligned} R_x &= -k_1\dot{x}_C \\ R_y &= -k_1\dot{y}_C \\ R_z &= -k_1 z_C \end{aligned}\right\} \tag{2}$$

$$\left.\begin{aligned} L_\xi &= -k_2\omega_\xi \\ L_\eta &= -k_2\omega_\eta \\ L_\zeta &= -k_2\omega_\zeta \end{aligned}\right\} \tag{3}$$

根据刚体角速度的欧拉角表达式，有

$$\left.\begin{aligned} \omega_\xi &= \dot{\psi}\sin\theta\sin\varphi + \dot{\theta}\cos\varphi \\ \omega_\eta &= \dot{\psi}\sin\theta\cos\varphi - \dot{\theta}\sin\varphi \\ \omega_\zeta &= \dot{\psi}\cos\theta + \dot{\varphi} \end{aligned}\right\} \tag{4}$$

将式(4) 代入式(3)，得

$$\left.\begin{aligned} L_\xi &= -k_2(\dot{\psi}\sin\theta\sin\varphi + \dot{\theta}\cos\varphi) \\ L_\eta &= -k_2(\dot{\psi}\sin\theta\cos\varphi - \dot{\theta}\sin\varphi) \\ L_\zeta &= -k_2(\dot{\psi}\cos\theta + \dot{\varphi}) \end{aligned}\right\} \tag{5}$$

将式(2)、式(4)、式(5) 代入方程(1)，并考虑 $J_1 = J_3$，得到以 $x_C, y_C, z_C, \psi, \theta, \varphi$ 为广义坐标的物体的运动微分方程为

$$
\left.\begin{aligned}
&m\ddot{x}_C + k_1\dot{x}_C = 0\\
&m\ddot{y}_C + k_1\dot{y}_C = 0\\
&m\ddot{z}_C + k_1\dot{z}_C + mg = 0\\
&J_1(\ddot{\psi}\sin\theta\sin\varphi + \dot{\psi}\dot{\theta}\cos\theta\sin\varphi + \dot{\psi}\dot{\varphi}\sin\theta\cos\varphi + \ddot{\theta}\cos\varphi - \dot{\theta}\dot{\varphi}\sin\varphi) +\\
&(J_1 - J_2)(\dot{\psi}\sin\theta\cos\varphi - \dot{\theta}\sin\varphi)(\dot{\psi}\cos\theta + \dot{\varphi}) + k_2(\dot{\psi}\sin\theta\sin\varphi + \dot{\theta}\cos\varphi) = 0\\
&J_2(\ddot{\psi}\sin\theta\cos\varphi + \dot{\psi}\dot{\theta}\cos\theta\cos\varphi - \dot{\psi}\dot{\varphi}\sin\theta\sin\varphi - \ddot{\theta}\sin\varphi - \dot{\theta}\dot{\varphi}\cos\varphi) +\\
&k_2(\dot{\psi}\sin\theta\cos\varphi - \dot{\theta}\sin\varphi) = 0\\
&J_1(\ddot{\psi}\cos\theta - \dot{\psi}\dot{\theta}\sin\theta + \ddot{\varphi}) + (J_2 - J_1)(\dot{\psi}\sin\theta\sin\varphi + \dot{\theta}\cos\varphi)\cdot\\
&(\dot{\psi}\sin\theta\cos\varphi - \dot{\theta}\sin\varphi) + k_2(\dot{\psi}\cos\theta + \dot{\varphi}) = 0
\end{aligned}\right\}\quad(6)
$$

如果已知物体运动的初始条件，则结合初始条件，通过数值方法求解以上方程，即可求得物体的运动规律。

2.2　拉格朗日法

在分析力学中，拉格朗日法是建立动力学方程的有效工具，对于航天飞行器系统，拉格朗日法同样也是非常有效的建模工具。对于完整约束系统，可利用第二类拉格朗日方程

$$\frac{\mathrm{d}}{\mathrm{d}t}\left(\frac{\partial L}{\partial \dot{q}_i}\right) - \frac{\partial L}{\partial q_i} = Q_i \quad (i = 1,2,\cdots,n) \tag{2.3}$$

式中，L 为系统拉格朗日函数；q_i 为系统第 i 个广义坐标；Q_i 为系统第 i 个广义力。

对非完整约束系统，要利用第一类拉格朗日方程，即拉格朗日乘子法

$$\frac{\mathrm{d}}{\mathrm{d}t}\left(\frac{\partial L}{\partial \dot{q}_i}\right) - \frac{\partial L}{\partial q_i} = Q_i + \sum_{k=1}^{m}\lambda_k a_{ki} \quad (i = 1,2,\cdots,n) \tag{2.4}$$

式中，λ_k 为拉格朗日算子。

采用拉格朗日法建立系统运动方程，方程中不出现无功约束力，而且可得到与系统自由度一致的最少个数的二阶微分方程，特别对于完整约束的保守系统，这种方法非常简便；但对于复杂系统，拉格朗日函数对速度求导的过程比较复杂。

【例 3】　设某一受理想约束的系统由 n 个质点组成，$q_1,q_2,\cdots,q_k$ 为描述该系统位形的独立广义坐标。系统中任一质点 M_i 相对惯性参考系 $Oxyz$ 的矢径 $\boldsymbol{r}_i$ 可表示为

$$\boldsymbol{r}_i = \boldsymbol{r}_i(q_1,q_2,\cdots,q_k,t) \quad (i = 1,2,\cdots,n) \tag{1}$$

此函数中显含时间 t 是为了考虑约束为非定常的情况，如只有定常约束，则函数中不显含时间 t。

在推导第二类拉格朗日方程时将用到如下两个重要关系式 —— 拉格朗日变换式，即

$$\frac{\partial \dot{\boldsymbol{r}}_i}{\partial \dot{q}_j} = \frac{\partial \boldsymbol{r}_i}{\partial q_j} \quad (i = 1,2,\cdots,n; j = 1,2,\cdots,k) \tag{2}$$

$$\frac{\partial \dot{\boldsymbol{r}}_i}{\partial q_j} = \frac{\mathrm{d}}{\mathrm{d}t}\left(\frac{\partial \boldsymbol{r}_i}{\partial q_j}\right) \quad (i = 1,2,\cdots,n; j = 1,2,\cdots,k) \tag{3}$$

下面给出式(2) 和式(3) 的证明。

将式(1) 对时间求导数,得

$$\dot{\boldsymbol{r}}_i = \sum_{l=1}^{k} \frac{\partial \boldsymbol{r}_i}{\partial q_l}\dot{q}_l + \frac{\partial \boldsymbol{r}_i}{\partial t} \quad (i = 1,2,\cdots,n) \tag{4}$$

再将式(4) 对 $\dot{q}_j$ 求偏导数,便可得到式(2)。

下面再来证明式(3)。

将式(4) 对 q_j 求偏导数,得

$$\frac{\partial \dot{\boldsymbol{r}}_i}{\partial q_j} = \sum_{l=1}^{k} \frac{\partial^2 \boldsymbol{r}_i}{\partial q_l \partial q_j}\dot{q}_l + \frac{\partial^2 \boldsymbol{r}_i}{\partial t \partial q_j} \quad (i = 1,2,\cdots,n; j = 1,2,\cdots,k) \tag{5}$$

考虑到$\frac{\partial \boldsymbol{r}_i}{\partial q_j}$ 是 $q_1, q_2, \cdots, q_k$ 和 t 的函数,因此$\frac{\mathrm{d}}{\mathrm{d}t}\left(\frac{\partial \boldsymbol{r}_i}{\partial q_j}\right)$ 可以写成

$$\frac{\mathrm{d}}{\mathrm{d}t}\left(\frac{\partial \boldsymbol{r}_i}{\partial q_j}\right) = \sum_{l=1}^{k} \frac{\partial^2 \boldsymbol{r}_i}{\partial q_l \partial q_j}\dot{q}_l + \frac{\partial^2 \boldsymbol{r}_i}{\partial q_j \partial t} \quad (i = 1,2,\cdots,n; j = 1,2,\cdots,k) \tag{6}$$

设式(1) 具有连续的二阶偏导数,因此有

$$\frac{\partial^2 \boldsymbol{r}_i}{\partial q_l \partial q_j} = \frac{\partial^2 \boldsymbol{r}_i}{\partial q_j \partial q_l} \quad (i = 1,2,\cdots,n; j = 1,2,\cdots,k; l = 1,2,\cdots,k) \tag{7}$$

$$\frac{\partial^2 \boldsymbol{r}_i}{\partial t \partial q_j} = \frac{\partial^2 \boldsymbol{r}_i}{\partial q_j \partial t} \quad (i = 1,2,\cdots,n; j = 1,2,\cdots,k) \tag{8}$$

考虑到式(7) 和式(8),将式(5) 和式(6) 进行比较,便可得到式(3)。

下面接着来推导第二类拉格朗日方程。将式(1) 取变分,得

$$\delta \boldsymbol{r}_i = \sum_{j=1}^{k} \frac{\partial \boldsymbol{r}_i}{\partial q_j}\delta q_j \quad (i = 1,2,\cdots,n) \tag{9}$$

根据动力学普遍方程,有

$$\sum_{i=1}^{n} \boldsymbol{F}_i \cdot \delta \boldsymbol{r}_i - \sum_{i=1}^{n} m_i \ddot{\boldsymbol{r}}_i \cdot \delta \boldsymbol{r}_i = 0 \tag{10}$$

其中,式(10) 左端的第一项 $\sum_{i=1}^{n} \boldsymbol{F}_i \cdot \delta \boldsymbol{r}_i$ 表示作用于系统上的所有主动力在系统虚位移中的元功之和。由式(9) 有

$$\sum_{i=1}^{n} \boldsymbol{F}_i \cdot \delta \boldsymbol{r}_i = \sum_{i=1}^{n}\left(\boldsymbol{F}_i \cdot \sum_{j=1}^{k} \frac{\partial \boldsymbol{r}_i}{\partial q_j}\delta q_j\right) = \sum_{j=1}^{k}\left(\sum_{j=1}^{k} \boldsymbol{F}_i \cdot \frac{\partial \boldsymbol{r}_i}{\partial q_j}\right)\delta q_j \tag{11}$$

定义

$$Q_j = \sum_{i=1}^{n} \boldsymbol{F}_i \cdot \frac{\partial \boldsymbol{r}_i}{\partial q_j} \quad (j = 1, 2, \cdots, k) \tag{12}$$

为对应于广义坐标的广义力。这样式(12) 可以写成

$$\sum_{i=1}^{n} \boldsymbol{F}_i \cdot \delta \boldsymbol{r}_i = \sum_{j=1}^{k} Q_j \delta q_j \tag{13}$$

式(10) 左端的第二项 $-\sum_{i=1}^{n} m_i \ddot{\boldsymbol{r}}_i \cdot \delta \boldsymbol{r}_i$ 表示系统的惯性力系在系统虚位移中的元功之和。由式(9) 有

$$-\sum_{i=1}^{n} m_i \ddot{\boldsymbol{r}}_i \cdot \delta \boldsymbol{r}_i = -\sum_{i=1}^{n} \left(m_i \ddot{\boldsymbol{r}}_i \cdot \sum_{j=1}^{k} \frac{\partial \boldsymbol{r}_i}{\partial q_j} \delta q_j \right) = \sum_{j=1}^{k} \left(-\sum_{i=1}^{n} m_i \ddot{\boldsymbol{r}}_i \cdot \frac{\partial \boldsymbol{r}_i}{\partial q_j} \right) \delta q_j \tag{14}$$

定义

$$Q'_j = -\sum_{i=1}^{n} m_i \ddot{\boldsymbol{r}}_i \cdot \frac{\partial \boldsymbol{r}_i}{\partial q_j} \quad (j = 1, 2, \cdots, k) \tag{15}$$

为对应于广义坐标的广义惯性力。这样式(14) 可以写成

$$-\sum_{i=1}^{n} m_i \ddot{\boldsymbol{r}}_i \cdot \delta \boldsymbol{r}_i = \sum_{j=1}^{k} Q'_j \delta q_j \tag{16}$$

将式(13) 和式(16) 代入式(10) 后,得

$$\sum_{j=1}^{k} (Q_j + Q'_j) \delta q_j = 0 \tag{17}$$

根据求导运算规则,式(15) 可以写成

$$Q'_j = -\sum_{i=1}^{n} m_i \frac{\mathrm{d}}{\mathrm{d}t}\left(\dot{\boldsymbol{r}}_i \cdot \frac{\partial \boldsymbol{r}_i}{\partial q_j} \right) + \sum_{i=1}^{n} m_i \dot{\boldsymbol{r}}_i \cdot \frac{\mathrm{d}}{\mathrm{d}t}\left(\frac{\partial \boldsymbol{r}_i}{\partial q_j} \right) \quad (j = 1, 2, \cdots, k) \tag{18}$$

考虑到拉格朗日变换式(2) 和式(3) 后,式(18) 又可以写成

$$\begin{aligned} Q'_j &= -\sum_{i=1}^{n} m_i \frac{\mathrm{d}}{\mathrm{d}t}\left(\dot{\boldsymbol{r}}_i \cdot \frac{\partial \boldsymbol{r}_i}{\partial q_j} \right) + \sum_{i=1}^{n} m_i \dot{\boldsymbol{r}}_i \cdot \frac{\mathrm{d}}{\mathrm{d}t}\left(\frac{\partial \boldsymbol{r}_i}{\partial q_j} \right) = \\ &-\sum_{i=1}^{n} \frac{\mathrm{d}}{\mathrm{d}t}\left[\frac{\partial}{\partial \dot{q}_j}\left(\frac{1}{2} m_i \boldsymbol{r}_i \cdot \dot{\boldsymbol{r}}_i \right) \right] + \sum_{i=1}^{n} \frac{\partial}{\partial q_j}\left(\frac{1}{2} m_i \boldsymbol{r}_i \cdot \dot{\boldsymbol{r}}_i \right) = \\ &-\frac{\mathrm{d}}{\mathrm{d}t}\left[\frac{\partial}{\partial \dot{q}_j}\left(\sum_{i=1}^{n} \frac{1}{2} m_i \boldsymbol{r}_i \cdot \dot{\boldsymbol{r}}_i \right) \right] + \frac{\partial}{\partial q_j}\left(\sum_{i=1}^{n} \frac{1}{2} m_i \boldsymbol{r}_i \cdot \dot{\boldsymbol{r}}_i \right) = \\ &-\frac{\mathrm{d}}{\mathrm{d}t}\left(\frac{\partial T}{\partial \dot{q}_j} \right) + \frac{\partial T}{\partial q_j} \quad (j = 1, 2, \cdots, k) \end{aligned} \tag{19}$$

其中

$$T = \sum_{i=1}^{n} \frac{1}{2} m_i \dot{\boldsymbol{r}}_i \cdot \dot{\boldsymbol{r}}_i \tag{20}$$

为系统的动能。将式(19)代入方程(17)后,得到

$$\sum_{j=1}^{k}\left[Q_j-\frac{\mathrm{d}}{\mathrm{d}t}\left(\frac{\partial T}{\partial \dot{q}_j}\right)+\frac{\partial T}{\partial q_j}\right]\delta q_j=0 \tag{21}$$

方程(21)称为广义坐标形式的动力学普遍方程。需要说明的是,在推导该方程的过程中只限定了所研究的系统是受理想约束的系统,并没有限定系统是完整系统还是非完整系统,因此,广义坐标形式的动力学普遍方程(21)的应用条件是受理想约束的系统。

如果所研究的系统还是一受理想约束的完整系统,则方程(21)中的 k 个广义坐标的变分 $\delta q_j(j=1,2,\cdots,k)$ 是互相独立的,这时由方程(21)可以得到

$$\frac{\mathrm{d}}{\mathrm{d}t}\left(\frac{\partial T}{\partial \dot{q}_j}\right)-\frac{\partial T}{\partial q_j}=Q_j \quad (j=1,2,\cdots,k) \tag{22}$$

这就是著名的第二类拉格朗日方程,它适用于受理想约束的完整系统。对于含有非理想约束的完整系统来说,如果解除其中的所有非理想约束,并把相应的非理想约束力看成是主动力,这时仍然可应用第二类拉格朗日方程来建立系统的动力学方程。

第二类拉格朗日方程的形式对坐标变换具有不变性,即与广义坐标的具体选择无关;方程中不出现未知的理想约束反力,因此便于求解;方程的个数等于广义坐标数或自由度数。这一方程在工程中具有极为广泛的应用价值。

应用第二类拉格朗日方程所建立的系统运动微分方程一般是一组关于 k 个广义坐标 $q_j\ (j=1,2,\cdots,k)$ 的二阶非线性常微分方程,在给定运动初始条件 $q_j(0),\dot{q}_j(0)\,(j=1,2,\cdots,k)$ 的情况下,可利用适当的数值积分法(如龙格-库塔(Runge - Kutta)方法和吉尔(Gear)方法等)求出这组方程的数值解,这些数值解就代表了系统的运动规律。如果所研究的受理想约束的完整系统所受的主动力均为有势力时,则每个主动力 $\boldsymbol{F}_i$ 在惯性参考系 $Oxyz$ 的各坐标轴上的投影可表达为

$$F_{ix}=-\frac{\partial V}{\partial x_i},\quad F_{iy}=-\frac{\partial V}{\partial y_i},\quad F_{iz}=-\frac{\partial V}{\partial z_i}\quad (i=1,2,\cdots,n) \tag{23}$$

式中,V 表示系统的势能。

将式(23)代入式(12),得

$$Q_j=-\sum_{i=1}^{n}\left(\frac{\partial V}{\partial x_i}\frac{\partial x_i}{\partial q_j}+\frac{\partial V}{\partial y_i}\frac{\partial y_i}{\partial q_j}+\frac{\partial V}{\partial z_i}\frac{\partial z_i}{\partial q_j}\right)\quad (j=1,2,\cdots,k) \tag{24}$$

因系统的势能 V 可作为系统内各质点的直角坐标 $x_i,y_i,z_i(i=1,2,\cdots,n)$ 及时间 t 的函数,而 $x_i,y_i,z_i(i=1,2,\cdots,n)$ 又可作为系统广义坐标 $q_j(j=1,2,\cdots,k)$ 及时间 t 的函数,于是系统的势能 V 对广义坐标 q_j 的偏导数可表达为

$$\frac{\partial V}{\partial q_j}=\sum_{i=1}^{n}\left(\frac{\partial V}{\partial x_i}\frac{\partial x_i}{\partial q_j}+\frac{\partial V}{\partial y_i}\frac{\partial y_i}{\partial q_j}+\frac{\partial V}{\partial z_i}\frac{\partial z_i}{\partial q_j}\right)\quad (j=1,2,\cdots,k) \tag{25}$$

比较式(24)和式(25)后,得到

$$Q_j = -\frac{\partial V}{\partial q_j} \quad (j = 1,2,\cdots,k) \tag{26}$$

将式(26)代入方程(22)后,得到

$$\frac{\mathrm{d}}{\mathrm{d}t}\left(\frac{\partial T}{\partial \dot{q}_j}\right) - \frac{\partial T}{\partial q_j} = -\frac{\partial V}{\partial q_j} \quad (j = 1,2,\cdots,k) \tag{27}$$

考虑到系统的势能 V 与广义速度 $\dot{q}_j(j = 1,2,\cdots,k)$ 无关,故有

$$\frac{\partial V}{\partial \dot{q}_j} \equiv 0 \quad (j = 1,2,\cdots,k) \tag{28}$$

从而方程(27)可以改写为

$$\frac{\mathrm{d}}{\mathrm{d}t}\left(\frac{\partial (T - V)}{\partial \dot{q}_j}\right) - \frac{\partial (T - V)}{\partial q_j} = 0 \quad (j = 1,2,\cdots,k) \tag{29}$$

定义一个新函数 $L(q,\dot{q},t)$ 为

$$L = T - V \tag{30}$$

并把这个函数称为系统的拉格朗日函数。引入该函数后,方程(29)可以写成

$$\frac{\mathrm{d}}{\mathrm{d}t}\left(\frac{\partial L}{\partial \dot{q}_j}\right) - \frac{\partial L}{\partial q_j} = 0 \quad (j = 1,2,\cdots,k) \tag{31}$$

这就是主动力均为有势力情况下的、受理想约束的、完整系统的第二类拉格朗日方程。

应用第二类拉格朗日方程建立受理想约束的完整系统的运动微分方程时,建议按以下步骤进行推导:

(1) 确定出系统的自由度数 k,并恰当地选择 k 个独立的广义坐标。

(2) 将系统的动能表示成关于广义坐标、广义速度和时间的函数。

(3) 求广义力。广义力可按如下方法求得:将作用在系统上的所有主动力的虚功之和写成

$$\sum \delta W = \sum_{j=1}^{k} Q_j \delta q_j \tag{32}$$

的形式,则其中 Q_j 即为对应于广义坐标 q_j 的广义力,或者也可以按式(33)求广义力

$$Q_j = \frac{\left[\sum \delta W\right]_j}{\delta q_j} \quad (j = 1,2,\cdots,k) \tag{33}$$

式中,$\left[\sum \delta W\right]_j$ 表示在 $\delta q_j \neq 0$、$\delta q_l = 0(j = 1,2,\cdots,k)$ 且 $l \neq j$ 的情况下作用在系统上的所有主动力的虚功之和。如果主动力均为有势力,则只需写出系统的势能或拉格朗日函数。

(4) 将 Q_j,T(或 L)表达式代入第二类拉格朗日方程,再经相应的符号运算后,即得到系统的运动微分方程式。

下面举例说明第二类拉格朗日方程的应用。

【例4】　如图2.3所示,表示质量为 m_1 和 m_2 的两个质点,用不可伸长、不计质量的细索悬住,在 m_2 上作用有水平方向的已知力 $F(t)$,建立系统的运动微分方程(假定系统在铅直面内运动,且系统始终保持张紧状态)。

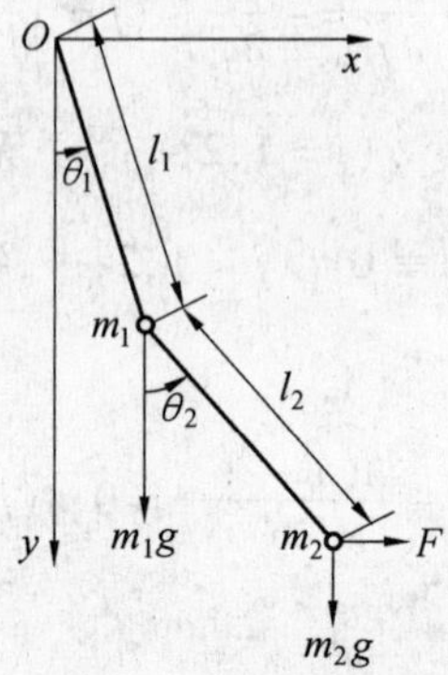

图2.3　二质点系统

这是一个二自由度的受理想约束的完整系统,因此可应用第二类拉格朗日方程来建立该系统的运动微分方程。为此选取 θ_1 和 θ_2 作为描述系统位形的广义坐标(图2.3),根据第二类拉格朗日方程,有

$$\left.\begin{aligned}\frac{\mathrm{d}}{\mathrm{d}t}\left(\frac{\partial T}{\partial\dot{\theta}_1}\right)-\frac{\partial T}{\partial\theta_1}=Q_1\\\frac{\mathrm{d}}{\mathrm{d}t}\left(\frac{\partial T}{\partial\dot{\theta}_2}\right)-\frac{\partial T}{\partial\theta_2}=Q_2\end{aligned}\right\}\tag{1}$$

系统的动能为

$$T=\frac{1}{2}m_1v_1^2+\frac{1}{2}m_2v_2^2=\frac{1}{2}m_1(l_1\dot{\theta}_1)^2+\frac{1}{2}m_2(\dot{x}_2^2+\dot{y}_2^2)\tag{2}$$

式中,质点 m_2 的直角坐标为

$$x_2=l_1\sin\theta_1+l_2\sin\theta_2\tag{3}$$

$$y_2=l_1\cos\theta_1+l_2\cos\theta_2\tag{4}$$

将式(3)、式(4)代入式(2),整理后得

$$T=\frac{1}{2}(m_1+m_2)l_1^2\dot{\theta}_1^2+m_2l_1l_2\dot{\theta}_1\dot{\theta}_2\cos(\theta_1-\theta_2)+\frac{1}{2}m_2l_2^2\dot{\theta}_2^2\tag{5}$$

作用在系统上的所有主动力的虚功之和为

$$\begin{aligned}\sum\delta W=&m_1g\delta y_1+m_2g\delta y_2+F\delta x_2=\\&m_1g\delta(l_1\cos\theta_1)+m_2g\delta(l_1\cos\theta_1+l_2\cos\theta_2)+F\delta(l_1\sin\theta_1+l_2\sin\theta_2)=\\&l_1(F\cos\theta_1-m_1g\sin\theta_1-m_2g\sin\theta_1)\delta\theta_1+l_2(F\cos\theta_2-m_2g\sin\theta_2)\delta\theta_2\end{aligned}\tag{6}$$

由此可以得到对应于广义坐标 θ_1 和 θ_2 的广义力分别为

$$Q_1 = l_1(F\cos\theta_1 - m_1 g\sin\theta_1 - m_2 g\sin\theta_1) \tag{7}$$

$$Q_2 = l_2(F\cos\theta_2 - m_2 g\sin\theta_2) \tag{8}$$

将式(5)、式(7) 和式(8) 代入方程组(1)，整理后得到

$$\left.\begin{aligned}(m_1 + m_2)l_1\ddot{\theta}_1 + m_2 l_2\ddot{\theta}_2\cos(\theta_1 - \theta_2) + m_2 l_2\dot{\theta}_2^2\sin(\theta_1 - \theta_2) + (m_1 + m_2)g\sin\theta_1 = F\cos\theta_1\\ m_2 l_1\ddot{\theta}_1\cos(\theta_1 - \theta_2) + m_2 l_2\ddot{\theta}_2 - m_2 l_1\dot{\theta}_1^2\sin(\theta_1 - \theta_2) + m_2 g\sin\theta_2 = F\cos\theta_2\end{aligned}\right\} \tag{9}$$

方程(9) 即为系统的运动微分方程式，它是一组二阶非线性常微分方程，要求解析解当然是十分困难的。

【例 5】　如图 2.4 所示，系统由滑块 A 和均质细杆 AB 构成。滑块 A 的质量为 m_1，可沿光滑水平面自由滑动。细杆 AB 通过光滑圆柱铰链铰接于滑块 A 上，细杆 AB 的质量为 m_2，长为 $2l$。列出此系统的运动微分方程。

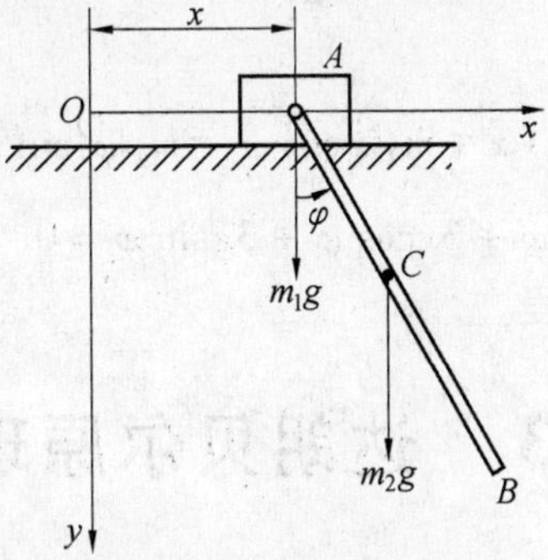

图 2.4　滑块与摆杆系统

这是一个二自由度的受理想约束的完整系统，且作用在该系统上的主动力均为重力(即有势力)，因此，可应用主动力均为有势力情况下的受理想约束的完整系统的第二类拉格朗日方程来建立该系统的运动微分方程。

选取滑块的坐标 x 和杆的转角 φ 作为描述系统位形的广义坐标，根据第二类拉格朗日方程(即例 3 中的式(21))，有

$$\left.\begin{aligned}\frac{\mathrm{d}}{\mathrm{d}t}\left(\frac{\partial L}{\partial \dot{x}}\right) - \frac{\partial L}{\partial x} = 0\\ \frac{\mathrm{d}}{\mathrm{d}t}\left(\frac{\partial L}{\partial \dot{\varphi}}\right) - \frac{\partial L}{\partial \varphi} = 0\end{aligned}\right\} \tag{1}$$

系统的动能为

$$T = T_A + T_{AB} = \frac{1}{2}m_1 v_A^2 + \frac{1}{2}m_2 v_C^2 + \frac{1}{2}I_C\omega^2 =$$

$$\frac{1}{2}m_1\dot{x}^2 + \frac{1}{2}m_2(\dot{x}_C^2 + \dot{y}_C^2) + \frac{1}{2} \times \frac{1}{12}m_2(2l)^2\dot{\varphi}^2 \tag{2}$$

式中，杆 AB 的质心坐标为

$$x_C = x + l\sin\varphi \tag{3}$$

$$y_C = l\cos\varphi \tag{4}$$

将式(3)、式(4) 代入式(2)，整理后得

$$T = \frac{1}{2}(m_1 + m_2)\dot{x}^2 + \frac{2}{3}m_2 l^2\dot{\varphi}^2 + m_2 l\dot{x}\dot{\varphi}\cos\varphi \tag{5}$$

规定 x 轴所在的水平面为零重力势能面，则系统的势能可表达为

$$V = -m_2 g l\cos\varphi \tag{6}$$

于是系统的拉格朗日函数为

$$L = T - V = \frac{1}{2}(m_1 + m_2)\dot{x}^2 + \frac{2}{3}m_2 l^2\dot{\varphi}^2 + m_2 l\dot{x}\dot{\varphi}\cos\varphi + m_2 g l\cos\varphi \tag{7}$$

将式(7) 代入方程(1)，整理后得

$$\left.\begin{aligned}(m_1 + m_2)\ddot{x} + m_2 l\ddot{\varphi}\cos\varphi - m_2 l\dot{\varphi}^2\sin\varphi = 0\\ 4l\ddot{\varphi} + 3\ddot{x}\cos\varphi + 3g\sin\varphi = 0\end{aligned}\right\} \tag{8}$$

方程(8) 即为系统的运动微分方程。

2.3 达朗贝尔原理

达朗贝尔原理是通过引入惯性力，把动力学问题转化为静力学问题，可以从任意点的平衡位置出发，建立部件的平衡方程，其运动方程实际上是牛顿 - 欧拉方程的一种变换形式。该方法建立的运动方程可表示为

$$\boldsymbol{F} + \boldsymbol{F}^* = \boldsymbol{0} \tag{2.5}$$

$$\boldsymbol{M} + \boldsymbol{M}^* = \boldsymbol{0} \tag{2.6}$$

式中，$\boldsymbol{F}$ 和 $\boldsymbol{F}^*$ 分别为主动力和惯性力；$\boldsymbol{M}$ 和 $\boldsymbol{M}^*$ 分别为主动力矩和惯性力矩。

该方法在系统方程的处理上与牛顿 - 欧拉方法相同，根据部件界面边界的位移协调条件和力的协调条件建立系统的动力学方程，同样也存在不能消除内部约束力的问题。

2.4 凯恩方法

凯恩方法是达朗贝尔原理的发展，通过它引入 u_i 广义速度

$$u_i = \sum_{j=1}^{n} \omega_{i,j}\dot{q}_j + x_i \quad (i = 1,2,\cdots,n) \tag{2.7}$$

式中，$\dot{q}_1,\cdots,\dot{q}_n$ 为系统独立广义速度；$\omega_{i,j}$，x_i 为广义坐标 $q_1,\cdots,q_n$ 及时间 t 的函数，且要求上述关系式是可逆的。

式(2.7)描述了系统中刚体和质点相对惯性系的运动学微分方程。设航天器系统由 M 个刚体和 N 个运动质点组成，则对第 r 个刚体，其转动和平动速度 ω_r 和 v_r 分别为

$$\omega_r = \sum_{i=1}^{n} \omega_i^r u_i + \Omega_r \quad (r = 1,2,\cdots,M) \tag{2.8}$$

$$v_r = \sum_{i=1}^{n} v_i^r u_i + V_r \quad (r = 1,2,\cdots,M) \tag{2.9}$$

第 j 个质点的运动速度 $\dot{R}_j$ 为

$$\dot{R}_j = \sum_{i=1}^{n} v_i^j u_i + V_j \quad (j = 1,2,\cdots,N) \tag{2.10}$$

式中，ω_i^r 和 Ω_r，v_i^r 和 V_r，v_i^j 和 V_j 为广义坐标和时间的函数；ω_i^r 为第 r 个刚体的第 i 个偏角速度；v_i^r 为第 r 个刚体质心的第 i 个偏速度；v_i^j 为第 j 个质点的第 i 个偏速度。

利用偏速度和偏角速度可引入系统广义力 Q_i 和广义惯性力 Q_i^*，即

$$Q_i = \sum_{j=1}^{N} v_i^j F_j + \sum_{r=1}^{M} (\omega_i^r M_r + v_i^r F_r) \quad (i = 1,2,\cdots,n) \tag{2.11}$$

$$Q_i^* = \sum_{j=1}^{N} v_i^j F_j^* + \sum_{r=1}^{M} (\omega_i^r M_r^* + v_i^r F_r^*) \quad (i = 1,2,\cdots,n) \tag{2.12}$$

式中，F_j，F_r 分别为第 j 个质点和第 r 个刚体上的合力；F_j^*，F_r^* 分别为第 j 个质点和第 r 个刚体上的惯性力，$F_j^* = -m_j a_j$，$F_r^* = -m_r a_r$；$\boldsymbol{M}_r$，$\boldsymbol{M}_r^*$ 分别为第 r 个刚体上的合力矩和惯性力矩。

用凯恩法得到的系统运动方程的基本形式，则为

$$Q_i + Q_i^* = 0 \quad (i = 1,2,\cdots,n) \tag{2.13}$$

凯恩方法综合了牛顿－欧拉法和拉格朗日方法的优点，在建立航天器动力学方程时，能自动消除无功约束力，直接得到最简单的运动方程，并适于某些非完整约束及冗余坐标的系统。但该方法的物理意义不明显，并要采用惯性力及惯性力矩，而偏速度和偏角速度往往要靠观察和技巧求得，增加了推导复杂性。

2.5 虚功原理

采用虚功原理和虚功率原理推导系统动力学方程也是目前航天器动力学研究中用的较多的一种方法。一般来说,对于多刚体的系统,常采用虚功原理来推导动力学方程,其基本方程式为

$$\sum_{i=1}^{n}(m_i\ddot{Z}_i - F_i)\delta Z_i + \delta A = 0 \tag{2.14}$$

式中,Z_i 为第 i 个刚体的质心位置;F_i 为第 i 个刚体上作用的力;δA 为作用在刚体间的力,由于虚位移 δZ_i 引起的虚功;m_i 为第 i 个刚体的质量。

对于多柔体的系统,采用虚功(率)原理建立运动方程是很有效的,其形式为

$$\sum_{i=1}^{n}\left[\int_{m_i}\delta\dot{\boldsymbol{Z}}(\ddot{\boldsymbol{Z}}\mathrm{d}m - \mathrm{d}\boldsymbol{F}) + \delta P_i\right] + \delta P = 0 \tag{2.15}$$

式中,$\boldsymbol{Z}$ 为第 i 个柔性体中 $\mathrm{d}m$ 的位移;$\mathrm{d}\boldsymbol{F}$ 为作用在 $\mathrm{d}m$ 上的力;δP_i 为第 i 个柔性体内部弹性力的虚功率;δP 为作用在物体间铰中弹簧力和阻尼力的虚功率。

综上所述,牛顿-欧拉方法、拉格朗日方法、达朗贝尔原理、凯恩方法和虚功(率)原理等,是目前航天器动力学方程推导中常用的方法。它们各有利弊,可根据不同的问题和要求来选用建模的方法。

第3章　飞行器轨道动力学与控制

【教学目的】

通过本章的学习,希望达到如下教学目的:

1. 了解飞行器运行轨道及其参数;

2. 了解飞行器轨道摄动的原因。

【内容提要】

航天器的轨道可以概括地分为发射轨道、运行轨道和返回轨道。本章主要介绍航天飞行器的运行轨道及其参数以及轨道间的转移问题;介绍航天飞行器的轨道摄动问题。由于航天器在轨道运行时必然要受到多种因素的干扰,如日月的引力、太阳的光压、大气的阻力等的作用,其实际运行轨道必然要偏离预定的理论轨道产生轨道摄动。本章重点讨论二体运动的轨道方程及轨道参数与轨道形态间的关系,讨论轨道间转移的必要条件。

本章部分内容主要参考褚桂柏教授主编的《航天技术概论》一书和曲广吉教授著的《航天器动力学工程》一书,详细内容请参见上述文献的有关章节。

3.1　航天飞行器运行轨道

为完成特定的飞行任务,航天器将在预先设定的轨道上运行,该轨道称为航天器的运行轨道,其轨道参数应由飞行任务的要求来确定,如图3.1所示。从运载火箭第一级点火到航天器入轨,是运载火箭的发射轨道,一般发射轨道由主动段和自由飞行段组成。航天器入轨至结束轨道寿命,或至返回航天器的制动火箭点火期间航天器飞行的轨迹是航天器的运行轨道。从制动火箭点火至航天器再入舱降落到地面,是航天器的返回轨道。

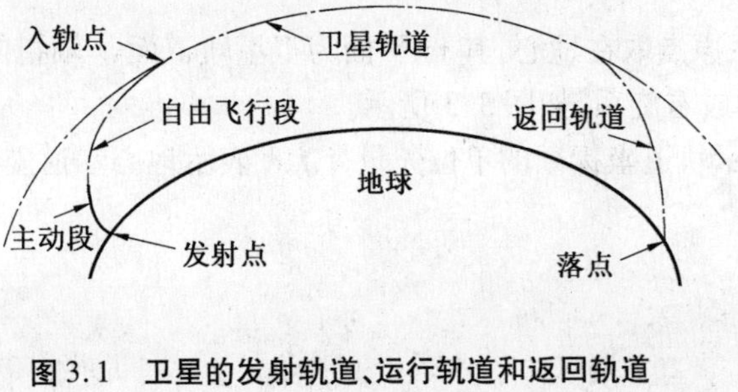

图3.1　卫星的发射轨道、运行轨道和返回轨道

3.1.1 坐标系

为了研究空间飞行器的运动必须建立描述飞行器运动的坐标系,本小节将介绍航天领域采用的地心赤道坐标系、轨道坐标系的概念。

1. 地心赤道坐标系

描述天体相对运动的惯性坐标系的坐标原点取在质量较大的天体的质心上,坐标轴的指向在绝对空间固定不变。在人造卫星的运动中,一般采用地心赤道为坐标系 $Oxyz$。原点 O 取在地心,Oxy 平面与地球赤道面重合,Ox 轴指向某一确定时刻的春分点,Oz 轴取地球自转轴,如图 3.2 所示。

春分点是黄道与天赤道的一个交点。黄道是地球绕太阳公转的轨道面(黄道面)与以地心为球心的天球相交的大圆。黄道面与赤道面约相交成 23°27′,称为“黄赤交角”。由于地球公转观测到太阳在恒星间移动,周期为 1 年,这就是太阳的周年视运动。黄道就是天球上的太阳周年视运动轨迹。太阳由南向北过天赤道的交点称为“春分点”,记为 r,另一个交点是秋分点。

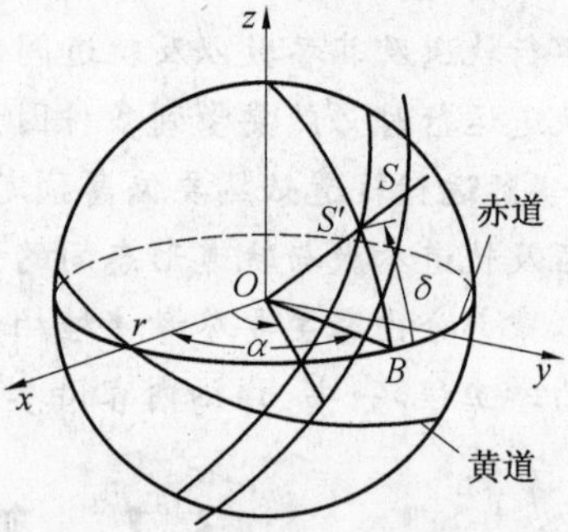

图 3.2 地心赤道坐标系

在地心赤道坐标系中,卫星位置可用直角坐标 x,y,z 表示,也可用球面坐标,即向经 r、赤纬 δ、赤经 α 表示。设卫星在天球上的投影为 S',过 S' 的赤经圈与天赤道交于 B,则 $\delta=\widehat{S'B}$。规定在北半球赤纬为正值,在南半球为负值。赤经定义为由春分点 r 沿天赤道逆时针(从北天极看)度量至点 B 的值,$\alpha = rB$(图 3.2)。

2. 轨道坐标系

卫星轨道坐标系原点取在地心,其 xy 平面为卫星轨道面,x 轴指向轨道近地点,z 轴沿轨道面法向 y 轴与 x,z 轴成右旋系,如图 3.3 所示。

若以 $\boldsymbol{X},\boldsymbol{Y},\boldsymbol{Z}$ 表示轨道坐标系的单位矢量,$\boldsymbol{i},\boldsymbol{j},\boldsymbol{k}$ 表示地心赤道坐标系的单位矢量,则它们之间的关系为

$$\left.\begin{aligned}\boldsymbol{X}&=\boldsymbol{i}(\cos\omega\cos\Omega-\cos i\sin\omega\sin\Omega)+\\&\quad\boldsymbol{j}(\cos\omega\sin\Omega+\cos i\sin\omega\cos\Omega)+\boldsymbol{k}\sin i\sin\omega\\\boldsymbol{Y}&=\boldsymbol{i}(-\sin\omega\cos\Omega-\cos i\cos\omega\sin\Omega)+\\&\quad\boldsymbol{j}(-\sin\omega\sin\Omega+\cos i\cos\omega\cos\Omega)+\boldsymbol{k}\sin i\cos\omega\\\boldsymbol{Z}&=\boldsymbol{i}\sin i\sin\Omega-\boldsymbol{j}\sin i\cos\Omega+\boldsymbol{k}\cos i\end{aligned}\right\}\tag{3.1}$$

卫星向径 $\boldsymbol{r}$ 在轨道坐标系中表示为

$$\boldsymbol{r}=\boldsymbol{X}r\cos f+\boldsymbol{Y}r\sin f\tag{3.2}$$

式中，f 为真近点角。

在卫星工程中，还用到其他一些坐标系统。如表示卫星中太阳等天体相对观测者或星下点方位的地平坐标系，在发射轨道与返回轨道中应用的地面坐标系和与卫星本体固连的星体坐标系或半固连的（表示星体纵轴指向的）星体坐标系等。

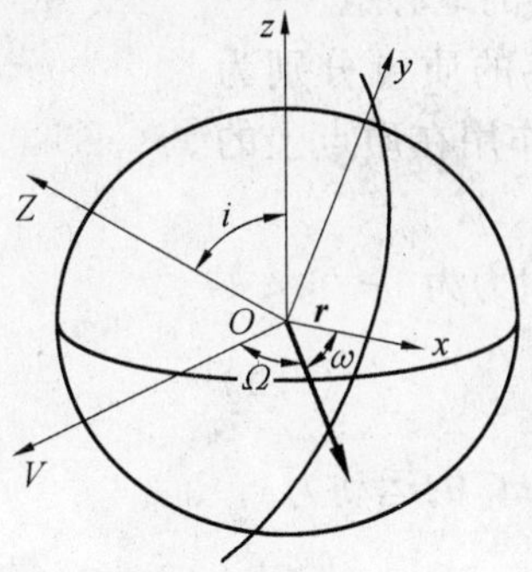

图 3.3　轨道坐标系

3.1.2　轨道方程（二体运动）

航天器在运行轨道上的运动基本上是在万有引力作用下的运动，作为人造地球卫星，为了使问题变得简单，只考虑卫星和地球的引力作用下的运动，而忽略较远离的天体的引力作用，尽管空间有无数个天体，它们之间都有引力作用，这样，卫星的运动就简化为二体运动。如果精确地分析，就需要将其他天体的作用看做摄动。

本小节要研究的是航天飞行器在万有引力的作用下轨道参数与轨道形态的关系，为轨道的选择提供依据。下面分别介绍二体运动的轨道运动方程和运行轨道。

1. 轨道运动方程

假设 m_2 是卫星的质量，m_1 是地球的质量，两者之间的距离为 r，在地心赤道惯性坐标系下建立其二体运动方程，如图 3.4 所示，根据万有引力定律可以得到如下的轨道方程。

$$\ddot{\boldsymbol{r}} + \mu \frac{\boldsymbol{r}}{r^3} = \boldsymbol{0} \tag{3.3}$$

式中,$\mu = G(m_1 + m_2) \approx Gm_1$(忽略航天器质量时),$\mu = 3.986\ 005 \times 10^{14}\ \mathrm{m^3/s^2}$ 为地球引力常数。

在地心赤道惯性坐标系 $Ox_iy_iz_i$ 中,航天器轨道方程为

$$\left.\begin{aligned} \ddot{x} + \mu \frac{x}{r^3} = 0 \\ \ddot{y} + \mu \frac{y}{r^3} = 0 \\ \ddot{z} + \mu \frac{z}{r^3} = 0 \end{aligned}\right\} \tag{3.4}$$

式中,$r = \sqrt{x^2 + y^2 + z^2}$,为航天器的地心距。

具体推导过程如下:设质点的质量分别为 m_1, m_2;向径分别为 $\boldsymbol{r}, \boldsymbol{r}_1, \boldsymbol{r}_2, \boldsymbol{r}_C$;作用在质点上的万有引力分别为$\boldsymbol{F}_1, \boldsymbol{F}_2$,则有

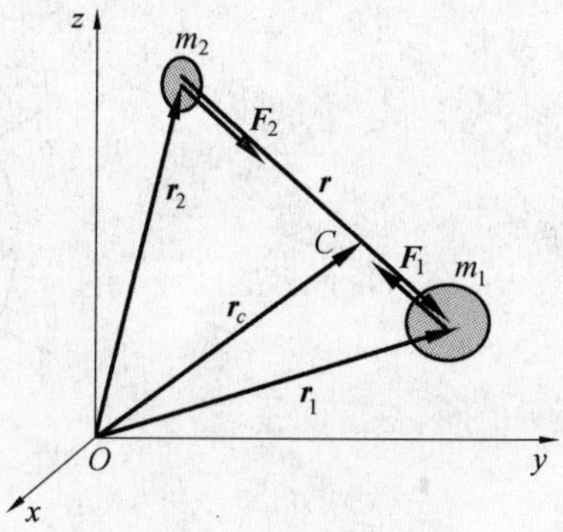

图 3.4 二体问题

航天器质点 m_2 受到的万有引力为

$$\boldsymbol{F}_2 = Gm_1m_2 \frac{\boldsymbol{r}}{r^3} \tag{3.5}$$

在航天器引力作用下的质点 m_1 的运动为

$$\boldsymbol{F}_1 = m_1 \ddot{\boldsymbol{r}}_1 \tag{3.6}$$

在 m_1 引力作用下的航天器质点 m_2 的运动为

$$\boldsymbol{F}_2 = m_2 \ddot{\boldsymbol{r}}_2 \tag{3.7}$$

根据质心定理

$$m_1(\boldsymbol{r}_1 - \boldsymbol{r}_C) = m_2(\boldsymbol{r}_C - \boldsymbol{r}_2) \tag{3.8}$$

$$\boldsymbol{r} = \boldsymbol{r}_1 - \boldsymbol{r}_2 \tag{3.9}$$

联立方程(3.8)及方程(3.9),可得

$$\boldsymbol{r}_1 = \boldsymbol{r}_C + \frac{m_2}{m_1 + m_2}\boldsymbol{r} \tag{3.10}$$

$$\boldsymbol{r}_2 = \boldsymbol{r}_C - \frac{m_1}{m_1 + m_2}\boldsymbol{r} \tag{3.11}$$

将方程(3.10)和方程(3.11)代入方程(3.6)和方程(3.7),可得

$$\boldsymbol{F}_2 = \ddot{\boldsymbol{r}}_C m_2 - \frac{m_1m_2}{m_1 + m_2}\ddot{\boldsymbol{r}} = -\ddot{\boldsymbol{r}}_C m_1 - \frac{m_2m_1}{m_1 + m_2}\ddot{\boldsymbol{r}} = -\boldsymbol{F}_1 \tag{3.12}$$

由方程(3.12)可得

$$\ddot{\boldsymbol{r}}_C m_2 + \ddot{\boldsymbol{r}}_C m_1 = \ddot{\boldsymbol{r}}_C (m_1 + m_2) = \boldsymbol{0} \tag{3.13}$$

$\ddot{\boldsymbol{r}}_C = \boldsymbol{0}$ 表示系统质心的运动速度,为常量。将$\ddot{\boldsymbol{r}}_C = \boldsymbol{0}$ 代入方程(3.12),可得

$$\boldsymbol{F}_2 = G m_1 m_2 \frac{\boldsymbol{r}}{r^3} = -\frac{m_2 m_1}{m_1 + m_2} \ddot{\boldsymbol{r}} \tag{3.14}$$

或

$$\ddot{\boldsymbol{r}} + G(m_1 + m_2) \frac{\boldsymbol{r}}{r^3} = \boldsymbol{0} \tag{3.15}$$

2. 运行轨道

现在二体运动基本方程的基础上,探讨轨道参数与运行轨道特性的关系。二体运动的基本方程为

$$\frac{\mathrm{d}^2 \boldsymbol{r}}{\mathrm{d}t^2} = -\mu \frac{\boldsymbol{r}}{r^3} \tag{3.16}$$

式(3.16) 能完全解出,得到 6 个积分常量。其一般解析解的形式为

$$r = \frac{\dfrac{h^2}{\mu}}{1 + e\cos < \boldsymbol{e}, \boldsymbol{r} >} \tag{3.17}$$

方程的求解过程如下:

假设

$$\boldsymbol{r} \times \frac{\mathrm{d}\boldsymbol{r}}{\mathrm{d}t} = \boldsymbol{h} \tag{3.18}$$

式中,$\boldsymbol{h}$ 为常量,是航天器单位质量的动量矩矢量。

对运动方程(3.16) 作 $\boldsymbol{h}$ 的矢量积,可得

$$\frac{\mathrm{d}^2 \boldsymbol{r}}{\mathrm{d}t^2} \times \boldsymbol{h} = -\frac{\mu}{r^3} \boldsymbol{r} \times \boldsymbol{h} \tag{3.19}$$

将 $\boldsymbol{h} = \boldsymbol{r} \times \dfrac{\mathrm{d}\boldsymbol{r}}{\mathrm{d}t}$ 代入式(3.19) 的右端,则

$$\frac{\mathrm{d}^2 \boldsymbol{r}}{\mathrm{d}t^2} \times \boldsymbol{h} = \mu \frac{\mathrm{d}}{\mathrm{d}t}\left(\frac{\boldsymbol{r}}{r}\right) \tag{3.20}$$

积分式(3.20) 后,得

$$\frac{\mathrm{d}\boldsymbol{r}}{\mathrm{d}t} \times \boldsymbol{h} = \mu\left(\frac{\boldsymbol{r}}{r} + \boldsymbol{e}\right) \tag{3.21}$$

即

$$\frac{\mathrm{d}\boldsymbol{r}}{\mathrm{d}t} \times \boldsymbol{h} - \mu \frac{\boldsymbol{r}}{r} = \left[\left(\frac{\mathrm{d}r}{\mathrm{d}t}\right)^2 - \frac{\mu}{r}\right] \boldsymbol{r} - r \frac{\mathrm{d}r}{\mathrm{d}t} \frac{\mathrm{d}\boldsymbol{r}}{\mathrm{d}t} = \mu \boldsymbol{e} \tag{3.22}$$

式中,$\boldsymbol{e}$ 为常矢量,这个积分称为拉普拉斯积分;$\mu\boldsymbol{e}$ 称为拉普拉斯矢量。

$\boldsymbol{e}$ 在轨道平面内,再由式(3.21) 与标量积,可得

$$\left(\frac{\mathrm{d}\boldsymbol{r}}{\mathrm{d}t}\times\boldsymbol{h}\right)\boldsymbol{r}=\mu\left(\frac{\boldsymbol{r}}{r}+\boldsymbol{e}\right)\boldsymbol{r}=\mu\left(\frac{\boldsymbol{r}\boldsymbol{r}}{r}+\boldsymbol{e}\boldsymbol{r}\right)=\mu r[1+e\cos<\boldsymbol{e},\boldsymbol{r}>] \tag{3.23}$$

式中 $<\boldsymbol{e},\boldsymbol{r}>$ 表示 $\boldsymbol{e}$ 与 $\boldsymbol{r}$ 之间的夹角。

又

$$\left(\frac{\mathrm{d}\boldsymbol{r}}{\mathrm{d}t}\times\boldsymbol{h}\right)\boldsymbol{r}=\left(\boldsymbol{r}\times\frac{\mathrm{d}\boldsymbol{r}}{\mathrm{d}t}\right)\boldsymbol{h}=h^2 \tag{3.24}$$

所以

$$\mu r[1+e\cos(\boldsymbol{e},\boldsymbol{r})]=h^2 \tag{3.25}$$

即

$$r=\frac{\dfrac{h^2}{\mu}}{1+e\cos<\boldsymbol{e},\boldsymbol{r}>} \tag{3.26}$$

式(3.26) 就是卫星运动轨道方程。由解析几何可知,这就是地心极坐标系中的圆锥曲线方程。换成解析几何中常用的符号,即有

$$\left.\begin{aligned}&p=\frac{h^2}{\mu}\\&<\boldsymbol{e},\boldsymbol{r}>=f=\theta-\omega\end{aligned}\right\} \tag{3.27}$$

式中,p 为半正焦弦;f 为真近点角;θ 为卫星矢径与升交点方向的夹角;ω 为卫星升交点矢径与近地点矢径夹角,即近地点角距。

如图 3.5 所示,当 $0\leqslant e<1$ 时,方程(3.26) 表示为椭圆曲线,即开普勒第一定律。

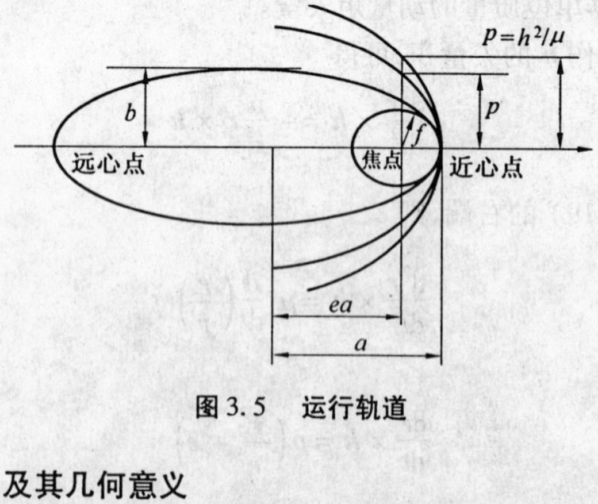

图 3.5 运行轨道

3. 轨道要素(根数) 及其几何意义

确定卫星空间位置的参数称为轨道要素。相对地心赤道坐标系,确定卫星的空间位置如

图3.2所示。

(1) 确定轨道平面在空间位置的参数。

Ω 为升交点赤经,从春分点到升交点的角距。

i 为轨道倾角,是轨道面与赤道面的夹角。

(2) 确定轨道在轨道面内位置的参数。

ω 为近地点角距,在轨道平面上升交点和近地点矢径的夹角。

(3) 确定轨道形状及地点矢径的夹角。

a 为轨道半长轴。

e 为轨道偏心率。

(4) 确定卫星在轨道上位置的参数。

f 为真近点角,近地点和卫星所在位置矢径之间的夹角。

4. 轨道分类

(1) 按轨道形状分类。

轨道形状由轨道偏心率 e 确定。$e=0$ 是圆形轨道;$0<e<1$ 是椭圆轨道;$e=1$ 是抛物线轨道;$e>1$ 是双曲线轨道。圆轨道和椭圆轨道是闭合轨道。人造卫星轨道就是圆轨道或者是椭圆轨道。抛物线轨道或双曲线轨道是非闭合轨道,脱离地球引力场飞行就要沿这种轨道飞行。

(2) 按轨道相对地球位置分类。

这种分类是按轨道倾角 i 分类:当 $i=0°$ 时,轨道在赤道平面内,称为“赤道轨道”,地球同步卫星轨道属于这种轨道;当 $0°<i<90°$ 时,称为“顺行轨通”,多数卫星采用这种轨道,因为发射卫星时,可以借助地球自转速度,从而节省发射能量,卫星能达到南北纬最高纬度;当 $i>90°$ 时,称为“极轨道”,极轨道上的卫星通过南北极,可以观测整个地球;当 $90°<i<180°$ 时,称为“逆行轨道”,发射卫星需要补偿部分地球自转速度,因此,如无特别需要,不会发射逆行轨道卫星,太阳同步轨道属于这类轨道。

5. 动量矩守恒

运动方程(3.16)对矢量积分,可得

$$\boldsymbol{r}\times\frac{\mathrm{d}^2\boldsymbol{r}}{\mathrm{d}t^2}=\boldsymbol{0} \tag{3.28}$$

即

$$\frac{\mathrm{d}}{\mathrm{d}t}\left(\boldsymbol{r}\times\frac{\mathrm{d}\boldsymbol{r}}{\mathrm{d}t}\right)=\boldsymbol{0} \tag{3.29}$$

积分后得

$$\boldsymbol{r} \times \frac{\mathrm{d}\boldsymbol{r}}{\mathrm{d}t} = \boldsymbol{h} \tag{3.30}$$

式中,$\boldsymbol{h}$ 为常量,是卫星单位质量的动量矩矢量。式(3.30)表明二体运动的动量矩守恒。

如果 $\boldsymbol{h}=\boldsymbol{0}$,即 $\boldsymbol{r}$ 与 $\frac{\mathrm{d}\boldsymbol{r}}{\mathrm{d}t}$ 共线,则为直线运动。如果 $\boldsymbol{h}\neq\boldsymbol{0}$,则卫星轨道位于通过初始位置矢量 $\boldsymbol{r}_0$ 和速度矢量 $\frac{\mathrm{d}\boldsymbol{r}_0}{\mathrm{d}t}$ 的不变平面内。$\boldsymbol{h}$ 指向轨道平面的正法向,并且面积速度为

$$\frac{\mathrm{d}\boldsymbol{A}}{\mathrm{d}t} = \frac{1}{2}\boldsymbol{r} \times \frac{\mathrm{d}\boldsymbol{r}}{\mathrm{d}t} = \frac{1}{2}\boldsymbol{h} \tag{3.31}$$

式(3.31)表明面积速度为常量,这就是开普勒第二定律。

6. 轨道周期

由式(3.31)、式(3.26)和式(3.27)可得

$$\frac{\mathrm{d}A}{\mathrm{d}t} = \frac{1}{2}\sqrt{\mu p} = \frac{1}{2}\sqrt{\mu a(1-e^2)} \tag{3.32}$$

对式(3.32)进行积分,得

$$\int_0^A \mathrm{d}A = \frac{1}{2}\sqrt{\mu a(1-e^2)}\int_0^T \mathrm{d}t \tag{3.33}$$

式中,A 为椭圆全面积,$A=\pi a^2\sqrt{1-e^2}$;T 为轨道周期。

因此

$$A = \pi a^2\sqrt{1-e^2} = \frac{1}{2}T\sqrt{\mu a(1-e^2)} \tag{3.34}$$

即

$$T \approx 2\pi\mu^{-\frac{1}{2}}a^{\frac{3}{2}} \tag{3.35}$$

式中,a 为椭圆半长轴。

式(3.35)说明轨道周期与轨道长半轴的3/2次方成正比。

7. 能量积分

令 v 为航天器轨道运动速度,则 $v^2=\dot{x}^2+\dot{y}^2$,对其求导数可得到

$$\frac{\mathrm{d}(v^2)}{\mathrm{d}t} = 2v\frac{\mathrm{d}v}{\mathrm{d}t} = 2(\dot{x}\ddot{x}+\dot{y}\ddot{y}) \tag{3.36}$$

由

$$\left.\begin{aligned} \dot{x}\ddot{x} &= -\mu\frac{\dot{x}x}{r^3} \\ \dot{y}\ddot{y} &= -\mu\frac{\dot{y}y}{r^3} \end{aligned}\right\} \tag{3.37}$$

可得

$$\dot{x}\ddot{x} + \dot{y}\ddot{y} = -\mu \frac{\dot{r}}{r^2} \tag{3.38}$$

故

$$\frac{\mathrm{d}(v^2)}{\mathrm{d}t} = 2v\frac{\mathrm{d}v}{\mathrm{d}t} = 2(\dot{x}\ddot{x} + \dot{y}\ddot{y}) = -2\mu\frac{\dot{r}}{r^2} \tag{3.39}$$

即

$$\mathrm{d}v^2 = -2\frac{\mu}{r^2}\mathrm{d}r \tag{3.40}$$

积分后可得

$$v^2 = \frac{2\mu}{r} - \frac{\mu}{a} = \mu\left(\frac{2}{r} - \frac{1}{a}\right) \tag{3.41}$$

式(3.41)为能量积分，a 为积分常数。由此不难得到

$$h = \sqrt{\mu(1-e^2)a}, \quad a = \frac{p}{1-e^2}$$

从解析几何可知，a 为椭圆轨道的半长轴。

3.1.3　航天飞行器轨道摄动

在二体运动的轨道分析中，假定卫星仅受到地球引力的作用，并得到卫星的轨道是一个不变的椭圆，轨道要素是常数的结论。但实际上除了地球引力之外，卫星还受到其他外力作用，如地球非球形摄动、大气阻力摄动、日月引力摄动、太阳辐射压力摄动、小推力摄动等。在上述外力作用下，卫星的实际运动轨迹必然偏离二体运动的椭圆轨道，这种偏离称为“轨道摄动”。因此，为了保持轨道，必须研究轨道的摄动因素。本小节将对飞行器的扰动源特性进行分析。

考虑摄动存在下的轨道动力学方程为

$$\ddot{\boldsymbol{r}} = \boldsymbol{F}_0 + \boldsymbol{F}_E \tag{3.42}$$

式中，$\boldsymbol{F}_E$ 为单位摄动加速度。

下面将对不同形式的摄动加速度进行探讨。

1. 地球引力与非球形摄动

在理论分析中，假定地球是一个理想的球体，得到了二体运动的方程，但事实上地球并非是一个理想的球体，其非理想球体的形态将对航天器的运动产生影响。假定地球为一个刚体，其引力势函数 V 的展开式在地心坐标系中可写成下列形式

$$V = V_0 + \Delta V \tag{3.43}$$

式中

$$V_0 = \frac{\mu}{r}$$

$$\Delta V = -\frac{\mu}{r}\sum_{n=2}^{\infty}\sum_{m=0}^{n} J_{nm}\left(\frac{R_E}{r}\right)^n P_n^m(\sin\varphi)\cos m(\lambda - \lambda_{nm})$$

式中，r,λ,φ 分别为地心距、地理经度和地心纬度；R_E 为地球赤道半径；$P_n^m(x)$ 为勒让德多项式，即

$$P_n^m(x) = \frac{(1-x^2)^{m/2}}{2^n n!}\cdot\frac{\mathrm{d}^{(n+m)}}{\mathrm{d}x^{(n+m)}}(x^2-1)^n \tag{3.44}$$

地心纬度为

$$\varphi = \arcsin\frac{z}{r} \tag{3.45}$$

地理经度和赤经分别为

$$\lambda = a - [a_{G0} + \omega_E(t-t_0)],\quad a = \arctan\langle y,x\rangle \tag{3.46}$$

式中，a_{G0} 为 t_0 时刻的格林尼治赤经；$\omega_{\mathrm{E}} = 7.292\ 115\ 8\times10^{-5}\ \mathrm{rad/s}$，为地球自转角速度。

V_0 是地球引力势的主要部分(也称为中心引力势)，相当于地球为球形、密度分布均匀的球体的引力势；ΔV 为非球形引力势与均匀球体引力势的修正项(也称为引力摄动势)；J_{nm} 和 λ_{nm} 是由测量得到的系数。

因此，航天器在地球引力场中运动时，其运动方程可写成

$$\ddot{\boldsymbol{r}} = \boldsymbol{F}_0 + \boldsymbol{F}_E \tag{3.47}$$

式中

$$\boldsymbol{F}_0 = \mathrm{grad}V_0 = -\frac{\mu}{r^2}\left(\frac{\boldsymbol{r}}{r}\right)$$

$$\boldsymbol{F}_E = \mathrm{grad}(\Delta V)$$

运动方程(3.47)中的主要部分对应二体问题，即 $\ddot{\boldsymbol{r}} = \boldsymbol{F}_0$。从前节可知，这是可以求得解析解的，而 $\boldsymbol{F}_E$ 相对 $\boldsymbol{F}_0$ 是一个小扰动，称为摄动部分。这种写法是把一个复杂的运动分解为简单可积的二体问题加上摄动修正两部分，通常称为有摄二体问题。由地球非球形引起的摄动也称为地球形状摄动。

2. 大气阻力摄动

航天器在近地轨道上运动时，要受到大气阻力的影响。阻力加速度可写成如下形式

$$\boldsymbol{F}_E = -\frac{C_{\mathrm{D}}S}{2m}\rho v'\boldsymbol{v}' \tag{3.48}$$

式中，v' 为航天器相对大气的飞行速度；ρ 为大气密度；S 为航天器的有效阻力面积；m 为航天

器的质量；C_D 为阻力系数。

在航天器的运行高度上，大气密度 ρ 非常小，因此，空气阻力加速度相对于地球中心引力是很小的，仅为一种阻力摄动。

3. 日月引力摄动

航天器在地球附近运动时，日、月引力是典型的第三体摄动力，其摄动加速度为

$$\boldsymbol{F}_E = \sum_{j=1}^{2} \mu_j \left(\frac{\boldsymbol{P}_j}{|P_j|^3} - \frac{\boldsymbol{R}_j}{|R_j|^3} \right) \tag{3.49}$$

式中，$\boldsymbol{P}_j = \boldsymbol{R}_j - \boldsymbol{r}(j=1,2)$；$\boldsymbol{r}$、$\boldsymbol{R}_1$ 和 $\boldsymbol{R}_2$ 分别为航天器和日、月的地心矢量，$\boldsymbol{R}_1$ 和 $\boldsymbol{R}_2$ 是时间 t 的已知函数，由日、地、月三体系统确定，与航天器运动无关；μ_1、μ_2 分别为日、月引力常数。$\mu_1 = 1.327\ 15 \times 10^{20}\ \mathrm{m^3/s^2}$，$\mu_2 = 4.902\ 87 \times 10^{12}\ \mathrm{m^3/s^2}$。

4. 太阳辐射压力摄动

太阳辐射压力是太阳辐射作用于航天器表面产生的摄动力。太阳辐射压力引起的摄动加速度可表示为

$$\boldsymbol{F}_E = -\frac{kpS}{m}\boldsymbol{u}_s \tag{3.50}$$

式中，$\boldsymbol{u}_s$ 为航天器指向太阳的单位矢量；p 为太阳辐射压强，在地球附近近似为常数 $4.5 \times 10^{-6}\ \mathrm{N/m^2}$；$S$ 为航天器受辐射的有效面积；k 为表面状况系数，取值范围为 0 ~ 2，对完全透光材料为 0，对完全吸收材料为 1，对完全反射材料为 2；m 为航天器的质量。

3.1.4　用矢量法求摄动运动方程

为了获取轨道参数与摄动力间的关系，下面采用矢量法推导航天器摄动运动方程。这里用的坐标系包括地心赤道惯性坐标系 $Ox_iy_iz_i$ 和地心轨道坐标系 $Ox_Oy_Oz_O$，近地点轨道坐标系 $Ox_py_pz_p$ 和升交点轨道坐标系 $Ox_ny_nz_n$，如图 3.6 所示。其中前两个坐标系已给出定义。近地点轨道坐标系 $Ox_py_pz_p$ 以地心 O 为原点，x_p 轴指向近地点，y_p 轴在轨道平面内与 x_p 轴垂直，z_p 轴沿轨道平面正法向；升交点轨道坐标系 $Ox_ny_nz_n$ 以地心 O 为原点，x_n 轴指向升交点，y_n 轴在轨道平面内与 x_n 轴垂直，z_n 轴沿轨道平面正法向。下文中分别以 $\boldsymbol{i}$，$\boldsymbol{j}$，$\boldsymbol{k}$ 加相应

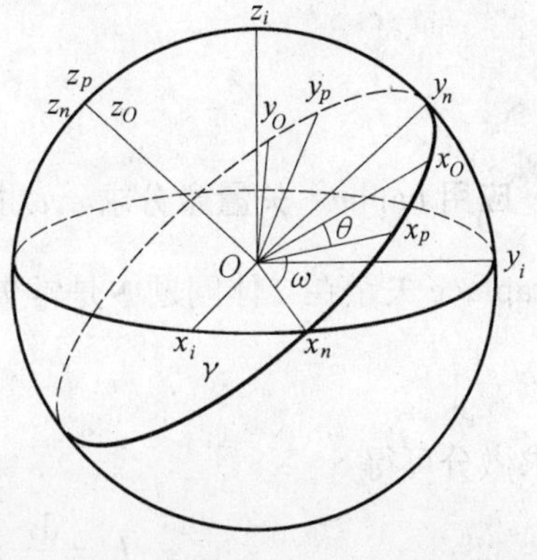

图 3.6　地心惯性坐标系与轨道坐标系

下标表示各坐标系的三个轴向单位矢量，显然，z_p，z_n 和 z_O 重合，单位矢量 $\boldsymbol{k}_p = \boldsymbol{k}_n = \boldsymbol{k}_O$。

1. 应用动量矩矢量微分求 p，Ω，i 摄动方程

记航天器轨道面的进动、章动、自转的合成角速度为 ω^*，有

$$\omega^* = \dot{\Omega}\boldsymbol{k}_i + \frac{\mathrm{d}i}{\mathrm{d}t}\boldsymbol{i}_n + \dot{\omega}\boldsymbol{k}_n =$$

$$\left(\dot{\Omega}\sin i\sin u + \frac{\mathrm{d}i}{\mathrm{d}t}\cos u\right)\boldsymbol{i}_O + \left(\dot{\Omega}\sin i\cos u - \frac{\mathrm{d}i}{\mathrm{d}t}\sin u\right)\boldsymbol{j}_O + \left(\dot{\omega} + \dot{\Omega}\cos u\right)\boldsymbol{k}_O \tag{3.51}$$

已知航天器的轨道动量矩矢量为

$$\boldsymbol{H} = \boldsymbol{r} \times \boldsymbol{v} \tag{3.52}$$

其微分应满足

$$\frac{\mathrm{d}\boldsymbol{H}}{\mathrm{d}t} = \boldsymbol{r} \times F = \boldsymbol{r} \times (S\boldsymbol{i}_O + T\boldsymbol{j}_O + W\boldsymbol{k}_O) \tag{3.53}$$

式中，$\boldsymbol{F}$ 为各种摄动加速度之和；S，T 和 W 分别是其径向分量、横向分量和副法向分量。另外，对 $\boldsymbol{H}$ 直接进行微分有

$$\frac{\mathrm{d}\boldsymbol{H}}{\mathrm{d}t} = \frac{\mathrm{d}\boldsymbol{H}}{\mathrm{d}t}\boldsymbol{k}_O + \boldsymbol{H}(\boldsymbol{\omega}^* \times \boldsymbol{k}_O) =$$

$$H\left(\dot{\Omega}\sin i\cos u - \frac{\mathrm{d}i}{\mathrm{d}t}\sin u\right)\boldsymbol{i}_O - H\left(\dot{\Omega}\sin i\sin u + \frac{\mathrm{d}i}{\mathrm{d}t}\cos u\right)\boldsymbol{j}_O + \dot{H}\boldsymbol{k}_O \tag{3.54}$$

将式(3.53)式和式(3.54)整理可以得到如下摄动方程表达式

$$\frac{\mathrm{d}\Omega}{\mathrm{d}t} = \frac{\boldsymbol{r}\sin u}{\sqrt{\mu p}\sin i}W \tag{3.55}$$

$$\frac{\mathrm{d}i}{\mathrm{d}t} = \frac{r\cos u}{\sqrt{\mu p}}W \tag{3.56}$$

$$\frac{\mathrm{d}p}{\mathrm{d}t} = 2\sqrt{\frac{p}{\mu}}\boldsymbol{r}T \tag{3.57}$$

2. 应用 Laplace 矢量微分求 e，ω 摄动方程

Laplace 矢量在二体问题中是常矢量，其表达式为

$$\boldsymbol{L} = \boldsymbol{v} \times \boldsymbol{H} - \frac{\mu}{r}\boldsymbol{r} \tag{3.58}$$

直接求微分可得

$$\dot{\boldsymbol{L}} = \frac{\mathrm{d}\boldsymbol{v}}{\mathrm{d}t} \times \boldsymbol{H} + \boldsymbol{v} \times \frac{\mathrm{d}\boldsymbol{H}}{\mathrm{d}t} - \mu\frac{\mathrm{d}}{\mathrm{d}t}\left(\frac{\boldsymbol{r}}{r}\right) \tag{3.59}$$

式中

$$\frac{\mathrm{d}\boldsymbol{v}}{\mathrm{d}t}\times\boldsymbol{H}=-\frac{\mu}{r^3}\boldsymbol{r}\times\boldsymbol{H}+\boldsymbol{F}\times\boldsymbol{H}=$$

$$-\frac{\mu}{r^3}[\boldsymbol{r}\times(\boldsymbol{r}\times\boldsymbol{v})]+\boldsymbol{F}\times(\boldsymbol{r}\times\boldsymbol{v})=$$

$$-\frac{\mu}{r^3}(\boldsymbol{r}\cdot\boldsymbol{v})\boldsymbol{r}+\frac{\mu}{r}\boldsymbol{v}+(\boldsymbol{F}\cdot\boldsymbol{v})\boldsymbol{r}-(\boldsymbol{F}\cdot\boldsymbol{r})\boldsymbol{v}=$$

$$-\frac{\mu v_r}{r^2}\boldsymbol{r}+\frac{\mu}{r}\boldsymbol{v}+(\boldsymbol{F}\cdot\boldsymbol{v})\boldsymbol{r}-(\boldsymbol{F}\cdot\boldsymbol{r})\boldsymbol{v}$$

$$\boldsymbol{v}\times\frac{\mathrm{d}\boldsymbol{H}}{\mathrm{d}t}=\boldsymbol{v}\times(\boldsymbol{r}\times\boldsymbol{F})=(\boldsymbol{v}\cdot\boldsymbol{F})\boldsymbol{r}-(\boldsymbol{v}\cdot\boldsymbol{r})\boldsymbol{F}-\mu\frac{\mathrm{d}}{\mathrm{d}t}(\frac{\boldsymbol{r}}{r})=-\frac{\mu}{r}\boldsymbol{v}+\frac{\mu v_r}{r^2}\boldsymbol{r}$$

$$\boldsymbol{v}=\sqrt{\frac{\mu}{p}}[e\sin\theta\boldsymbol{i}_O+(1+e\cos\theta)\boldsymbol{j}_O]$$

$$\boldsymbol{v}_r=\sqrt{\frac{\mu}{p}}e\sin\theta$$

经化简后可得

$$\dot{L}=2(\boldsymbol{F}\cdot\boldsymbol{v})\boldsymbol{r}-(\boldsymbol{F}\cdot\boldsymbol{r})\boldsymbol{v}-(\boldsymbol{v}\cdot\boldsymbol{r})\boldsymbol{F}=$$

$$2\sqrt{\mu p}T\boldsymbol{i}_O-\sqrt{\mu p}(S+\frac{r}{p}e\sin\theta T)\boldsymbol{j}_O-\sqrt{\frac{\mu r}{p}}e\sin\theta W\boldsymbol{k}_O \tag{3.60}$$

或者

$$\dot{L}=\sqrt{\mu p}\left\{\sin\theta S+\left[\frac{re}{p}+(1+\frac{r}{p})\cos\theta\right]T\right\}\boldsymbol{i}_p+$$

$$\sqrt{\mu p}\left[-\cos\theta S+(1+\frac{r}{p})\sin\theta T\right]\boldsymbol{j}_p-\sqrt{\mu p}re\sin\theta W\boldsymbol{k}_p \tag{3.61}$$

因为 Laplace 矢量的方向总是指向近地点方向,其大小为μe,所以有

$$\dot{L}=\dot{L}\boldsymbol{i}_p+L(\omega^*\times\boldsymbol{i}_p)=$$

$$\mu\dot{e}\boldsymbol{i}_p+L(\dot{\omega}+\dot{\Omega}\cos i)\boldsymbol{j}_p+L(-\dot{\Omega}\sin i\cos u-\frac{\mathrm{d}i}{\mathrm{d}t}\sin u)\boldsymbol{k}_p \tag{3.62}$$

比较式(3.61)和式(3.62)中的各分量可得摄动方程为

$$\frac{\mathrm{d}e}{\mathrm{d}t}=\sqrt{\frac{p}{\mu}}\left\{S\sin\theta+\left[\frac{re}{p}+(1+\frac{r}{p})\cos\theta\right]T\right\} \tag{3.63}$$

$$\frac{\mathrm{d}\omega}{\mathrm{d}t}=\frac{1}{e}\sqrt{\frac{p}{\mu}}\left[-S\cos\theta+(1+\frac{r}{p})T\sin\theta\right]-\dot{\Omega}\cos i=$$

$$\frac{1}{e}\sqrt{\frac{p}{\mu}}\left[-S\cos\theta+(1+\frac{r}{p})T\sin\theta-\frac{re}{p}W\cot i\sin u\right] \tag{3.64}$$

3. 由面积分求 τ 摄动方程

航天器过近地点的时间历程可表示为

$$t - \tau = \sqrt{\frac{p^3}{\mu}}\int_0^{\theta}\frac{\mathrm{d}\theta}{(1 + e\cos\theta)^2} = \sqrt{\frac{p^3}{\mu}}I \tag{3.65}$$

其中

$$I = \int_0^{\theta}\frac{\mathrm{d}\theta}{(1 + e\cos\theta)^2} = (1 - e^2)^{-\frac{3}{2}}(E - e\sin E)$$

所以

$$\frac{\mathrm{d}\tau}{\mathrm{d}t} = 1 - \frac{3}{2}\sqrt{\frac{p}{\mu}}I\frac{\mathrm{d}p}{\mathrm{d}t} - \sqrt{\frac{p^3}{\mu}}(\frac{\partial I}{\partial\theta}\cdot\frac{\mathrm{d}\theta}{\mathrm{d}t} + \frac{\partial I}{\partial e}\cdot\frac{\mathrm{d}e}{\mathrm{d}t}) \tag{3.66}$$

式中

$$\frac{\partial I}{\partial\theta} = \frac{1}{(1 + e\cos\theta)^2} = (\frac{r}{p})^2$$

$$\frac{\partial I}{\partial e} = -2\int_0^{\theta}\frac{1}{(1 + e\cos\theta)^3} = -2(1 - e^2)^{-\frac{5}{2}}\left[(1 + e^2)\sin E - \frac{3}{2}eE - \frac{e}{2}\cos E\sin E\right]$$

所以

$$\frac{\mathrm{d}\tau}{\mathrm{d}t} = 1 - \frac{3}{2}\sqrt{\frac{p}{\mu}}I\frac{\mathrm{d}p}{\mathrm{d}t} - \sqrt{\frac{p^3}{\mu}}(\frac{\partial I}{\partial\theta}\cdot\frac{\mathrm{d}\theta}{\mathrm{d}t} + \frac{\partial I}{\partial e}\cdot\frac{\mathrm{d}e}{\mathrm{d}t}) \tag{3.67}$$

式中

$$\frac{\partial I}{\partial\theta} = \frac{1}{(1 + e\cos\theta)^2} = (\frac{r}{p})^2$$

$$\frac{\partial I}{\partial e} = -2\int_0^{\theta}\frac{1}{(1 + e\cos\theta)^3} = -2(1 - e^2)^{-\frac{5}{2}}\left[(1 + e^2)\sin E - \frac{3}{2}eE - \frac{e}{2}\cos E\sin E\right]$$

将$\frac{\mathrm{d}p}{\mathrm{d}t},\frac{\mathrm{d}e}{\mathrm{d}t},\frac{\mathrm{d}\theta}{\mathrm{d}t},\frac{\partial I}{\partial\theta},\frac{\partial I}{\partial e}$代入式(3.67)即可得到 τ 的摄动方程为

$$\frac{\mathrm{d}\tau}{\mathrm{d}t} = \frac{r^2}{\mu e}\left[(-\cos\theta + \frac{p^2e}{r^2}A\sin\theta)S + (\frac{p}{r})^3AT\right] \tag{3.68}$$

式中

$$A = 2(1 - e^2)^{-\frac{5}{2}}\left[(1 + e^2)\sin E - \frac{3}{2}eE - \frac{e}{2}\cos E\sin E\right]$$

至此,已求得航天器 6 个轨道根数的摄动运动方程,式(3.55)、式(3.56)、式(3.57)、式(3.63)、式(3.64)、式(3.68)联立的 6 阶非线性微分方程组描述了航天器摄动运动的变化规律。

$$\frac{\mathrm{d}\Omega}{\mathrm{d}t}=\frac{r\sin u}{\sqrt{\mu p}\sin i}W \tag{3.69}$$

$$\frac{\mathrm{d}i}{\mathrm{d}t}=\frac{r\cos u}{\sqrt{\mu p}}W \tag{3.70}$$

$$\frac{\mathrm{d}p}{\mathrm{d}t}=2\sqrt{\frac{p}{\mu}}rT \tag{3.71}$$

$$\frac{\mathrm{d}e}{\mathrm{d}t}=\sqrt{\frac{p}{\mu}}\left\{S\sin\theta+\left[\frac{re}{p}+(1+\frac{r}{p})\cos\theta\right]T\right\} \tag{3.72}$$

$$\frac{\mathrm{d}\omega}{\mathrm{d}t}=\frac{1}{e}\sqrt{\frac{p}{\mu}}\left[-S\cos\theta+(1+\frac{r}{p})T\sin\theta-\frac{re}{p}W\cot i\sin u\right] \tag{3.73}$$

$$\frac{\mathrm{d}\tau}{\mathrm{d}t}=\frac{r^2}{\mu e}\left[(-\cos\theta+\frac{p^2e}{r^2}A\sin\theta)S+(\frac{p}{r})^3AT\right] \tag{3.74}$$

3.2 航天飞行器轨道转移

为了到达预定的运行轨道或与其他航行器的交会对接，实现轨道的机动转移是必不可少的过程。某些状态下都要实现多次的轨道转移，特别是在发射轨道与运行轨道非共面时，因此，必须研究轨道转移的条件，探讨轨道转移的方式。

航天器为了从初始轨道转移到终止轨道而进行的可控制运动称为轨道转移机动或简称轨道转移。本节首先从最简单的情况着手，讨论共面圆轨道之间的转移，在两冲量的情况下，霍曼（Hohman）转移为最佳转移；接着研究较为复杂的椭圆轨道之间的转移。

3.2.1 同平面内的轨道转移

同平面的轨道转移分为两种情况：一种是相交轨道的轨道转移问题；另一种是不相交轨道的轨道转移问题，如图3.7和图3.8所示。在图3.7中，轨道A与轨道B在同一平面内相交，为了使卫星从A轨道转移到B轨道，需要在两轨道的交点Q_1处加一个速度增量$\Delta\boldsymbol{v}_1$，并满足关系式

$$\boldsymbol{v}_{B1}=\boldsymbol{v}_{A1}+\Delta\boldsymbol{v}_1 \tag{3.75}$$

式中，$\boldsymbol{v}_{A1}$与$\boldsymbol{v}_{B1}$分别是轨道A与轨道B在Q_1处所对应的卫星速度。

要完成两个不相交轨道间的转移，通常需要确定一转移轨道，并使其与两不相交轨道分别相交，如图3.8所示，通过两个交点实现轨道转移，因此需要有两个速度增量；卫星利用速度增量通过中间轨道完成轨道到轨道的转移。和前面一样，速度增量必须满足目标轨道的速度条件，即合成的速度矢量对应于新轨道在给定点的应有值。

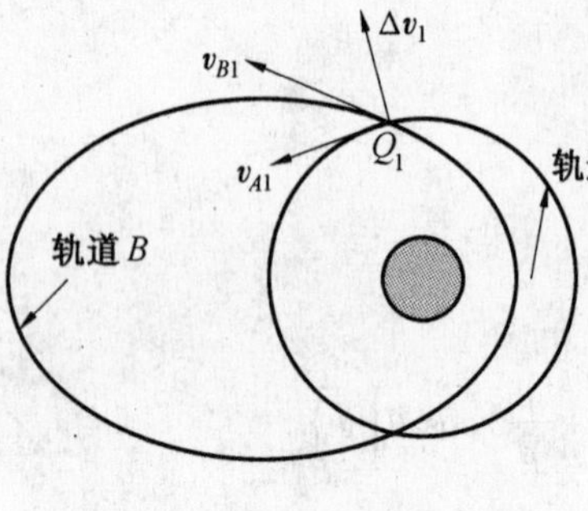

图 3.7　相交轨道的轨道转移

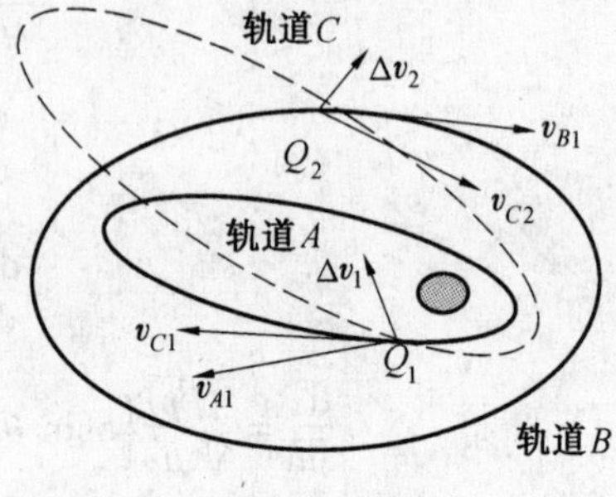

图 3.8　不相交轨道的轨道转移

在上述情况中，速度增量需要同时满足两个条件，即速度的大小和方向。如果轨道相切，轨道转移时仅需改变速度的大小，如图 3.9 所示，这里所加的速度增量与卫星的速度矢量平行，这种类型的转移往往代表一种燃料消耗量较小的轨道转移。霍曼（W. Hohman）早在1925年就提出了这种假设，并被普遍称之为霍曼转移轨道。巴拉尔（R. B. Barra）于 1963 年才把这个假设加以严格的数学证明。

给定一个沿半径为 r_A 的圆形轨道 A 运行的卫星，要确定以最小的燃料消耗量把卫星从轨道 A 转移到半径为 r_B 的圆形轨道 B 所需要的速度增量。

如图3.10 所示，对于向外转移，沿切线方向提供第一个冲量，使初始圆周速度增加 Δv_1，以便可以使卫星进入远地点距离恰好等于最后轨道半径的椭圆转移轨道。然后在转移轨道远地点提供第二个切向冲量，使卫星进入目标轨道，完成整个转移。

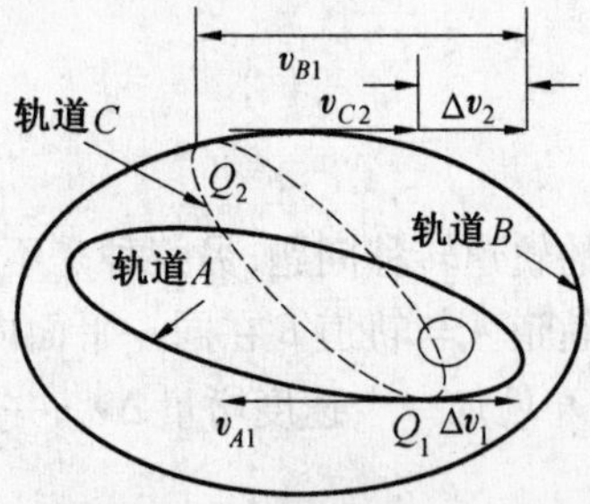

图 3.9　切线转移轨道

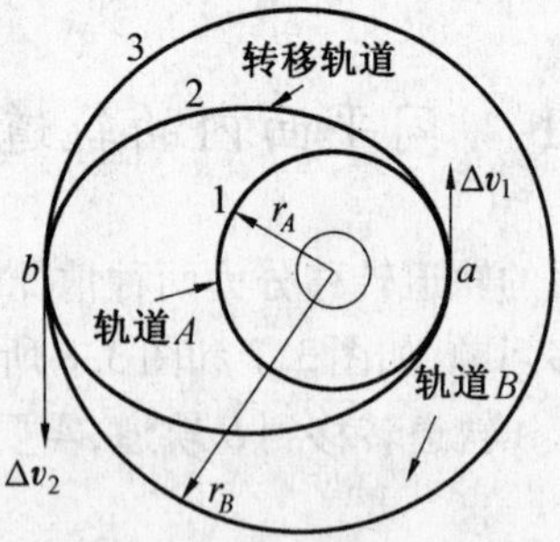

图 3.10　霍曼转移轨道

圆轨道 1 上的飞行速度的计算式为

$$v_{a1} = \sqrt{\frac{\mu}{r_A}} \tag{3.76}$$

转移椭圆轨道 2 在点 a 的飞行速度的计算式为

$$v_{a2} = \sqrt{\frac{\mu}{r_A}(1 + e)} \tag{3.77}$$

转移轨道偏心率为

$$e = \frac{1 - \dfrac{r_A}{r_B}}{1 + \dfrac{r_A}{r_B}} \tag{3.78}$$

将式(3.78)代入 v_{a2} 的表达式(3.77),可得

$$v_{a2} = \sqrt{\frac{\mu}{r_A}\frac{2}{1 + \dfrac{r_A}{r_B}}} \tag{3.79}$$

在点 a 上从圆轨道 1 转移到椭圆轨道所需要的速度增量为

$$\Delta v_1 = v_{a2} - v_{a1} = \sqrt{\frac{\mu}{r_A}}\left(\sqrt{\frac{2r_B}{r_A + r_B}} - 1\right) \tag{3.80}$$

由式(3.31)得,当 $h = 0$ 时, $r_A v_a = r_B v_b$,将式(3.79)代入式(3.80),可得

$$v_b = \frac{r_A}{r_B}\sqrt{\frac{\mu}{r_A}\frac{2r_B}{r_B + r_A}} = \sqrt{\frac{\mu}{r_B}\left(\frac{2r_A}{r_A + r_B}\right)} \tag{3.81}$$

目标轨道 3 上飞行速度为 $\sqrt{\mu/r_B}$,所以在点 b 到所需要的速度增量为

$$\Delta v_2 = \sqrt{\frac{\mu}{r_A}} - \sqrt{\frac{\mu}{r_B}\left(\frac{2r_A}{r_A + r_B}\right)} = \sqrt{\frac{\mu}{r_A}}\left(1 - \sqrt{\frac{2r_A}{r_A + r_B}}\right) \tag{3.82}$$

3.2.2　非共面轨道转移

由于发射地点的限制,发射轨道平面与运行轨道平面不共面的现象是经常存在的。为实现非共面轨道转移,需要利用发射轨道平面与运行轨道平面的公共交线上的交点实现转移,将非共面轨道之间的转移问题转化为共面轨道之间的转移问题。如图 3.11 所示,停泊轨道面与运行轨道面共有一条交线,在停泊轨道与公共交线的交点上实现首次转移,从而将问题转化为共面轨道之间的转移问题。

异面转移时即使采用相切转移轨道,由于异面间的夹角的存在,如图 3.12 所示,速度增量必须满足在大小和方向上的要求。

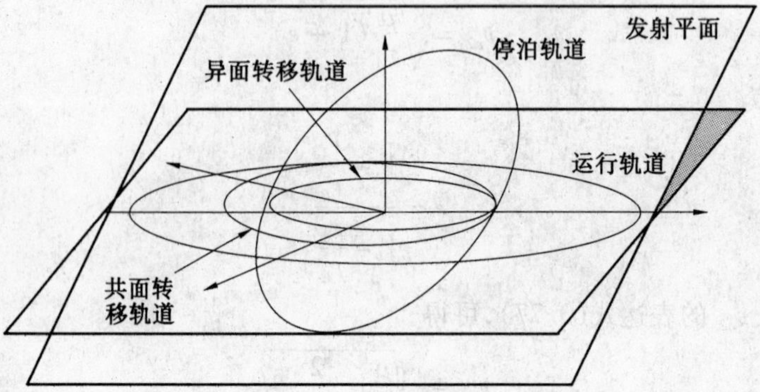

图 3.11　非共面圆轨道的转移

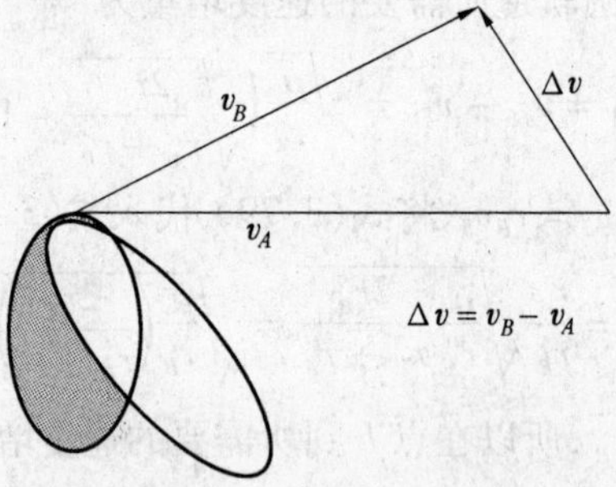

图 3.12　异面转移时的速度向量图

第4章　飞行器姿态动力学

【教学目的】

通过本章的学习,希望达到如下教学目的:

1. 了解经典刚体动力学在简单航天器的姿态研究中的应用;

2. 了解姿态扰动的因素。

【内容提要】

简单航天飞行器因其构型简单大都可以视为刚体或准刚体,因此经典的刚体动力学是研究简单航天器姿态动力学的基础。本章作为简单航天器姿态动力学的基础,介绍了飞行器的姿态参数、姿态动力学方程以及环境扰动力矩,为下一章姿态稳定的进一步研究奠定基础。

本章部分内容主要参考褚桂柏教授主编的《航天技术概论》一书和曲广吉教授著的《航天器动力学工程》一书,详细内容请参见上述文献相关章节。

4.1　姿态参数的描述

自旋稳定卫星与三轴稳定卫星在姿态参数的描述上不同,前者定义自旋轴在空间的方向,自旋轴的方向定义在赤道惯性坐标系中(原点移到卫星质心上),用赤经、赤纬表示。

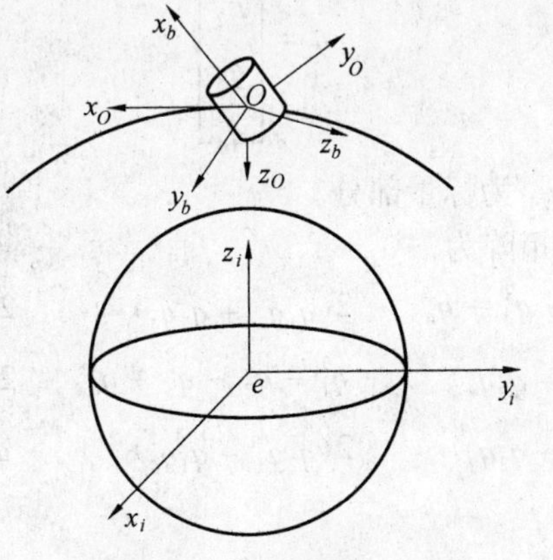

图4.1　坐标系

$$\boldsymbol{A}=\begin{bmatrix}A_x\\A_y\\A_z\end{bmatrix}=\begin{bmatrix}\cos\delta\cos\alpha\\\cos\delta\sin\alpha\\\sin\delta\end{bmatrix}\tag{4.1}$$

式中,α 为赤经;δ 为赤纬;$\boldsymbol{A}$ 为自旋轴姿态的方向余弦阵。后者依赖于三个星体正交坐标轴 X_b,Y_b,Z_b 在参考坐标系 x_i,y_i,z_i 中的方向表示其姿态,常用以下姿态参数表示。

1. 方向余弦阵(即姿态矩阵)

$$\boldsymbol{A}_{bi}=\begin{bmatrix}A_{xx} & A_{xy} & A_{xz}\\ A_{yx} & A_{yy} & A_{yz}\\ A_{zx} & A_{zy} & A_{zz}\end{bmatrix} \tag{4.2}$$

式中,$\boldsymbol{A}_{bi}$ 是正交阵,9 个参数中只有 3 个是独立的,因为它有 6 个约束方程。

2. 四元数

定义四元数为

$$q_1=\frac{1}{4q_4}(A_{yz}-A_{zy})$$

$$q_2=\frac{1}{4q_4}(A_{zx}-A_{xz})$$

$$q_3=\frac{1}{4q_4}(A_{xy}-A_{yx})$$

$$q_4=\frac{1}{2}\sqrt{1+A_{xx}+A_{yy}+A_{zz}}$$

$$\boldsymbol{q}=\begin{bmatrix}\boldsymbol{q}_1\\ \boldsymbol{q}_2\\ \boldsymbol{q}_3\\ q_4\end{bmatrix} \tag{4.3}$$

式中,$\boldsymbol{q}_1,\boldsymbol{q}_2,\boldsymbol{q}_3$ 为矢量部分;q_4 为标量部分。

因此四元数表示的姿态矩阵为

$$\boldsymbol{A}_{bi}=\begin{bmatrix}q_1^2-q_2^2-q_3^2+q_4^2 & 2(q_1q_2+q_3q_4) & 2(q_1q_3-q_2q_4)\\ 2(q_1q_2-q_3q_4) & -q_1^2-q_2^2-q_3^2+q_4^2 & 2(q_2q_3+q_1q_4)\\ 2(q_1q_3+q_2q_4) & 2(q_2q_3-q_1q_4) & -q_1^2-q_2^2+q_3^2+q_4^2\end{bmatrix} \tag{4.4}$$

其约束条件为

$$q_1^2+q_2^2+q_3^2+q_4^2=1 \tag{4.5}$$

故知四元数中只有 3 个是独立的。

3. 欧拉角(姿态角)

将参考坐标系 3 次转动就可得到星体坐标系,每次的旋转轴是被转动的参考坐标系的某一坐标轴,每次的转角称为欧拉角,根据绕轴的顺序可有 12 种组合方式。

如按 zxy 转动顺序(图 4.2),各次转角为 ψ,ϕ,θ。

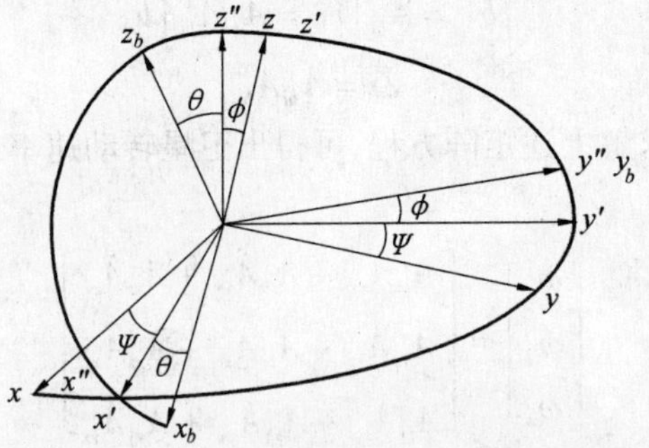

图 4.2　按 zxy 转动顺序的欧拉角变换

求得姿态矩阵为

$$\boldsymbol{A}_{bi}=A_2(\theta)A_1(\phi)A_3(\psi)=$$

$$\begin{bmatrix}\cos\theta & 0 & -\sin\theta\\ 0 & 1 & 0\\ \sin\theta & 0 & \cos\theta\end{bmatrix}\begin{bmatrix}1 & 0 & 0\\ 0 & \cos\phi & \sin\phi\\ 0 & -\sin\phi & \cos\phi\end{bmatrix}\begin{bmatrix}\cos\psi & \sin\psi & 0\\ -\sin\psi & \cos\psi & 0\\ 0 & 0 & 1\end{bmatrix}$$

$$\boldsymbol{A}_{bi}=\begin{bmatrix}\cos\theta\cos\psi-\sin\phi\sin\theta\sin\psi & \cos\theta\sin\psi+\sin\phi\sin\theta\cos\psi & -\cos\phi\sin\theta\\ -\cos\phi\sin\psi & \cos\phi\cos\psi & \sin\phi\\ \sin\theta\cos\psi+\sin\phi\sin\theta\cos\psi & \sin\theta\sin\psi-\sin\phi\cos\theta\cos\psi & \cos\phi\cos\theta\end{bmatrix}\tag{4.6}$$

如果 ψ,ϕ,θ 都是小角度,上述姿态矩阵可近似表示为

$$\boldsymbol{A}_{bi}\cong\begin{bmatrix}1 & \psi & -\theta\\ -\psi & 1 & \phi\\ 0 & -\phi & 1\end{bmatrix}\tag{4.7}$$

如果原参考坐标系为轨道坐标系,则此姿态矩阵直接表示出卫星的偏航角 ψ、滚动角 ϕ、俯仰角 θ,因此,通常这种转动顺序为偏航、滚动、俯仰顺序。

4.2　运动学方程

设航天器相对参考系的角速度为 $\bar{\boldsymbol{\omega}}$,体坐标系的向量基为 $\bar{\boldsymbol{b}}$(或$\{b\}$),惯性坐标系的向量基为 $\bar{\boldsymbol{i}}$(或$\{i\}$),转换矩阵为 $\boldsymbol{A}$,则有

$$\dot{\bar{\boldsymbol{b}}}=\bar{\boldsymbol{\omega}}\times\bar{\boldsymbol{b}}$$

$$\{\dot{b}\} = \tilde{\boldsymbol{\omega}}\{b\}$$

$$\{b\} = \boldsymbol{A}_{bi}\{i\}$$

$$\{\dot{b}\} = \dot{\boldsymbol{A}}_{bi}\{i\} = \dot{\boldsymbol{A}}_{bi}\boldsymbol{A}_{bi}^{\mathrm{T}}\{b\}$$

$$\tilde{\boldsymbol{\omega}} = \dot{\boldsymbol{A}}_{bi}\boldsymbol{A}_{bi}^{\mathrm{T}}$$

将转换矩阵 $\boldsymbol{A}$ 代入上式,求解上述矩阵方程,可得出卫星转动速率在星体坐标系上的分量。

用方向余弦阵表示

$$\begin{bmatrix}\omega_x\\ \omega_y\\ \omega_z\end{bmatrix} = \begin{bmatrix}A_{xz}\dot{A}_{xy} + A_{yz}\dot{A}_{yy} + A_{zz}\dot{A}_{zy}\\ A_{yx}\dot{A}_{yz} + A_{zx}\dot{A}_{zx} + A_{xz}\dot{A}_{xz}\\ A_{zy}\dot{A}_{zx} + A_{xy}\dot{A}_{xx} + A_{yy}\dot{A}_{yx}\end{bmatrix} \tag{4.8}$$

用欧拉角表示(zxz 转换)

$$\begin{bmatrix}\omega_x\\ \omega_y\\ \omega_z\end{bmatrix} = \begin{bmatrix}\dot{\psi}\sin\theta\sin\phi + \dot{\theta}\cos\phi\\ \dot{\psi}\sin\theta\cos\phi - \dot{\theta}\sin\phi\\ \dot{\psi}\cos\theta + \dot{\phi}\end{bmatrix} \tag{4.9}$$

其逆变换求出姿态角速率

$$\left.\begin{aligned}\dot{\psi} &= (\omega_x\sin\phi + \omega_y\cos\phi)\frac{1}{\sin\theta}\\ \dot{\theta} &= \omega_x\cos\phi - \omega_y\sin\phi\\ \dot{\phi} &= \omega_z - (\omega_x\sin\phi\cos\theta + \omega_y\cos\phi\cos\theta)\frac{1}{\sin\theta}\end{aligned}\right\} \tag{4.10}$$

用四元数表示

$$\dot{\boldsymbol{Q}} = \begin{bmatrix}\dot{q}_1\\ \dot{q}_2\\ \dot{q}_3\\ \dot{q}_4\end{bmatrix} = \frac{1}{2}\begin{bmatrix}q_4 & -q_3 & q_2\\ q_3 & q_4 & -q_1\\ -q_2 & q_1 & q_4\\ -q_1 & -q_2 & -q_3\end{bmatrix}\begin{bmatrix}\omega_x\\ \omega_y\\ \omega_z\end{bmatrix} \tag{4.11}$$

4.3 刚体姿态动力学方程

简单航天飞行器因其总体结构简单,大都可以视为刚体或准刚体,因此经典的刚体动力学是研究简单航天器姿态动力学的基础。本节将介绍欧拉方法下经典的刚体姿态动力学方程。

设 $\omega_x,\omega_y,\omega_z$ 为星体相对惯性空间的角速度 ω 在星体坐标系 $OX_bY_bZ_b$ 中的分量,则欧拉刚体动力学方程为

$$
\begin{aligned}
I_x\dot{\omega}_x + (I_z - I_y)\omega_y\omega_z &= M_x \\
I_y\dot{\omega}_y + (I_x - I_z)\omega_z\omega_x &= M_y \\
I_z\dot{\omega}_z + (I_y - I_x)\omega_x\omega_y &= M_z
\end{aligned} \tag{4.12}
$$

式中，I_x, I_y, I_z 为主惯量矩；M_x, M_y, M_z 为外力矩在 $Ox_by_bz_b$ 上的分量。

欧拉刚体动力学方程推导过程如下：

对图 4.3 所示的系统，建立惯性坐标系和体坐标系，令物体上任意点 dm 到体坐标系原点的向径为 $\boldsymbol{r}$，系统的质心坐标为 r_c，体坐标系原点到惯性坐标系原点的向径为 $\boldsymbol{R}_p$，点 dm 到惯性坐标系原点的向径为 $\boldsymbol{\rho}$。

点 dm 的微动量矩为 $\Delta\boldsymbol{h} = \boldsymbol{r}\times\boldsymbol{v}\mathrm{d}m$，d$m$ 的速度为

$$\boldsymbol{v} = \boldsymbol{v}_p + \boldsymbol{\omega}\times\boldsymbol{r}$$

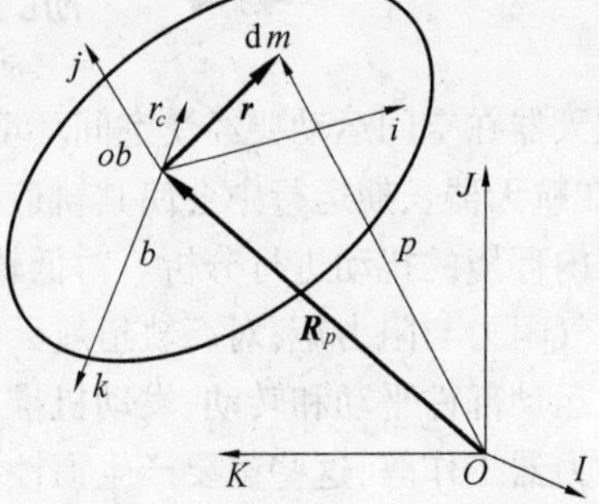

图 4.3

系统动量矩为

$$\boldsymbol{h} = \int \boldsymbol{r}\times(\boldsymbol{v}_p + \boldsymbol{\omega}\times\boldsymbol{r})\mathrm{d}m$$

或

$$\boldsymbol{h} = \boldsymbol{r}_c\times\boldsymbol{v}_p m + \int \boldsymbol{r}\times(\boldsymbol{\omega}\times\boldsymbol{r})\mathrm{d}m$$

如果坐标原点位于质心，则 $r_c = 0$，应有

$$\boldsymbol{h} = \int_b \boldsymbol{r}\times(\boldsymbol{\omega}\times\boldsymbol{r})\mathrm{d}m = \boldsymbol{J}\cdot\boldsymbol{\omega}$$

其矩阵形式为

$$\begin{Bmatrix} h_x \\ h_y \\ h_z \end{Bmatrix} = \begin{bmatrix} J_{xx} & -J_{xy} & -J_{xz} \\ -J_{xy} & J_{yy} & -J_{yz} \\ -J_{xz} & -J_{yz} & J_{zz} \end{bmatrix} \begin{Bmatrix} \omega_x \\ \omega_y \\ \omega_z \end{Bmatrix}$$

其中

$$J_{xx} = \int (y^2 + z^2)\mathrm{d}m,\quad J_{yy} = \int (x^2 + z^2)\mathrm{d}m,\quad J_{zz} = \int (y^2 + x^2)\mathrm{d}m$$

$$J_{xy} = \int (xy)\mathrm{d}m,\quad J_{yz} = \int (yz)\mathrm{d}m,\quad J_{zx} = \int (xz)\mathrm{d}m$$

$$\boldsymbol{h} = \boldsymbol{i}(J_{xx}\omega_x - J_{xy}\omega_y - J_{xz}\omega_z) + \boldsymbol{j}(-J_{xy}\omega_x + J_{yy}\omega_y - J_{yz}\omega_z) + \boldsymbol{k}(-J_{xz}\omega_x - J_{yz}\omega_y + J_{zz}\omega_z)$$

在主惯性轴的条件下

$$J_{xy} = J_{yz} = J_{zx} = 0,\quad \boldsymbol{h} = \boldsymbol{i}J_{xx}\omega_x + \boldsymbol{j}J_{yy}\omega_y + \boldsymbol{k}J_{zz}\omega_z$$

由动量矩定理可得

$$\boldsymbol{M} = \frac{\mathrm{d}\boldsymbol{h}}{\mathrm{d}t} = \frac{\mathrm{d}}{\mathrm{d}t}(\boldsymbol{J}\boldsymbol{\omega}) = \boldsymbol{J}\dot{\boldsymbol{\omega}} + \boldsymbol{\omega}\times\boldsymbol{J}\boldsymbol{\omega}$$

或

$$I_x\dot{\omega}_x + (I_z - I_y)\omega_y\omega_z = T_x$$

$$I_y\dot{\omega}_y + (I_x - I_z)\omega_z\omega_x = T_y$$

$$I_z\dot{\omega}_z + (I_y - I_x)\omega_x\omega_y = T_z$$

由此可见,星体绕某轴的角动量不仅决定于绕此轴的转速,还与绕其他两轴的转速有关。这是由惯量积 I_{xy},I_{xz},I_{yz} 引起的动力学耦合,使卫星姿态控制的过程复杂化。因此,惯量矩阵的选取和调整是卫星总体设计的重要内容。

4.4 航天飞行器环境扰动

航天器在空间运动要经受空间环境和星内环境产生的力和力矩的扰动,尽管其扰动很微小,但在航天器长期运行中会使其轨道和姿态渐渐偏离要求的标称运动,因此,必须对空间环境和星内环境的扰动进行分析。对低轨道航天器,空间环境扰动主要有重力梯度力矩、地磁力矩和大气阻力与阻力矩;对高轨道航天器,空间环境扰动主要是太阳光压扰动。星内环境扰动主要有运动部件平动和转动、发动机推力偏心、航天员走动、羽流撞击、环路流体运动、动态操作和推力器工作等,这些都要产生惯性扰动力矩。图 4.4 给出了主要的空间环境的扰动力矩在大小量级上与轨道高度的关系示意图。下面将分别讨论扰动力矩的形式。

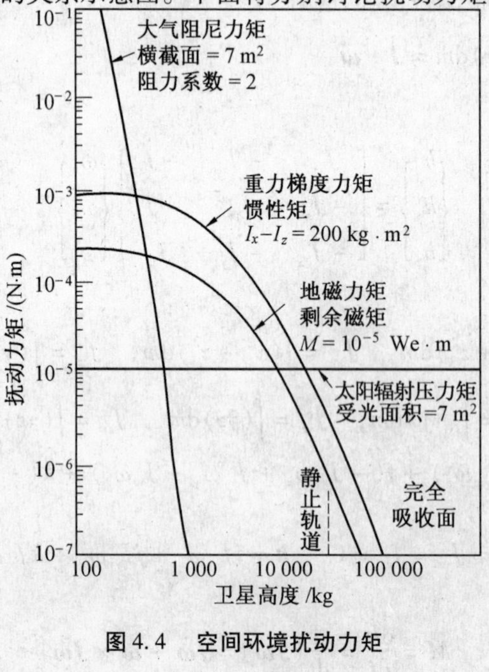

图 4.4 空间环境扰动力矩

4.4.1　重力梯度力矩

如图 4.5 所示，假设地球为中心引力场，质量为 M，$\mu = GM$ 为地心引力常数，则地球对星体质量微元 $\mathrm{d}m$ 的引力为

$$\mathrm{d}\boldsymbol{F} = \mathrm{d}m\mu R^{-3}\boldsymbol{R}$$

由于星体各个部分的质量微元到地心的距离有微小差别，使其合引力(重力)有时不通过卫星质心，从而产生扰动力矩，称为重力(或引力)梯度力矩，简称重力力矩。因此，在惯性系中，重力梯度力矩一般向量表达式可写为

$$\boldsymbol{M}_g = \int \boldsymbol{r} \times \mathrm{d}\boldsymbol{F} = -\int \boldsymbol{r} \times \mu R^{-3}\boldsymbol{R}\mathrm{d}m = -\mu \int \boldsymbol{r} \times \boldsymbol{R}R^{-3}\mathrm{d}m \tag{4.13}$$

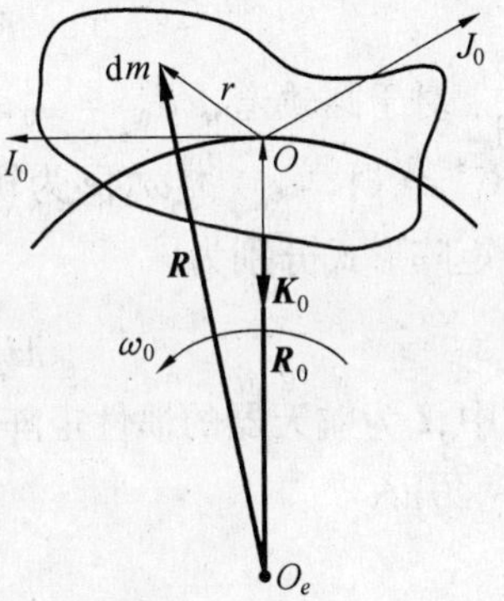

图 4.5　质量微元 dm 所受的力

由于，$\boldsymbol{R} = \boldsymbol{R}_0 + \boldsymbol{r}$，$\boldsymbol{r} \leqslant \boldsymbol{R}_0$，则 R^{-3} 的展开式近似为

$$R^{-3} = R_0^{-3}\left[1 + \left(\frac{r}{R_0}\right)^2 + \frac{2\boldsymbol{R}_0 \cdot \boldsymbol{r}}{R_0^2}\right]^{-\frac{3}{2}} \approx R_0^{-3}\left(1 - \frac{3\boldsymbol{R}_0 \cdot \boldsymbol{r}}{R_0^2}\right) \tag{4.14}$$

将式(4.14)代入式(4.13)，可得

$$\begin{aligned}
\boldsymbol{M}_g = & -\mu R_0^{-3}\int (1 - 3R_0^{-2}\boldsymbol{R}_0 \cdot \boldsymbol{r})(\boldsymbol{r} \times \boldsymbol{R}_0)\,\mathrm{d}m = \\
& -\mu R_0^{-3}\int \boldsymbol{r} \times \boldsymbol{R}_0\mathrm{d}m + 3\mu R_0^{-5}\int \boldsymbol{R}_0 \cdot \boldsymbol{r}\boldsymbol{r} \times \boldsymbol{R}_0\mathrm{d}m = \\
& 3\mu R_0^{-3}\int \boldsymbol{K}_0 \cdot \boldsymbol{r}\boldsymbol{r} \times \boldsymbol{K}_0\mathrm{d}m = \\
& 3\mu R_0^{-3}\,\boldsymbol{K}_0 \cdot \int \boldsymbol{r}\boldsymbol{r}\mathrm{d}m \times \boldsymbol{K}_0 = \\
& -3\mu R_0^{-3}\,\boldsymbol{K}_0 \times \int \boldsymbol{r}\boldsymbol{r}\mathrm{d}m \cdot \boldsymbol{K}_0
\end{aligned} \tag{4.15}$$

式中，$\boldsymbol{K}_0 = -R_0/R_0$，当地轨道参考系 $\{r\} = \{\boldsymbol{I}_O \quad \boldsymbol{J}_O \quad \boldsymbol{K}_O\}^{\mathrm{T}}$，$\boldsymbol{K}_0 = (0 \quad 0 \quad 1)^{\mathrm{T}}$；设星体惯性张量为

$$\boldsymbol{I} = \int (\boldsymbol{r} \cdot \boldsymbol{r}\boldsymbol{E} - \boldsymbol{r}\boldsymbol{r})\mathrm{d}m$$

其中 $\boldsymbol{E}$ 为单位并矢，则

$$\int \boldsymbol{r}\boldsymbol{r}\mathrm{d}m = \int \boldsymbol{r} \cdot \boldsymbol{r}\boldsymbol{E}\mathrm{d}m - \boldsymbol{I}$$

所以

$$\begin{aligned}\boldsymbol{M}_g &= -3\mu R_0^{-3}\,\boldsymbol{K}_0\times\left(\int \boldsymbol{r}\cdot\boldsymbol{r}E\mathrm{d}m-\boldsymbol{I}\right)\cdot\boldsymbol{K}_0 = \\ &-3\mu R_0^{-3}\int \boldsymbol{K}_0\times\boldsymbol{r}\cdot\boldsymbol{r}\boldsymbol{E}\cdot\boldsymbol{K}_0\mathrm{d}m+3\mu R_0^{-3}\,\boldsymbol{K}_0\times\boldsymbol{I}\cdot\boldsymbol{K}_0 = \\ &3\mu R_0^{-3}\,\boldsymbol{K}_0\times\boldsymbol{I}\cdot\boldsymbol{K}_0\end{aligned} \tag{4.16}$$

式中

$$\boldsymbol{K}_0\times\boldsymbol{r}\cdot\boldsymbol{r}\boldsymbol{E}\cdot\boldsymbol{K}_0=-\boldsymbol{r}\cdot\boldsymbol{r}\boldsymbol{E}\,\boldsymbol{K}_0\times\boldsymbol{K}_0=\boldsymbol{0}$$

对于圆轨道，$\mu R_0^{-3}=\omega_0^2$，ω_0 为航天器环绕地球的轨道角速度。对椭圆轨道，取其平均值有 $\mu R_0^{-3}\approx(1-e^2)^{-\frac{3}{2}}\omega_0$，$e$ 为轨道偏心率。于是，相对于当地轨道坐标系，式(4.16)的向量形式和矩阵形式分别为

$$\boldsymbol{M}_g=3\omega_0^2\,\boldsymbol{K}_0\times\boldsymbol{I}\cdot\boldsymbol{K}_0,\quad \boldsymbol{M}_g=3\omega_0^2\,\tilde{\boldsymbol{K}}_0\boldsymbol{I}\,\boldsymbol{K}_0 \tag{4.17}$$

式中，$\boldsymbol{I}$ 为航天器的惯性矩阵。

引入

$$\boldsymbol{K}_0=(0\quad 0\quad 1)^{\mathrm{T}},\quad \tilde{\boldsymbol{K}}_0=\begin{bmatrix}0&-1&0\\1&0&0\\0&0&0\end{bmatrix},\quad \boldsymbol{I}=\begin{bmatrix}I_{xx}&I_{xy}&I_{xz}\\I_{yx}&I_{yy}&I_{yz}\\I_{zx}&I_{zy}&I_{zz}\end{bmatrix} \tag{4.18}$$

则式(4.17)变为

$$\boldsymbol{M}_g=3\omega_0^2\,(-I_{yz}\quad I_{xz}\quad 0)^{\mathrm{T}} \tag{4.19}$$

这说明当星体坐标系和当地轨道参考系一致时，作用在航天器上的重力梯度力矩仅与其惯性积 I_{yz} 和 I_{xz} 的大小有关。实际上，星体系$\{b\}$相对其参考系$\{r\}$总是有偏差的，对于小姿态角 φ,θ,ψ，根据式(4.6)的转置 $\boldsymbol{A}_{rb}$ 阵，则有

$$\boldsymbol{K}_0=-\cos\varphi\sin\theta\boldsymbol{i}+\sin\varphi\boldsymbol{j}+\cos\varphi\cos\theta\boldsymbol{k}=(-\theta\quad\varphi\quad 1)\,(\boldsymbol{i}\quad\boldsymbol{j}\quad\boldsymbol{k})^{\mathrm{T}} \tag{4.20}$$

将式(4.20)按式(4.18)的形式代入式(4.17)中，则可获得航天器相对星体坐标系的重力梯度力矩的矩阵表达式为

$$\boldsymbol{M}_{gb}=3\omega_0^2\begin{Bmatrix}(I_z-I_y)\varphi-I_{xy}\theta-I_{yz}\\(I_z-I_x)\theta+I_{xy}\varphi+I_{xz}\\-I_{xz}\varphi+I_{yz}\theta\end{Bmatrix} \tag{4.21}$$

从式(4.21)可见，作用在航天器上的重力梯度力矩除与其惯性积大小有关外，还与姿态角和纵横惯性矩之差的大小有关。对于星体主轴系，即惯性积为零，则有

$$\boldsymbol{M}_{gb}\approx 3\omega_0^2\begin{Bmatrix}(I_z-I_y)\varphi\\(I_z-I_x)\theta\\0\end{Bmatrix} \tag{4.22}$$

对于椭圆轨道，设 e 为轨道偏心率，ω 为轨道运动角速度，工程应用需要求出在一个轨道周

期内作用在星体上的平均重力梯度力矩。可以证明,由于 $e > 0$,其平均轨道运动角速度的平方为 $\omega^2 = (1 - e^2)^{-\frac{3}{2}}\omega_0^2$。于是式(4.21)和式(4.22)分别变成

$$\boldsymbol{M}_{gb\sim} = 3(1 - e^2)^{-\frac{3}{2}}\omega_0^2\begin{Bmatrix}(I_z - I_y)\varphi - I_{xy}\theta - I_{yz}\\(I_z - I_x)\theta + I_{xy}\varphi + I_{xz}\\-I_{xz}\varphi + I_{yz}\theta\end{Bmatrix} \tag{4.23}$$

$$\boldsymbol{M}_{gb\sim} = 3(1 - e^2)^{-\frac{3}{2}}\omega_0^2\{(I_z - I_y)\varphi \quad (I_z - I_x)\theta \quad 0\}^{\mathrm{T}} \tag{4.24}$$

4.4.2　大气阻力矩

大气密度是轨道高度的函数,它与太阳活动有关,并随外层空间温度而变化。因此,不同季节和太阳活动高年与低年,地球大气密度的变化可能很大,工程上应用可依据国家公布的标准大气密度,如国军标号为 GJB 544—88 号“地球大气模式”。对于低轨道航天器,大气阻力和阻力矩是其主要的环境扰动之一,其表达式可写为

$$F_d = \frac{1}{2}\rho v^2\sum C_{Di}A_i = \frac{1}{2}\rho\left(\frac{\mu}{a}\right)^2\sum C_{Di}A_i \tag{4.25}$$

式中,ρ 为大气密度,$\mathrm{kg\cdot m^{-3}}$;v 为轨道速度,$\mathrm{m\cdot s^{-1}}$;a 为轨道半长轴,m;M 为地球引力常数,$\mu = 3.986\times10^{14}$,$\mathrm{m^3\cdot s^{-2}}$;C_{Di} 为第 i 个子结构的阻力系数;A_i 为第 i 个子结构的迎风面积,$\mathrm{m^2}$。

对带有大型对日定向太阳阵的航天器,一般仅有一个转动自由度;在一个轨道周期内,其有效迎风面积为太阳阵面积 $2/\pi$ 倍。对近圆轨道且又无姿态偏差或小姿态角时,作用在航天器上的阻力为

$$\boldsymbol{F}_d = (F_{dx} \quad F_{dy} \quad F_{dz})^{\mathrm{T}} = (F_{dx} \quad 0 \quad 0)^{\mathrm{T}} \tag{4.26}$$

设 $\boldsymbol{L}_a$ 为压心到质心的距离矢量,则阻力矩为

$$\boldsymbol{M}_d = \boldsymbol{F}_d \times \boldsymbol{L}_d \tag{4.27}$$

式中

$$\boldsymbol{M}_d = (M_{dx} \quad M_{dy} \quad M_{dz})^{\mathrm{T}}$$

$$\boldsymbol{L}_d = (L_{dx} \quad L_{dy} \quad L_{dz})^{\mathrm{T}}$$

4.4.3　地磁力矩

地球磁场通常可近似为一个磁偶极子,假设 $\boldsymbol{B}_m$ 为轨道上某位置的磁场强度矢量,$\boldsymbol{m}_s$ 为航天器的剩磁矩矢量,则作用在航天器上的磁力矩为

$$\boldsymbol{M}_m = \boldsymbol{m}_s \times \boldsymbol{B}_m \tag{4.28}$$

式中

$$\boldsymbol{M}_m = (M_{mx} \quad M_{my} \quad M_{mz})^{\mathrm{T}}$$

$$\boldsymbol{B}_m = (B_{mx} \quad B_{my} \quad B_{mz})^{\mathrm{T}}$$

$$\boldsymbol{m}_s = (m_{sx} \quad m_{sy} \quad m_{sz})^{\mathrm{T}}$$

航天器的剩磁矩 $\boldsymbol{m}_s$ 通常是在零磁场剩磁测量设备中测量得到,对于大椭圆轨道航天器,可利用远地点区域近乎零磁场的空间进行在轨测量获得。为减小航天器剩磁矩,在卫星设计和制造过程中需对星体剩磁进行限制和处理。

对地球磁场强度 $\boldsymbol{B}_m$,要准确地确定还是很困难的。观测表明,地磁轴偏离地球自旋轴为 11.5° ~ 17°,1975 年,地磁偶极子偏离地球极轴方向在地表面距离为 474.2 km。地球磁场绝大部分来自地球内部,约占总磁场强度 $\boldsymbol{B}_m$ 的 90%,用 B_{m_0} 表示,可视为均匀磁场;其次是来自地表铁磁性物质产生的异常磁场和太阳风及其与高层大气作用引起的变化磁场。B_{m_0} 总是沿当地磁力线切向方向,设航天器所处位置的地心矢径与磁赤道夹角为 θ_m,则地磁场强度 B_{m_0} 的幅值可表示为

$$B_{m_0} = \frac{u_E}{R_0^3}(1 + 3\sin^2\theta_m)^{1/2} \tag{4.29}$$

式中,$u_E = 8.1 \times 10^{25}\,\mathrm{Gs \cdot cm^3}$(1 电磁系单位 = 1 高斯 · 厘米^3)为地磁场的磁矩沿磁轴方向的分量;θ_m 为地磁纬度;地球赤道处 $B_{m_0} = 0.311$ Gs,磁极处 $B_{m_0} = 0.622$ Gs。

4.4.4 太阳光压力矩

对于高轨道航天器,尤其是地球同步轨道航天器,作用在航天器上的太阳光压力矩是其主要的空间环境扰动力矩,其他空间环境力矩大都可忽略。太阳光压力矩是由太阳光照在航天器上各个部件表面而产生的,当航天器环绕地球作轨道运行时,其星体大都采用对地定向三轴稳定,而大型太阳阵大都是对日定向。因此,作用在航天器上的光压及其由压心 —— 质心矩决定的力矩通常是变化的,要精确确定是很困难的。太阳光压力矩由多种因素决定,主要有如下几个方面:① 航天器各个部件表面的反射特性;② 航天器轨道运行中各有关部件的受照表面对有些部件非受照表面的阴影遮挡问题;③ 不同航天器其全星构形设计及其复杂程度是不一样的,这直接关系到压心 —— 质心距离的大小和阴影遮挡的程度;④ 地球环日运动直接关系到太阳相对轨道面的方位及其阴影遮挡的时间历程和反射阳光的总辐射量。

本小节不准备建立太阳光压及其力矩的空间几何模型和不同季节的平均光压力矩模型,仅给出瞬时光压和力矩的简化模型。当太阳光照射到星上的某一部件或太阳阵表面时,如图 4.6 所示,假设为完全镜面反射,沿受照平面的切线和法线方向产生的太阳光压力 $\boldsymbol{F}_t$,$\boldsymbol{F}_n$ 分别为

$$\left.\begin{aligned} \boldsymbol{F}_t &= P(1 - R)A\boldsymbol{t}\sin\alpha\cos\alpha = K_t\boldsymbol{t}\sin(2\alpha) \\ \boldsymbol{F}_n &= -P(1 + R)A\boldsymbol{n}\cos^2\alpha = -K_n\boldsymbol{n}A\cos^2\alpha \end{aligned}\right\} \tag{4.30}$$

式中，$\boldsymbol{n}$ 和 $\boldsymbol{t}$ 分别为受照面的法向和切向单位矢量；P 为太阳光压常数；R 为受照表面的反射系数；A 为受照面积；α 为表面法线与太阳光线的夹角；$K_t = P(1 - R)/2$；$K_n = P(1 + R)$。

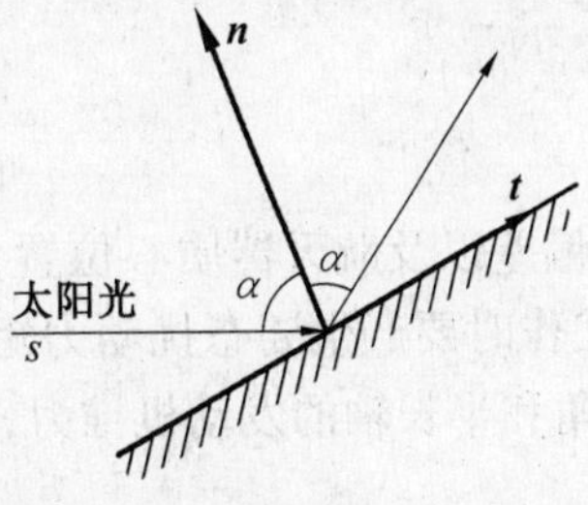

图 4.6　太阳辐射压力的几何关系

根据式(4.30)，假设各部件表面的反射系数 R 相同，则 N 个受照部件的太阳光压作用力为

$$\boldsymbol{F}_s = \sum_{i=1}^{N} \boldsymbol{F}_i = \sum_{i=1}^{N} (-K_n A_i \cos^2 \alpha_i \boldsymbol{n}_i + K_t A_i \sin(2\alpha_i) \boldsymbol{t}_i) \tag{4.31}$$

假设部件 i 的体坐标系为 $O_i\xi_i\eta_i\zeta_i$，O_i 位于部件最大受照表面形心上，$\xi_i /\!/ n_i$，$\eta_i /\!/ t_i$，瞬时受照面压心 O_{ic} 到 O_i 距离为 r_{ic}，O_i 到星体质心距离为 R_{ic}，则压心到质心距离为 $R_i = R_{ic} + r_{ic}$。如果 $O_i\xi_i\eta_i\zeta_i$ 与 $Ox_by_bz_b$ 的转换短阵用 $\boldsymbol{C}_i(\alpha,\beta,\gamma)$ 表示，则可确定第 i 部件受照表面相对星体系的方位。因此，在先不考虑阴影遮挡时，作用在航天器上的太阳光压作用力为

$$\begin{aligned}\boldsymbol{F}_{sb} = \sum_{i=1}^{N} \boldsymbol{F}_{ib} &= \sum_{i=1}^{N} \{-K_n A_i \cos^2\alpha_i \quad K_t A_i \sin(2\alpha_i) \quad 0\} \{\boldsymbol{\xi}_i \quad \boldsymbol{\eta}_i \quad \boldsymbol{\zeta}_i\}^{\mathrm{T}} = \\ &\sum_{i=1}^{N} \{-K_n A_i \cos^2\alpha_i \quad K_t A_i \sin(2\alpha_i) \quad 0\} \boldsymbol{C}_i(\alpha,\beta,\gamma) \{\boldsymbol{i} \quad \boldsymbol{j} \quad \boldsymbol{k}\}^{\mathrm{T}} = \\ &\sum_{i=1}^{N} \boldsymbol{F}_{isb} \{\boldsymbol{i} \quad \boldsymbol{j} \quad \boldsymbol{k}\}^{\mathrm{T}}\end{aligned} \tag{4.32}$$

式中

$$F_{isb} = \{-K_n A_i \cos^2\alpha_i \quad K_t A_i \sin(2\alpha_i) \quad 0\} \boldsymbol{C}_i(\alpha,\beta,\gamma) \tag{4.33}$$

其中 $\boldsymbol{C}_i(\alpha,\beta,\gamma)$ 为 3×3 矩阵。

于是作用在航天器上的太阳光压力矩为

$$\boldsymbol{M}_{sb} = \sum_{i=1}^{N} \boldsymbol{R}_i \times \boldsymbol{F}_{ib} \tag{4.34}$$

对于受照面积 A_i，通常可将航天器分解为 n 个大的部件，并可对每个部件的平均受照面积进行近似估算。取 $\boldsymbol{s}$ 为太阳矢量，当 $\boldsymbol{n}_i \cdot \boldsymbol{s} > 0$ 时表示受到光照，根据其标量值可估计哪些部件受到太阳光压作用，包括对有些部件可能受到的阴影遮挡估算。

4.4.5 星上惯性力矩

1. 轨控发动机推力偏心力矩

轨控发动机由于制造和安装偏差以及航天器质心位置偏差与变化，使得推力线方向相对系统质心有一定偏斜，当发动机工作时要产生姿态扰动力矩，虽然为短期项，但扰动力矩可能较大。设$\boldsymbol{F}_{ti}$和$\boldsymbol{F}_{ta}$分别为控制倾角和半长轴的发动机推力，其偏心距分别为$\boldsymbol{l}_{ti}$和$\boldsymbol{l}_{ta}$，则其推力偏心力矩为

$$\left.\begin{aligned}\boldsymbol{T}_t &= \boldsymbol{F}_{ti}\times\boldsymbol{l}_{ti}+\boldsymbol{F}_{ta}\times\boldsymbol{l}_{ta}\\ \boldsymbol{T}_t &= \tilde{\boldsymbol{F}}_{ti}\,\boldsymbol{l}_{ti}+\boldsymbol{F}_{ta}\,\boldsymbol{l}_{ta}\end{aligned}\right\}\tag{4.35}$$

2. 姿控推力器工作扰动

姿控推力器工作时要产生两种扰动：一是对轨道的摄动；二是通过惯性积产生附加扰动力矩。推力器工作时，由惯性积产生附加角加速度，其力矩表达式为

$$\boldsymbol{M}_l=\begin{Bmatrix}M_{lx}\\M_{ly}\\M_{lz}\end{Bmatrix}=\begin{bmatrix}0 & I_{xy}/I_y & I_{xz}/I_z\\ I_{xy}/I_x & 0 & I_{yz}/I_z\\ I_{xz}/I_x & I_{yz}/I_y & 0\end{bmatrix}\begin{Bmatrix}L_xF_{tx}\\L_yF_{ty}\\L_zF_{tz}\end{Bmatrix}\tag{4.36}$$

式中，L_x,L_y,L_z 和 F_{tx},F_{ty},F_{tz} 分别为力臂和推力，单位分别为 m 和 N；$I_x,I_y,I_z,I_{xy},I_{xz},I_{yz}$ 为惯性参数，$\mathrm{kg\cdot m^2}$。

3. 星上运动部件扰动力矩

对于复杂航天器，星内一般都有运动部件，如旋转飞轮、传感器和敏感器旋转扫描马达、相机光学系统旋转或摆动、磁带机工作和回收、太阳阵步进驱动、天线伺服驱动以及液体循环和宇航员走动等都要对星体产生反作用或陀螺耦合等惯性力矩。

这些运动部件产生的扰动力矩一般表达式可以写为

$$\begin{aligned}\boldsymbol{M}_p=&\frac{\mathrm{d}}{\mathrm{d}t}\Big\{\boldsymbol{I}_s\cdot\boldsymbol{\omega}_s+m_s\boldsymbol{\rho}\times\boldsymbol{v}_s+\sum_{i=1}^{n}\boldsymbol{J}_i\cdot\boldsymbol{\omega}_i+\sum_{j=1}^{m}m_j\boldsymbol{\rho}_j\times\boldsymbol{v}_j\Big\}=\\ &\boldsymbol{I}_s\cdot\dot{\boldsymbol{\omega}}_s+\dot{\boldsymbol{I}}\cdot\boldsymbol{\omega}_s+\boldsymbol{\omega}_s\times(\boldsymbol{I}_s\cdot\boldsymbol{\omega}_s)+\sum_{j=1}^{n}\{\boldsymbol{J}_j\cdot\boldsymbol{\omega}_j+\boldsymbol{\omega}_s\times(\boldsymbol{J}_j\cdot\boldsymbol{\omega}_j)\}+\\ &m_s\boldsymbol{\rho}_s\times\dot{\boldsymbol{v}}_s+m_s\boldsymbol{\omega}_s\times(\boldsymbol{\rho}_s\times\boldsymbol{v}_s)+\sum_{j=1}^{m}m_j\{\boldsymbol{\rho}_j\cdot\dot{\boldsymbol{v}}_j+\boldsymbol{\omega}_s\times(\boldsymbol{\rho}_j\times\boldsymbol{v}_j)\}\end{aligned}\tag{4.37}$$

式中，m_s，$\boldsymbol{I}_s$ 分别为航天器的质量和惯性张量；$\boldsymbol{\rho}_s$ 为航天器相对惯性的距离；$\boldsymbol{\omega}_s$，$\boldsymbol{v}_s$ 分别为星体系相对惯性系的旋转角速度和质心平动速度；$\boldsymbol{H}_i = \boldsymbol{J}_i \cdot \boldsymbol{\omega}_i$ 为第 i 个旋转部件产生的内部角动量；m_j 和 $\boldsymbol{v}_j$ 为第 j 个部件的质量和相对惯性系的平动速度；$\boldsymbol{\rho}$ 和 $\boldsymbol{\rho}_j$ 分别为星体和第 j 个部件的质心相对星体系原点的距离。

根据通式(4.37)可以针对具体的星上运动部件确定其惯性反作用力矩。

第5章 飞行器姿态稳定控制

【教学目的】

通过本章的学习，希望了解重力稳定、自旋稳定、三轴稳定航天器的姿态稳定的控制原理。

【内容提要】

本章简要介绍了重力稳定航天器的稳定原理、天平动问题以及稳定性条件，重点应牢记稳定条件；介绍了自旋稳定航天器的稳定原理及自旋的控制，重点应牢记稳定条件；介绍了三轴稳定航天器的姿态控制原理以及单框架控制力矩陀螺稳定航天器姿态动力学方程。

本章部分内容主要参考曲广吉教授著作的《航天器动力学工程》一书，详细内容请参见上述文献的相关章节。

5.1 重力稳定航天器

利用重力梯度稳定航天器的姿态是航天器姿态稳定中的一种方式。图5.1所示，哈勃太空望远镜为应用实例之一。重力稳定系统结构简单、工作可靠、寿命长、造价低，且在正常运行中不耗功，对地定向精度可达几度甚至1度左右，因此在早期被动稳定的简单航天器中得到了广泛应用，如巡航卫星、测地卫星和技术试验卫星等，美国哈勃太空望远镜也是实际应用例子之一。

图5.1 美国哈勃太空望远镜

航天器采用重力(梯度)稳定，实质就是使星体的最小惯量主轴沿当地重力垂线方向排列。如果出现俯仰和滚动姿态偏差，卫星纵轴就会偏离当地垂线方向，这时由重力梯度产生的恢复力矩就会使卫星最小惯量主轴(纵轴)跟随当地垂线而实现对地定向。这种回复力矩是由卫星个部分质量在重力场中具有不同引力和在轨道运动中产生不同离心力的合力共同形成的。如图5.2、图5.3所示，哑铃状重力梯度稳定系统，当其受到扰动时，重力梯度力矩将使其恢复到最小惯性主轴朝向地心的方向。

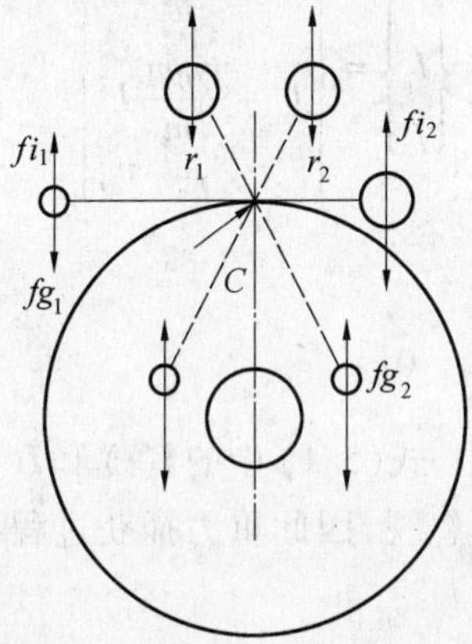

图5.2　重力梯度稳定示意图

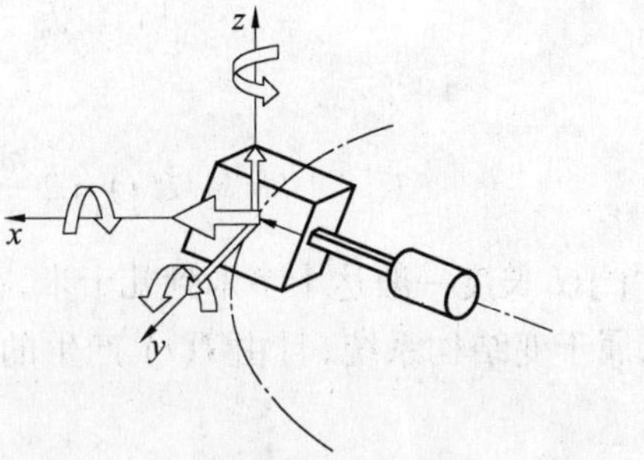

图5.3　重力梯度卫星示意图

5.1.1　伸收杆过程的系统姿态运动方程

重力梯度稳定卫星从质量分布上一般呈哑铃型结构，由星体、延纵轴伸出的重力杆及其杆端阻尼球构成，为获得较大重力梯度恢复力矩，通常要求其纵横轴惯性矩之差要足够大。重力稳定卫星在伸杆捕获重力垂线过程中，其惯量特性是变化的，因此，其姿态动力学方程的一般矩阵表达式为

$$\boldsymbol{I}\dot{\boldsymbol{\omega}} + (\dot{\boldsymbol{I}} + \tilde{\boldsymbol{\omega}}\boldsymbol{I})\,\boldsymbol{\omega} = \boldsymbol{M} \tag{5.1}$$

式中

$$\boldsymbol{I} = \mathrm{diag}(I_x \quad I_y \quad I_z)$$

$$\dot{\boldsymbol{I}} = \mathrm{diag}(\dot{I}_x \quad \dot{I}_y \quad \dot{I}_z)$$

$$\boldsymbol{\omega} = [\,\omega_x \quad \omega_y \quad \omega_z\,]^{\mathrm{T}}$$

$$\boldsymbol{M} = \boldsymbol{M}_g + \boldsymbol{M}_d + \boldsymbol{M}_p$$

为简化，忽略惯性积；伸杆或收杆结束后，$\dot{\boldsymbol{I}} = \boldsymbol{0}$；$\boldsymbol{M}_g$ 为重力梯度力矩，$\boldsymbol{M}_d$ 为阻尼球阻尼力矩，$\boldsymbol{M}_p$ 为其他扰动力矩。

设卫星总质量为 $m = m_0 + m_s$，其中 m_0 为卫星本体质量；m_s 为杆端质量块（阻尼球）质量。重力杆长为 L，伸杆或收杆速度 $\boldsymbol{v} = \dot{\boldsymbol{L}} = \dot{\boldsymbol{l}}$，$\boldsymbol{l} = \boldsymbol{a} + \boldsymbol{v}t$，$\boldsymbol{L} = \boldsymbol{a} + \boldsymbol{v}t_e$，其中 a 为从本体质心算起的初始杆长，t_e 为伸杆结束时间；卫星本体惯性矩 $\boldsymbol{J} = \mathrm{diag}(J_x \quad J_y \quad J_z)$，则伸杆过程和伸杆结束后全星惯性矩分别为

$$\boldsymbol{I}(t)=\begin{Bmatrix}I_x(t)\\I_y(t)\\I_z(t)\end{Bmatrix}=\begin{Bmatrix}J_x+\dfrac{m_0m_s}{m}l^2\\J_y+\dfrac{m_0m_s}{m}l^2\\J_z\end{Bmatrix},\quad \boldsymbol{I}(t_e)=\begin{Bmatrix}I_x\\I_y\\I_z\end{Bmatrix}=\begin{Bmatrix}J_x+\dfrac{m_0m_s}{m}L^2\\J_y+\dfrac{m_0m_s}{m}L^2\\J_z\end{Bmatrix} \tag{5.2}$$

因此

$$\dot{\boldsymbol{I}}(t)=2\,\frac{m_0m_s}{m}l(t)v\,\{1\quad 1\quad 0\}^{\mathrm{T}} \tag{5.3}$$

由于L长度一般达十多米到几十米，在伸收杆过程中，式(5.1)中的$\boldsymbol{I}(t)$和$\dot{\boldsymbol{I}}(t)$均有较大变化，属于变结构系统，且由$\dot{\boldsymbol{I}}(t)$产生的惯性力矩不可忽视，因此重力捕获过程有稳定性问题。

5.1.2 重力稳定过程的系统姿态运动方程

当伸杆或收杆结束后，在长期轨道运行中，式(5.1)变为一般形式的欧拉姿态运动方程

$$\boldsymbol{I}\dot{\boldsymbol{\omega}}+\tilde{\boldsymbol{\omega}}\boldsymbol{I}\boldsymbol{\omega}=\boldsymbol{M} \tag{5.4}$$

根据式(4.22)，重力梯度力矩的表达式为

$$\boldsymbol{M}_g\approx 3\omega_0^2\begin{Bmatrix}(I_z-I_y)\varphi\\(I_z-I_x)\theta\\0\end{Bmatrix} \tag{5.5}$$

根据图4.2，b系相对r系角速度在b系上的分量为

$$\begin{bmatrix}\omega_x\\\omega_y\\\omega_z\end{bmatrix}_{br}=\begin{bmatrix}0\\\dot\theta\\0\end{bmatrix}+\begin{bmatrix}\cos\theta&0&-\sin\theta\\0&1&0\\\sin\theta&0&\cos\theta\end{bmatrix}\begin{bmatrix}\dot\varphi\\0\\0\end{bmatrix}+\begin{bmatrix}\cos\theta&0&-\sin\theta\\0&1&0\\\sin\theta&0&\cos\theta\end{bmatrix}\begin{bmatrix}1&0&0\\0&\cos\varphi&\sin\varphi\\0&-\sin\varphi&\cos\varphi\end{bmatrix}\begin{bmatrix}0\\0\\\dot\psi\end{bmatrix}=\begin{bmatrix}\dot\varphi\cos\theta-\dot\psi\cos\varphi\sin\theta\\\dot\theta+\dot\psi\sin\varphi\\\dot\varphi\sin\theta+\dot\psi\cos\theta\cos\varphi\end{bmatrix}_{br} \tag{5.6}$$

若求b系相对i系的绝对角速度在b系上的分量，需计及r系以$-\omega_0$角速度的牵连轨道运动，考虑式(4.5)则有

$$\begin{bmatrix}\omega_x\\\omega_y\\\omega_z\end{bmatrix}_{bi}=\begin{bmatrix}\dot\varphi\cos\theta-\dot\psi\cos\varphi\sin\theta\\\dot\theta+\dot\psi\sin\varphi\\\dot\varphi\sin\theta+\dot\psi\cos\theta\cos\varphi\end{bmatrix}_{br}+A_{br}\begin{bmatrix}0\\-\omega_0\\0\end{bmatrix}_{ri} \tag{5.7}$$

对于小姿态角,星体角速度式(5.7) 可简化为

$$\boldsymbol{\omega}=\begin{Bmatrix}\omega_x\\ \omega_y\\ \omega_z\end{Bmatrix}_{bi}=\begin{Bmatrix}\dot{\varphi}-\omega_0\psi\\ \dot{\theta}-\omega_0\\ \dot{\psi}+\omega_0\varphi\end{Bmatrix} \tag{5.8}$$

在不计及阻尼力矩和其他扰动力矩而仅考虑重力梯度力矩时,将式(5.5) 和式(5.8) 代入式(5.4),并对小姿态角情况忽略高阶小量,则可获得重力稳定航天器姿态运动的线性化动力学方程为

$$\left.\begin{aligned}I_x\ddot{\varphi}+(I_y-I_x-I_z)\omega_0\dot{\psi}&=4\omega_0^2(I_z-I_y)\varphi\\ I_y\ddot{\theta}&=3\omega_0^2(I_z-I_x)\theta\\ I_z\ddot{\psi}-(I_y-I_x-I_z)\omega_0\dot{\varphi}&=\omega_0^2(I_x-I_y)\psi\end{aligned}\right\} \tag{5.9}$$

式(5.9) 右端为重力稳定航天器在轨道运动中所受到的恢复力矩。将式(5.9) 恢复力矩与式(5.5) 重力梯度力矩的比较可知:俯仰运动的恢复力矩仅由重力产生,偏航运动的恢复力矩仅由离心力产生,而滚动运动的恢复力矩则由重力与离心力的合力产生。

5.1.3　重力稳定的天平动频率和周期

在小姿态角偏差情况下,轨道运动(ω_0) 使滚动与偏航之间呈现弱耦合,式(5.9) 还可进一步简化为

$$I_x\ddot{\varphi}=4\omega_0^2(I_z-I_y)\varphi,\quad I_y\ddot{\theta}=3\omega_0^2(I_z-I_x)\theta,\quad I_z\ddot{\psi}=\omega_0^2(I_x-I_y)\psi \tag{5.10}$$

则上述重力稳定姿态运动方程可归结成统一形式的方程

$$\ddot{\boldsymbol{\Theta}}+\boldsymbol{\Lambda}^2\boldsymbol{\Theta}=0 \tag{5.11}$$

式中

$$\left.\begin{aligned}\boldsymbol{\Theta}&=\{\varphi\quad\theta\quad\psi\}^{\mathrm{T}}\\ \boldsymbol{\Lambda}^2&=\mathrm{diag}[\Lambda_x^2\quad\Lambda_y^2\quad\Lambda_z^2]\\ \Lambda_x^2&=4\omega_0^2(I_y-I_z)/I_x\\ \Lambda_y^2&=3\omega_0^2(I_x-I_y)/I_z\\ \Lambda_z^2&=\omega_0^2(I_y-I_x)/I_z\end{aligned}\right\} \tag{5.12}$$

显然,$\boldsymbol{\Lambda}^2$ 为系统特征值,$\Lambda_x,\Lambda_y,\Lambda_z$ 分别为重力稳定航天器在恢复力矩作用下相对于其三个轴摆动的固有频率,这种摆动在天文学上称为天平动。其天平动频率为

$$\left.\begin{aligned}\Lambda_x &= 2\omega_0\sqrt{(I_y - I_z)/I_x}\\ \Lambda_y &= \sqrt{3}\,\omega_0\sqrt{(I_x - I_z)/I_y}\\ \Lambda_z &= \omega_0\sqrt{(I_y - I_x)/I_z}\end{aligned}\right\} \tag{5.13}$$

而其天平动周期可以表示为

$$\left.\begin{aligned}T_x &= \pi\left(\omega_0\sqrt{(I_y - I_z)/I_x}\right)^{-1}\\ T_y &= 2\pi\left(\sqrt{3}\,\omega_0\sqrt{(I_x - I_z)/I_y}\right)^{-1}\\ T_z &= 2\pi\left(\omega_0\sqrt{(I_y - I_x)/I_z}\right)^{-1}\end{aligned}\right\} \tag{5.14}$$

5.1.4 重力稳定的稳定性条件

对于哑铃型卫星，通常设计成 $I_x = I_y, I_z \ll I_x = I_y$，则上述一系列方程和公式还可以简化。通过对微分方程式(5.9)和式(5.11)进行求解，可获得俯仰解耦运动和滚动与偏航耦合运动的稳定性条件为

$$I_y > I_x > I_z \tag{5.15}$$

这说明最小惯量主轴沿当地重力垂线方向排列，最大惯量主轴沿轨道负法线方向排列，中间惯量主轴在轨道平面内指向前进方向。

5.2 自旋稳定航天器

5.2.1 航天器自旋稳定原理

自旋稳定航天器包括单自旋和双自旋两种类型。自旋稳定航天器的基本特性是其定向性、进动性和章动性。自旋稳定航天器姿态动力学的理论基础是欧拉关于刚体绕定点转动的经典理论。这时，视航天器为刚体，视其质心为定点，自旋角速度远远大于横向角速度。这样，在无外力矩作用时，欧拉关于刚体自由运动的理论和公式完全适用于自旋稳定航天器。实际上，由于星体存在结构振动和液体晃动等作用会产生能量消散，因此，在实际工程中必须将这类高速自旋航天器视为准刚体，以进行章动稳定性设计和章动阻尼与控制技术研究。

5.2.2　单自旋稳定航天器姿态动力学

1. 自旋航天器姿态动力学方程

(1) 航天器自由运动方程首次积分。

设卫星相对星体主轴系{b}的惯性矩为 $\boldsymbol{I}=\mathrm{diag}(I_x \quad I_y \quad I_z)$,相对{i}系角速度在{b}系的投影列阵为 $\boldsymbol{\omega}=(\omega_x \quad \omega_y \quad \omega_z)^{\mathrm{T}}$,外力矩 $\boldsymbol{M}=(M_x \quad M_y \quad M_z)^{\mathrm{T}}$,$z$ 轴为自旋轴。根据角动量定理,其欧拉动力学方程的一般形式为

$$\left.\begin{aligned} I_x\dot{\omega}_x+(I_z-I_y)\omega_y\omega_z=T_x \\ I_y\dot{\omega}_y+(I_x-I_z)\omega_z\omega_x=T_y \\ I_z\dot{\omega}_z+(I_y-I_x)\omega_x\omega_y=T_z \end{aligned}\right\} \tag{5.16}$$

当无外力矩作用时,航天器的自由运动方程为

$$\left.\begin{aligned} I_x\dot{\omega}_x+(I_z-I_y)\omega_y\omega_z=0 \\ I_y\dot{\omega}_y+(I_x-I_z)\omega_z\omega_x=0 \\ I_z\dot{\omega}_z+(I_y-I_x)\omega_x\omega_y=0 \end{aligned}\right\} \tag{5.17}$$

式(5.17)称为欧拉的刚体定点运动。它是欧拉一般运动方程(5.16)的齐次方程,其动力学方程与运动学方程是解耦的,存在两个首次积分。将方程(5.17)分别乘以 $\omega_x,\omega_y,\omega_z$ 后相加,获得其首次积分为

$$I_x\omega_x^2+I_y\omega_y^2+I_z\omega_z^2=2T_E \tag{5.18}$$

再将方程(5.17)分别乘以 $I_x\omega_x,I_y\omega_y,I_z\omega_z$ 后相加,导出另一个首次积分为

$$I_x^2\omega_x^2+I_y^2\omega_y^2+I_z^2\omega_z^2=\boldsymbol{H}^2 \tag{5.19}$$

式(5.18)、式(5.19)中,T_E 为航天器总动能;$\boldsymbol{H}$ 为航天器总角动量矢量,因为外力矩为0,所以 $\boldsymbol{H}$ 为常矢量。式(5.18)和式(5.19)的物理意义分别表明刚体航天器的动能守恒和动量矩守恒。其几何意义分别表示在空间形成的能量椭球与动量矩椭球,而能量椭球与其惯量椭球相似。

(2) 对称航天器的自由运动。

自旋航天器大都采用轴对称设计,设横向惯性矩为 $I_T\approx I_x\approx I_y$,$\mu_T=I_z/I_T$ 为纵横惯量比,则航天器自由运动的动力学方程(5.17)变为

$$\left.\begin{aligned}\dot{\omega}_x-(1-\mu_T)\omega_z\omega_y=0\\ \dot{\omega}_y+(1-\mu_T)\omega_z\omega_x=0\\ \dot{\omega}_z=0\end{aligned}\right\}\tag{5.20}$$

设 $\Omega_n=(1-\mu_t)\omega_z$，$\omega_t=\sqrt{\omega_x^2+\omega_y^2}$，对式(5.20)求解，则有

$$\begin{bmatrix}\omega_x\\ \omega_y\\ \omega_z\end{bmatrix}=\begin{bmatrix}\omega_t\sin\Omega_n t\\ \omega_t\cos\Omega_n t\\ \text{const}\end{bmatrix}\tag{5.21}$$

式中，横向角速度 ω_t 是由星箭分离时的初始扰动、附件展开时的不对称性或其扰动因素引起的瞬时横向冲量矩决定的，ω_t 决定了自旋卫星的章动运动特性；Ω_n 为 ω_t 的圆频率；const 为常量。

(3) 非对称航天器的自由运动。

自旋航天器要完全做到轴对称是困难的，假设 $I_z>I_y>I_x$，即 I_x 和 I_y 不完全相等，这时欧拉自由运动方程式(5.17)中 $\omega_x,\omega_y,\omega_z$ 的解将为雅各比(Jacobian)椭圆函数，在 $t_0=0$ 时，其解为

$$\omega_x=\gamma\,\text{cn}pt,\quad \omega_y=\beta\,\text{sn}pt,\quad \omega_z=\alpha\,\text{dn}pt\tag{5.22}$$

式中

$$\left.\begin{aligned}\alpha=\sqrt{\frac{H^2-2I_xT_E}{I_z(I_z-I_x)}}\qquad \beta=\sqrt{\frac{2I_zT_E-H^2}{I_y(I_z-I_y)}}\\ \gamma=\sqrt{\frac{2I_zT_E-H^2}{I_x(I_z-I_x)}}\quad P=\sqrt{\frac{(I_z-I_y)(H^2-2I_xT_E)}{I_xI_yI_z}}\end{aligned}\right\}\tag{5.23}$$

根据式(5.18)和式(5.19)，有 $H^2<2I_zT_E$ 和 $H^2>2I_xT_E$，于是椭圆函数的模 k 可表示为

$$k=\sqrt{\frac{(I_y-I_x)(2I_zT_E-H^2)}{(I_z-I_y)(H^2-2I_xT_E)}}\tag{5.24}$$

根据椭圆函数理论，从式(5.22)和式(5.23)以及图5.4可以看出：椭圆函数为周期函数，对自变量为 x 的椭圆函数，cnx，snx 的周期为 $4k$，dnx 的周期为 $2k$，k 为第一类椭圆积分；snx，cnx 的值为 $+1\sim-1$，dnx 为 $+1\sim\sqrt{1-k^2}$；ω_z 不再为常值，但波动幅值较小 $(1\sim\sqrt{1-k^2})$，ω_x，ω_y 波动幅值较大$(+1\sim-1)$；γ,β,α 分别为 $\omega_x,\omega_y,\omega_z$ 对应的振幅，$P=\lambda\alpha$ 为横向角速度进动频率，$\lambda=\sqrt{(\mu_x-1)(\mu_y-1)}$，$\mu_x=I_z/I_x$，$\mu_y=I_z/I_y$，$\omega_z$ 以 2 倍进动频率变化。

2. 自旋航天器章动运动稳定性

(1) 章动运动几何。

设 $\boldsymbol{H}$ 为星体角动量矢量，在无外力矩作用时，$\boldsymbol{H}$ 相对空间方位不变，故可取角动量坐标系

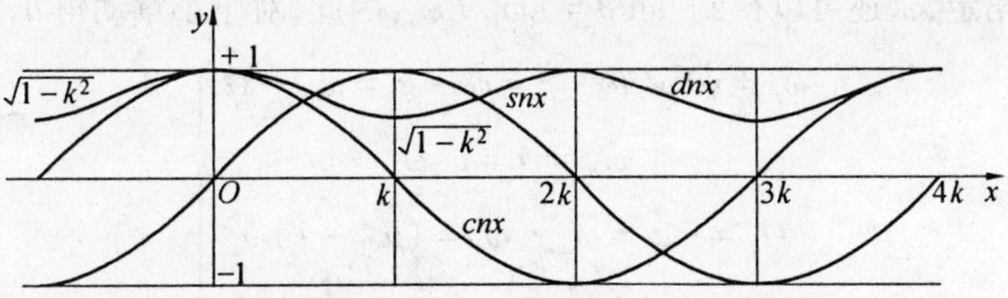

图 5.4　椭圆函数 snx, cnx, dnx 图形($k^2 = 0.7, k = 2.075\ 36$)

$Ox_hy_hz_h$ 为$\{i\}$ 系。对于轴对称航天器,设 $I_z > I_T$,自旋轴 z_b 与 $\boldsymbol{H}$ 的夹角 θ 称为章动角,则图5.5为自旋航天器章动运动的几何关系图。卫星角速度矢量 $\boldsymbol{\omega}$ 相对$\{i\}$ 系和$\{b\}$ 系的空间轨迹形成两个正圆锥面,即空间固定的章动锥和空间运动的本体锥。当$\mu_t > 1$ 时,章动锥沿 $\boldsymbol{\omega}$ 方向内切于本体锥,本体锥以 $\Omega_n = -\dot{\varphi}$ 作反向进动;当$\mu_t < 1$ 时,本体锥沿 $\boldsymbol{\omega}$ 方向外切于章动锥,并以 $\Omega_n = \dot{\varphi}$ 作正向进动。

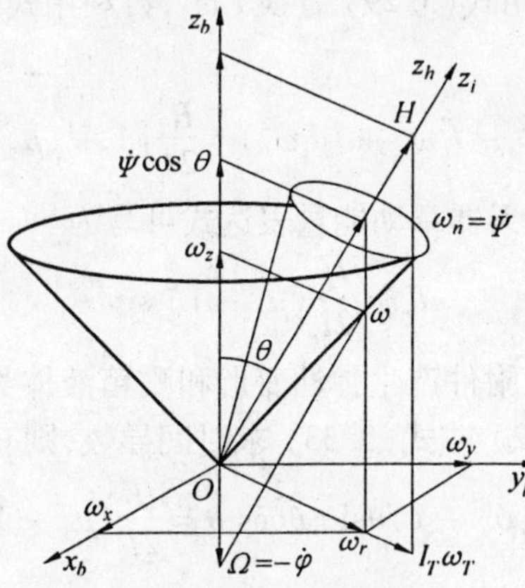

图 5.5　章动运动几何($\mu T > 1$)

根据图 1.3,$\{i\}$ 系到$\{b\}$ 系的转换所定义的欧拉角 φ, θ, ψ,对自由运动有 $\dot{\theta} = 0$,则式(5.7) 变为

$$\begin{bmatrix} \omega_x \\ \omega_y \\ \omega_z \end{bmatrix} = \begin{bmatrix} \dot{\psi}\sin\theta\sin\varphi \\ \dot{\psi}\sin\theta\cos\varphi \\ \dot{\psi}\cos\theta + \dot{\varphi} \end{bmatrix} \tag{5.25}$$

由式(5.25) 可得到横向合成角速度为

$$\omega_t = \sqrt{\omega_x^2 + \omega_y^2} = \dot{\psi}\sin\theta \tag{5.26}$$

根据图5.5 和欧拉角定义可以得到:$\dot{\psi} = \omega_n$ 为自旋轴 z_b 相对角动量 $\boldsymbol{H}$ 的自由进动角速度,称为空间章动角速度;$\dot{\varphi} = -\Omega_n$ 为本体自旋轴的视角速度,称为进动圆频率或称为本体章动角

速度；根据章动角定义，还可以得到 $\tan\theta = I_t\omega_t/I_z\omega_z$，因此，对于小章动角 θ，有如下关系式

$$\left.\begin{aligned}\omega_z &= \dot{\psi}\cos\theta + \dot{\varphi} = \dot{\psi} + \dot{\varphi} = \omega_n - \Omega_n\\ \omega_n &= \dot{\psi} = \mu_T\omega_z\\ \Omega_n &= -\dot{\varphi} = \omega_n - \omega_z = (\mu_T - 1)\omega_z\\ \omega_t &= \dot{\psi}\sin\theta = \theta\dot{\psi} = \theta\omega_n = \theta\mu_T\omega_z\end{aligned}\right\} \tag{5.27}$$

(2) 对称航天器自旋稳定性准则。

根据式(5.18) 和式(5.19)，对称航天器自由运动方程的首次积分为

$$I_t\omega_t^2 + I_z\omega_z^2 = 2T_E \tag{5.28}$$

$$I_t^2\omega_t^2 + I_z^2\omega_z^2 = H^2 \tag{5.29}$$

根据图 5.5 可知

$$H_t = I_t\omega_t = H\sin\theta \quad H_z = I_z\omega_z = H\cos\theta \tag{5.30}$$

将式(5.30) 两边乘以I_z，并利用式(5.29) 置换 $I_z^2\omega_z^2$，再利用式(5.30) 第一式置换$I_t\omega_t$，就可以获得系统动能表达式为

$$T_E = \frac{1}{2I_z}(H^2 - I_t^2\omega_t^2 + I_zI_t\omega_t^2) = \frac{H^2}{2I_z}[1 + (\mu_t - 1)\sin^2\theta] \tag{5.31}$$

从式(5.31) 看出，对称自旋航天器章动能量表达式可写为

$$T_n = \frac{H^2}{2I_z}(\mu_t - 1)\sin^2\theta \tag{5.32}$$

章动运动会使航天器柔性附件产生弹性变形和贮箱液体晃动，其阻尼作用要消耗卫星章动能量。相对$\{i\}$ 系对式(5.32) 或式(5.33) 求时间导数，则获得章动能量衰减率为

$$\dot{T}_n = \frac{H^2}{I_z}(\mu_t - 1)\dot{\theta}\sin\theta\cos\theta = \frac{H^2}{2I_z}(\mu_t - 1)\dot{\theta}\sin 2\theta \tag{5.33}$$

因此，对于小章动角 θ，有

$$\dot{T}_n = \frac{H^2}{I_z}(\mu_t - 1)\theta\dot{\theta} \tag{5.34}$$

由式(5.33) 可知，星上的能量消散总是使 $\dot{T}_n = \dot{T}_E < 0$。因此，在$\mu_t > 1$ 时，一定有 $\dot{\theta} < 0$，这表明能量消散使章动运动收敛，θ 角越来越小，自旋是稳定的；在$\mu < 1$ 时，一定有 $\dot{\theta} > 0$，这说明能量消散使章动运动发散，θ 角越来越大，自旋是不稳定的。因此，自旋航天器章动稳定性准则要求卫星纵横惯量比 $\mu_t = I_z/I_t$ 必须大于 1，卫星呈短粗型，这就是著名的最大惯量轴设计准则。

5.2.3 双自旋稳定航天器姿态动力学

单自旋稳定方案虽然简单可行，但却存在严重的不足。由于它要求卫星采用最大惯量主

轴作为自旋轴,因此必须将卫星设计成短粗的形状;当卫星的外形受到运载火箭的有效容积限制或要求提供较大的太阳电池发电功率时,这种设计的局限性便显现出来。本体自旋还会导致卫星的通信效率降低。由于卫星平台上的通信天线随星体一同旋转,通信天线在一个旋转周期内只有很短一段时间扫描到地球,大部分时间则指向外太空,不仅通信效率低下,而且浪费了大量的通信能量。在这种背景下,美国科学家 Lanton 和 Iorillo 分别提出了绕最小惯量轴旋转的自旋卫星方案,美国著名科学家 Likins 将其称之为"双自旋航天器"。

1. 双自旋航天器姿态动力学方程

双自旋稳定方案是将卫星分成两个部分:一部分快速自旋以提供必要的稳定角动量;另一部分则相对轨道坐标系静止,以便星上有效载荷始终对地定向。快速自旋体称为转子,为轴对称体,放置在星上的载荷部分称为平台,两部分均为静动平衡,两者的质心在连接轴承的轴线上,且沿自旋方向的主惯量轴与轴承轴线一致,如图5.6所示。在图5.6中,P,R分别表示卫星平台和转子,O 为整星质心,O_R 为转子质心,O_P 为平台质心。$Oxyz$、$O_Rx_Ry_Rz_R$、$O_Px_Py_Pz_P$ 分别为星体坐标系、转子坐标系和平台坐标系,$\boldsymbol{I}=\mathrm{diag}(I_x,I_y,I_z)$ 为整星的转动惯量,$\boldsymbol{J}_R=\mathrm{diag}(J_{Rx},J_{Ry},J_{Rz})$,$\boldsymbol{J}_P=\mathrm{diag}(J_{Px},J_{Py},J_{Pz})$ 分别为转子和平台绕自身坐标轴的转动惯量,且 $J_{Rx}=J_{Ry}=J_{RT}$,$J_{Px}=J_{Py}=J_{PT}$;$\boldsymbol{\omega}$,$\boldsymbol{\omega}_R$ 和$\boldsymbol{\omega}_P$ 分别为星体、转子和平台相对于惯性空间的角速度,$\boldsymbol{\omega}_{PR}=(0,0,\Omega)^{\mathrm{T}}$ 为转子相对于平台的角速度。则有

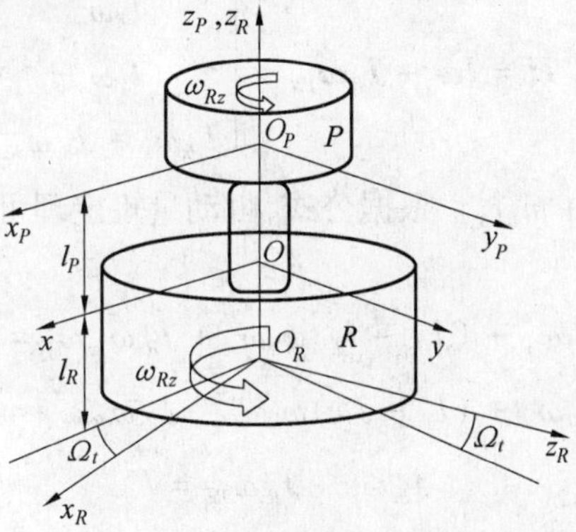

图5.6　双自旋卫星结构图

$$\boldsymbol{\omega}=\boldsymbol{\omega}_R+\boldsymbol{\omega}_P,\boldsymbol{\omega}_{PR}=\boldsymbol{\omega}_R-\boldsymbol{\omega}_P \tag{5.35}$$

式中

$$\boldsymbol{\omega}=(\omega_x,\omega_y,\omega_z)^{\mathrm{T}}$$
$$\boldsymbol{\omega}_R=(\omega_{Rx},\omega_{Ry},\omega_{Rz})^{\mathrm{T}}$$
$$\boldsymbol{\omega}_P=(\omega_{Px},\omega_{Py},\omega_{Pz})^{\mathrm{T}}$$

由图5.6可知,平台与转子角速度的转换关系为

$$\boldsymbol{\omega}_P = \boldsymbol{A}_{PR}\,\boldsymbol{\omega}_R,\quad \boldsymbol{A}_{PR} = \begin{bmatrix} \cos\Omega t & \sin\Omega t & 0 \\ -\sin\Omega t & \cos\Omega t & 0 \\ 0 & 0 & 1 \end{bmatrix} \tag{5.36}$$

若将星体坐标系固连于平台坐标系,则系统角速度为

$$\boldsymbol{\omega} = \boldsymbol{\omega}_P = (\boldsymbol{\omega}_R - \boldsymbol{\omega}_{PR})_P = \boldsymbol{A}_{PR}\,\boldsymbol{\omega}_R - [0\quad 0\quad \Omega]^{\mathrm{T}} \tag{5.37}$$

将式(5.37)展开,得到

$$\begin{bmatrix} \omega_x \\ \omega_y \\ \omega_z \end{bmatrix} = \begin{bmatrix} \omega_{Rx}\cos\Omega t + \omega_{Ry}\sin\Omega t \\ -\omega_{Rx}\sin\Omega t + \omega_{Ry}\cos\Omega t \\ \omega_{Rz} - \Omega \end{bmatrix} \tag{5.38}$$

另外,根据图 5.6,系统惯量特性可表示为

$$\boldsymbol{I} = (\boldsymbol{J}_P + \boldsymbol{J}_R)_P = \boldsymbol{J}_P + \boldsymbol{A}_{PR}\,\boldsymbol{J}_P\,\boldsymbol{A}_{PR}^{\mathrm{T}} + m_P l_P^2 \boldsymbol{E}' + m_R l_R^2 \boldsymbol{E}' \tag{5.39}$$

式中,m_P,m_R 为平台和转子的质量;$\boldsymbol{E}' = \mathrm{diag}(1,1,0)$。将式(5.39)展开,整理可得

$$\begin{bmatrix} I_x \\ I_y \\ I_z \end{bmatrix} = \begin{bmatrix} J_{PT} + J_{RT} + m_P l_P^2 + m_R l_R^2 & 0 & 0 \\ 0 & J_{PT} + J_{RT} + m_P l_P^2 + m_R l_R^2 & 0 \\ 0 & 0 & J_{Pz} + J_{Rz} \end{bmatrix} \tag{5.40}$$

对于轴对称双自旋航天器,其在惯性空间的角动量为

$$\boldsymbol{H} = \boldsymbol{I}\boldsymbol{\omega} + \boldsymbol{J}_R \boldsymbol{\omega}_{PR} = \begin{bmatrix} I_T\omega_x \\ I_T\omega_y \\ I_{Pz}\omega_z + J_{Rz}\omega_{Rz} \end{bmatrix} \tag{5.41}$$

式中,$I_T = J_{PT} + J_{RT} + m_P l_P^2 + m_R l_R^2$。根据公式,由动量矩定理可获得轴对称双自旋体航天器的姿态动力学方程为

$$\left.\begin{aligned} I_T\dot{\omega}_x + (J_{Pz} - I_T)\omega_y\omega_z + J_{Rz}\omega_{Rz}\omega_y &= T_x \\ I_T\dot{\omega}_y + (I_T - J_{Pz})\omega_z\omega_x - J_{Rz}\omega_{Rz}\omega_x &= T_y \\ J_{Pz}\dot{\omega}_z + J_{Rz}\dot{\omega}_{Rz} &= T_x \end{aligned}\right\} \tag{5.42}$$

设平台的消旋电机驱动力矩与轴承摩擦力矩保持平衡,在不计轴承的摩擦作用和外力矩为零时,平台绕旋转轴的角速度 ω_z 和转子相对于平台的角速度 Ω 均为常值。这时,式(5.42)变为

$$\begin{aligned} I_T\dot{\omega}_x + [(J_{Pz} - I_T)\omega_z + J_{Rz}\omega_{Rz}]\omega_y &= 0 \\ I_T\dot{\omega}_y - [(J_{Pz} - I_T)\omega_z + J_{Rz}\omega_{Rz}]\omega_x &= 0 \end{aligned} \tag{5.43}$$

设 $A = (J_{Pz} - I_T)\omega_z + J_{Rz}\omega_{Rz}$,对式(5.43)第一式相对时间求导,并代入其第二式,则有

$$\ddot{\omega}_x + \left(\frac{A}{I_T}\right)^2 \omega_x = 0 \tag{5.44}$$

由式(5.44)可见,系统特征频率即双自旋航天器消旋平台横向角速度的自由进动圆频率为

$$\Omega_P = \frac{A}{I_T} = \frac{(J_{Pz} - I_T)\omega_z + J_{Rz}\omega_{Rz}}{I_T} \tag{5.45}$$

显然,对小章动角 θ,双自旋航天器的空间自由进动频率为

$$\omega_n = \Omega_P + \omega_z = \frac{J_{Pz}\omega_z + J_{Rz}\omega_{Rz}}{I_T} \tag{5.46}$$

对式(5.43)求解,可得在星体坐标系中双自旋卫星(或平台)的角速度为

$$\boldsymbol{\omega} = \begin{bmatrix} \omega_x \\ \omega_y \\ \omega_z \end{bmatrix} = \begin{bmatrix} \omega_T\cos(\Omega_P t + \varphi_0) \\ \omega_T\sin(\Omega_P t + \varphi_0) \\ \omega_z \end{bmatrix} \tag{5.47}$$

式中,$\omega_T^2 = \omega_x^2 + \omega_y^2$ 为星体横向角速率;φ_0 取决于初始条件。当平台处于消旋状态时,$\omega_z = 0$,则 $\omega_n = \Omega_P$,且平台的章动角速度始终与转子的自旋方向相同。

2. 双自旋航天器的姿态稳定性

双自旋卫星与自旋体相同,在轨运行期间由于星内存在能量耗散会在一定条件下具有章动不稳定性,因此必须采取章动阻尼和控制。由图 5.6 可知,双自旋体的角动量由平台和转子的角动量组成,其旋转动能和角动量分别为

$$\left.\begin{aligned} 2T_E &= I_T\omega_T^2 + J_{Pz}\omega_z^2 + J_{Rz}\omega_{Rz}^2 \\ H^2 &= (J_{Pz}\omega_z + J_{Rz}\omega_{Rz})^2 + (I_T\omega_T)^2 \end{aligned}\right\} \tag{5.48}$$

在无外力矩作用时,根据角动量守恒,对角动量式求导可得

$$2H\dot{H} = 2(J_{Pz}\omega_z + J_{Rz}\omega_{Rz})(J_{Pz}\dot{\omega}_z + J_{Rz}\dot{\omega}_{Rz}) + 2I_T^2\omega_T\dot{\omega}_T = 0$$

因此

$$I_T\omega_T\dot{\omega}_T = -\frac{J_{Pz}\omega_z + J_{Rz}\omega_{Rz}}{I_T}(J_{Pz}\dot{\omega}_z + J_{Rz}\dot{\omega}_{Rz}) = -\omega_n(J_{Pz}\dot{\omega}_z + J_{Rz}\dot{\omega}_{Rz}) \tag{5.49}$$

对动能 T_E 求导,有

$$\dot{T}_E = I_T\omega_T\dot{\omega}_T + J_{Pz}\omega_z\dot{\omega}_z + J_{Rz}\omega_{Rz}\dot{\omega}_{Rz} \tag{5.50}$$

将式(5.49)代入式(5.50),得

$$\dot{T}_E = \dot{T}_{EP} + \dot{T}_{ER} = -J_{Pz}(\omega_n - \omega_z)\dot{\omega}_z - J_{Rz}(\omega_n - \omega_{Rz})\dot{\omega}_{Rz} \tag{5.51}$$

式中,$\dot{T}_{EP}$,$\dot{T}_{ER}$ 分别为平台和转子的能量耗散速率。对小章动角,利用

$$\Omega_P = \omega_n - \omega_z, \quad \Omega_R = \omega_n - \omega_{Rz}$$

则有

$$\dot{T}_{EP} = -\Omega_P J_{Pz}\dot{\omega}_z, \quad \dot{T}_{ER} = -\Omega_R J_{Rz}\dot{\omega}_{Rz} \tag{5.52}$$

将式(5.52) 代入式(5.49) 中,得

$$I_T\omega_T\dot{\omega}_T = \omega_n\left(\frac{\dot{T}_{EP}}{\Omega_P} + \frac{\dot{T}_{ER}}{\Omega_R}\right) \tag{5.53}$$

同单自旋卫星一样,双自旋卫星的章动角 θ 定义如下

$$\sin\theta = \frac{I_T\omega_T}{H} \tag{5.54}$$

对式(5.54) 求导,得

$$\dot{\theta}\cos\theta = \frac{I_T\dot{\omega}_T}{H} \tag{5.55}$$

联立式(5.53)、式(5.54)、式(5.55) 可导出

$$\dot{\theta} = \frac{I_T^2\dot{\omega}_T\omega_T}{H^2\sin\theta\cos\theta} = \frac{2I_T^2}{H^2\sin 2\theta}\omega_n\left(\frac{\dot{T}_{EP}}{\Omega_P} + \frac{\dot{T}_{ER}}{\Omega_R}\right) \tag{5.56}$$

由于星体的章动稳定性要求 $\dot{\theta} < 0$,显然由式(5.56) 即可得到章动稳定性条件为

$$\frac{\dot{T}_{EP}}{\Omega_P} + \frac{\dot{T}_{ER}}{\Omega_R} < 0 \tag{5.57}$$

在能量耗散过程中,$\dot{T}_{EP}$,$\dot{T}_{ER}$ 总是负值。当消旋平台使天线对地定向时,有 $\omega_z = \omega_0$,ω_0 为圆轨道的轨道角速率,显然$J_{Rz}\omega_{Rz} >> J_{Pz}\omega_z$,于是有

$$\Omega_P = \omega_n - \omega_z \approx \frac{J_{Rz}}{I_T}\omega_{Rz} - \omega_z \approx \frac{J_{Rz}}{I_T}\omega_{Rz} \tag{5.58}$$

同理可得

$$\Omega_R = \omega_n - \omega_{Rz} \approx \frac{J_{Rz}\omega_z + J_{Rz}\omega_{Rz}}{I_T} - \omega_{Rz} \approx \left(\frac{J_{Rz}}{I_T} - 1\right)\omega_{Rz} \tag{5.59}$$

将 Ω_P,Ω_R 的约式代入式(5.57),则双自旋卫星的稳定性条件可写为

$$\frac{\dot{T}_{EP}}{\Omega_P} + \frac{\dot{T}_{ER}}{\Omega_R} = \frac{1}{\omega_{Rz}}\left(\frac{\dot{T}_{EP}I_T}{J_{Rz}} + \frac{\dot{T}_{ER}I_T}{J_{Rz} - I_T}\right) < 0 \tag{5.60}$$

根据上面得出的稳定性条件,下面需要就两种具体情况进行讨论:

(1) 当$J_{Rz} > I_T$时,星体为短粗型,式(5.60) 总是满足的,即卫星总是稳定的。卫星部件的能量耗散对星体的章动运动起稳定作用,这意味着被动章动阻尼器可以安放在星体内部的任何地方。

(2) 当$J_{Rz} < I_T$时,星体为细长型,式(5.60) 中右边第二项为正值。由此可知,转子中存在地能量耗散会导致卫星的章动不稳定,而平台中存在地能量耗散则对星体的章动运动起到稳定作用。可见能量耗散必须存在平台中,这是双自旋卫星与单自旋卫星最重要的一个区别。将式(5.60) 作进一步变换,可得如下关系

$$|\dot{T}_{EP}| > \left|\frac{\dot{T}_{ER}J_{Rz}}{J_{Rz} - I_T}\right| = |\dot{T}_{ER}B|,\quad B = \frac{J_{Rz}}{J_{Rz} - I_T} \tag{5.61}$$

式(5.61)表明，为了稳定星体的章动运动，在平台上安装的被动阻尼器的耗散能力必须满足式(5.61)中所描述的平台与转子中的能量耗散关系，如果$|T_{EP}| < |T_{ER}B|$，则必须辅以主动章动控制。

5.2.4　自旋航天器的主动控制

自旋航天器主动控制包括转速控制、进动控制和章动控制。本小节仅从工程应用角度对其主动控制过程的动力学问题作一简要介绍。

1. 自旋航天器的转速控制

(1) 自旋航天器的起旋。

自旋航天器的起旋、加旋和消旋一般是由转速推力器完成的。通常，推力器是安装在自旋体外壳的腰带上，标称推力矢量应垂直于自旋轴方向。设$\boldsymbol{F}$为推力器推力，自旋体半径$\boldsymbol{R}$为$\boldsymbol{F}$的力臂，$\boldsymbol{F}$与z_b的不垂直度用小安装角α表示，总喷气时间为Δt，则有

$$\boldsymbol{I}\Delta\boldsymbol{\omega} = \boldsymbol{R}\times\boldsymbol{F}\Delta t,\quad \boldsymbol{I}\Delta\boldsymbol{\omega} = \tilde{\boldsymbol{R}}\boldsymbol{F}\Delta t \tag{5.62}$$

式中

$$\boldsymbol{I} = \mathrm{diag}(I_T, I_T, I_z)$$
$$\Delta\boldsymbol{\omega} = (\Delta\omega_x, \Delta\omega_y, \Delta\omega_z)^{\mathrm{T}}$$
$$\boldsymbol{R} = (R, 0, 0)^{\mathrm{T}}$$
$$\boldsymbol{F} = (0, F\Delta t, F\Delta t\sin\alpha)^{\mathrm{T}} = (0, F\Delta t, F\Delta t\alpha)^{\mathrm{T}}$$

则式(5.62)展开式为

$$I_z\Delta\omega_z = RF\Delta t,\quad I_T\Delta\omega_T = -RF\Delta t\alpha \tag{5.63}$$

由式(5.63)第一式可得

$$\Delta\omega_z = \frac{RF\Delta t}{I_z},\quad \Delta t = \frac{I_z\Delta\omega_z}{RF},\quad F = \frac{I_z\Delta\omega_z}{R\Delta t} \tag{5.64}$$

由式(5.63)和章动角定义得

$$\tan\theta = \frac{I_T\Delta\omega_T}{I_z\Delta\omega_z} = -\tan\alpha,\quad \theta = -\alpha \tag{5.65}$$

可见，推力器相对纵横不垂直角就等于章动角。因此，必须对安装角α进行严格限制。

(2) 自旋航天器的消旋。

对于采用固体末级火箭的自旋航天器，卫星起旋是由运载火箭完成的。火箭为提高入轨

精度，其转速一般要高达每分钟100多转，这对应用卫星来说，其转速太高，因此卫星入轨后按要求必须进行减速或消旋。这类消旋通常采用哟－哟机构完成，如图5.7所示。

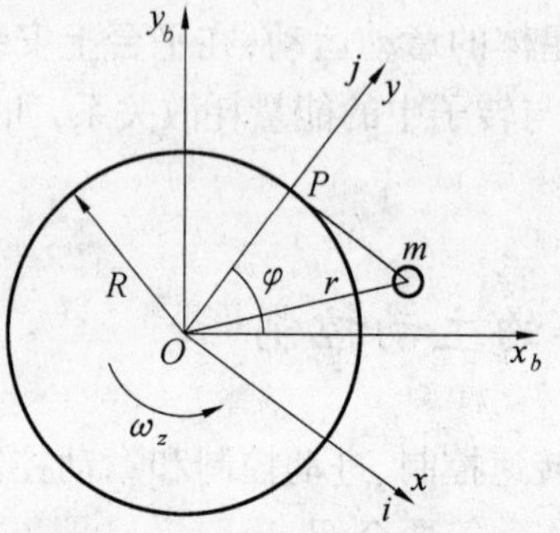

图5.7 哟－哟机构消旋

设动坐标系 $O-xyz$ 相对 $\{b\}$ 系旋转过程中其 y 轴总是通过绳索与旋转柱体的切点 P，初始时 m 在 x 轴柱面处锁定，卫星初始自旋速度为 ω_{z0}。解锁后，m 在离心力和牵连惯性力作用下要展开，并由绳索拉力相平衡。于是有绳索展开长度为 $l(t)=R\varphi$，m 相对 $\{i\}$ 系角速度为

$$\boldsymbol{\omega}_m=\boldsymbol{\omega}_z+\dot{\boldsymbol{\varphi}},\boldsymbol{r}(t)=\boldsymbol{R}+\boldsymbol{l}(t)$$

则 m 运动速度为

$$\boldsymbol{v}_m=\dot{\boldsymbol{r}}+\boldsymbol{\omega}_m\times\boldsymbol{r},\quad \boldsymbol{v}_m=\dot{\boldsymbol{r}}+\tilde{\boldsymbol{\omega}}_m\boldsymbol{r} \tag{5.66}$$

式中

$$\boldsymbol{r}=(R\varphi,R,0)^{\mathrm{T}}$$
$$\dot{\boldsymbol{r}}=(R\dot{\varphi},0,0)^{\mathrm{T}}$$
$$\boldsymbol{\omega}_m=(0,0,\omega_z+\dot{\varphi})^{\mathrm{T}}$$

则 $\boldsymbol{v}_m$ 表达式为

$$\boldsymbol{v}_m=-R\omega_z\boldsymbol{i}+R\varphi(\omega_z+\varphi)\boldsymbol{j} \tag{5.67}$$

于是可求出系统动能和角动量表达式分别为

$$T=\frac{1}{2}I_z\omega_z^2+\frac{1}{2}mR^2[\omega_z^2+\varphi^2(\omega_z+\dot{\varphi})^2] \tag{5.68}$$

$$H=I_z\omega_z+mR^2[\omega_z+\varphi^2(\omega_z+\dot{\varphi})] \tag{5.69}$$

已知初始动能和角动量分别为

$$T=\frac{1}{2}(I_z+mR^2)\omega_{z0}^2 \tag{5.70}$$

$$\boldsymbol{H}=(I_z+mR^2)\boldsymbol{\omega}_{z0} \tag{5.71}$$

根据动能和角动量的守恒原理，由式(5.70)、式(5.71)可获得如下表达式

$$K(\omega_{z0}^2-\omega_z^2)=\varphi^2(\omega_z+\dot{\varphi})^2 \tag{5.72}$$

$$K(\omega_{z0}-\omega_z)=\varphi^2(\omega_z+\dot{\varphi}) \tag{5.73}$$

式中

$$K = \frac{I_z}{mR^2} + 1$$

由式(5.72)和式(5.73)不难得到

$$\omega_z + \omega_{z0} = \omega_z + \dot{\varphi} \tag{5.74}$$

即有

$$\dot{\varphi} = \omega_{z0}, \quad \varphi = \omega_{z0} t \tag{5.75}$$

将式(5.75)代入式(5.73),则可得到任意时刻的自旋角速度为

$$\omega_z = \omega_{z0}\left(\frac{K - \varphi^2}{K + \varphi^2}\right) = \omega_{z0}\left(\frac{K - \omega_{z0}^2 t^2}{K + \omega_{z0}^2 t^2}\right) \tag{5.76}$$

如果绳长选为 L,即有 φ 的终值为 $\varphi_e = \dfrac{L}{R}$,于是式(5.76)变为

$$\omega_{ze} = \omega_{z0}\left(\frac{K - \varphi_e^2}{K + \varphi_e^2}\right) = \omega_{z0}\left(\frac{KR^2 - L^2}{KR^2 + L^2}\right) \tag{5.77}$$

根据消旋要求的 ω_z,则由式(5.77)可求得绳索长度为

$$L = R\sqrt{K\frac{\omega_{z0} - \omega_{ze}}{\omega_{z0} + \omega_{ze}}} \tag{5.78}$$

当要求最终转速 $\omega_{z0} = 0$ 时,则绳索长度表达式为

$$L = R\sqrt{K} = \sqrt{R^2 + \frac{I_z}{m}} \tag{5.79}$$

对于对称体,通常将两根等长绳索对称缠绕,绳端重物的质量均为 $m/2$。

2. 自旋航天器的进动控制

图5.8给出了进动控制示意图,不失一般性将坐标系从卫星质心移到顶部。$\{i\}$ 系是相对太阳建立的惯性基准。F 为每次喷气在平均方向上作用的推力,φ 为每次喷气扇形角,$M_T = R \times F$ 为每次喷气平均在 x_i 方向产生的进动控制力矩,$\dot{\psi}$ 为每次喷气平均在 y_i 方向产生的进动角速度,$\Delta\psi$ 为每次喷气 H 相对 z_i 向 x_i 方向进动的角度。

下面给出自旋轴进动控制的简化动力学分析。从图5.8可知,自旋航天器在进动力矩 T 的作用下,其相对惯性系的欧拉运动方程可写为

$$\dot{H} + \dot{\psi} \times H = M_T \tag{5.80}$$

由于 $\dot{\psi} \perp H$,当自旋角速度 $\omega_z = \text{const}$ 时,$H = I_z\omega_z = \text{const}$,每次喷气时间为 Δt,恒定的相位角为 φ,则每次喷气自旋轴的进动角可近似表示为

$$\Delta\psi = \frac{T\Delta t}{H} = \frac{\Delta H}{H} \tag{5.81}$$

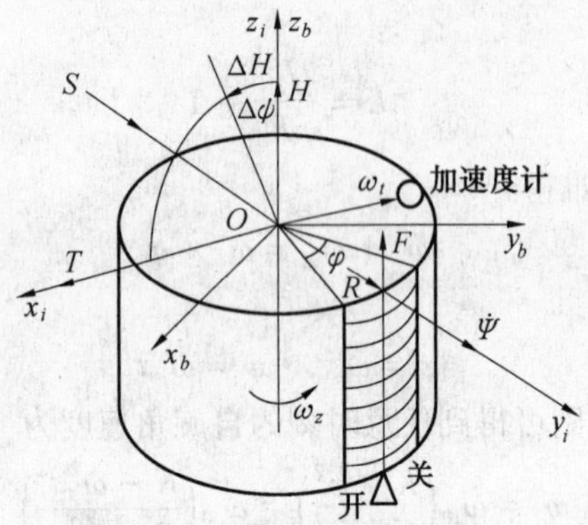

图 5.8　自旋卫星进动控制

式中，M_T 为一次喷气获得的平均进动控制力矩。则有

$$\Delta H = \int_{-\frac{\Delta t}{2}}^{\frac{\Delta t}{2}} M_T \cos \omega_z t \mathrm{d}t = T\Delta t \frac{\sin(\varphi/2)}{\varphi/2} \tag{5.82}$$

其中，$\varphi = \omega_z \Delta t, \Delta t = \varphi/\omega_z$ 于是式(5.81)变为

$$\Delta\psi = \frac{M_T \sin(\varphi/2)}{H(\varphi/2)}\Delta t, \quad \dot{\psi} = \frac{\Delta\psi}{\Delta t} = \frac{M_T \sin(\varphi/2)}{H(\varphi/2)} \tag{5.83}$$

应该注意，每次喷气产生的横向控制力矩使卫星角动量进动 $\Delta\psi$，同时会产生横向运动，使卫星脱离自旋状态，再通过章动控制使自旋轴跟随新的角动量方向。由于采用多脉冲、小冲量喷气控制，而且在相位上进动控制与章动控制并不同步，因此进动过程仅伴随小角章动。

3. 自旋航天器的章动控制

对于由末级火箭起旋的自旋航天器，在星箭未分离前星箭组合体是绕最小惯量轴自旋的，另外，双自旋卫星经常设计成细长型($\mu < 1$)，对这类自旋航天器，在章动力作用下会产生能量消散，因此其章动是不稳定的，当章动发散较快时，必须进行主动章动控制。

对于细长型双自旋卫星，其纵横惯量比有时远小于1，对于星箭组合体其 μ 值会更小，这时星体的能量消耗将使其章动运动发散较快。假设星上某位置的矢径为 r，则章动引起的离心惯性力在该位置上的章动加速度矢量可以写为

$$\boldsymbol{a}_n = \boldsymbol{\omega} \times (\boldsymbol{\omega} \times \boldsymbol{r}) + \dot{\boldsymbol{\omega}} \times \boldsymbol{r}, \quad \boldsymbol{a}_n = \tilde{\boldsymbol{\omega}}(\tilde{\boldsymbol{\omega}}\boldsymbol{r}) - \tilde{\boldsymbol{r}}\dot{\boldsymbol{\omega}} \tag{5.84}$$

式中

$$\boldsymbol{r} = (x, 0, z)^{\mathrm{T}}$$
$$\boldsymbol{\omega} = (\omega_x, \omega_y, \omega_z)^{\mathrm{T}}$$

根据式(5.25)将式(5.84)展开，则可求出占主导地位的章动加速度表达式为

$$\boldsymbol{a}_{nz} \approx \mu x \omega_z^2 \sin\theta \cos\theta \sin\varphi \boldsymbol{k} \approx \mu x \omega_z^2 \theta \sin \Omega_n t \boldsymbol{k} \tag{5.85}$$

从式(5.85)可见,作用在星体上的章动加速度是以本体进动圆频率 $\Omega_n=\dot{\varphi}$ 而随时间周期性变化,并与章动角 θ 近似成正比。因此,主动章动控制必须采用沿卫星纵轴安装的章动加速度计,以测出章动运动参数,主要有章动角和横向角速度及其喷气相位角。如图5.9所示,章动控制仍采用轴向推力器,在每个章动周期内喷气一次,喷气相位应使其每次产生的横向控制力矩冲量与章动运动的方向相反,即每次章动控制产生的横向角速度应与引起星体章动的横向角速度反向。

(1) 主动章动控制。

星上自主章动控制包括三部分:进行章动测量的加速度计;主动章动控制线路;推力器。其原理图见图5.9。

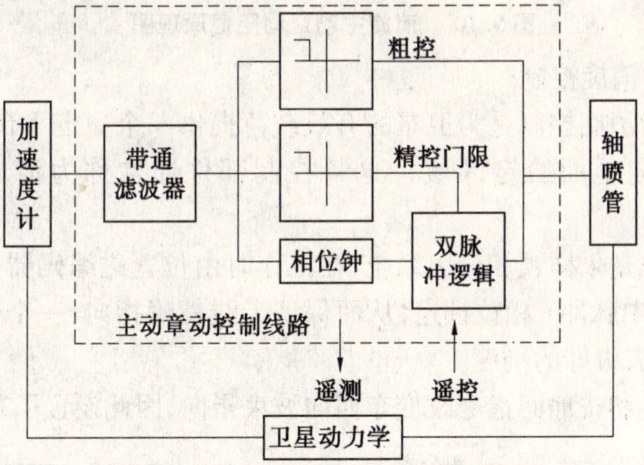

图5.9 主动章控结构原理图

星载推力器的控制力矩方向相对于星体不变,故应在 ω_t 转到与控制力矩方向相反时使推力器脉冲式喷气,以减小卫星横向角速度 ω_t。显然,在每一章动周期中,一个推力器只工作一次,其工作时间可由敏感加速度计信号的相位确定。

(2) 章动阻尼控制。

① 被动章动阻尼。在消旋平台上安装章动阻尼器。一般采用涡流摆无源阻尼器,它是一种能耗装置,由于推进剂晃动和结构振动引起的章动发散而被这种阻尼器耗掉一定能量而达到稳定。

② 消旋主动章动阻尼。消旋主动章动阻尼的特点是设计消旋平台具有一定的惯性积,导致自旋轴与横向轴之间的控制存在动力学上的耦合作用,敏感章动的线加速度计给出章动信号,经频率变换,转变为平台章动频率的信号,反馈到平台消旋回路中,最后由消旋电机兼作章动控制。其原理见图5.10。

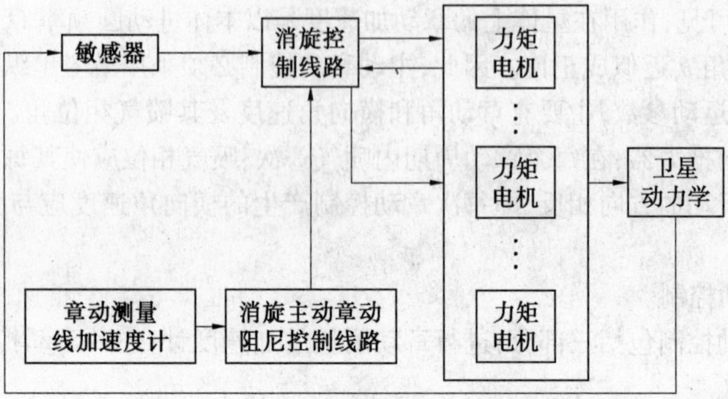

图 5.10 消旋主动章动阻尼原理图

(3) 双自旋卫星的消旋控制。

一般双自旋卫星的消旋控制是为卫星的有效载荷提供一个稳定平台,并根据自旋轴的姿态控制使定向天线指向地面给定区域。这一控制部件通常称为消旋平台控制系统(图5.11)。

消旋平台控制系统是采样锁相伺服系统,在工作时由位置磁编码器产生的天线位置脉冲与某一基准(一般为地中脉冲)相位锁定,从而保证天线精确指向,一个速度磁编码器提供测速反馈,保证伺服系统有极好的刚度。

为了消除系统误差和按地面指令改变东西向波束指向,因此设置了东西向校正线路。

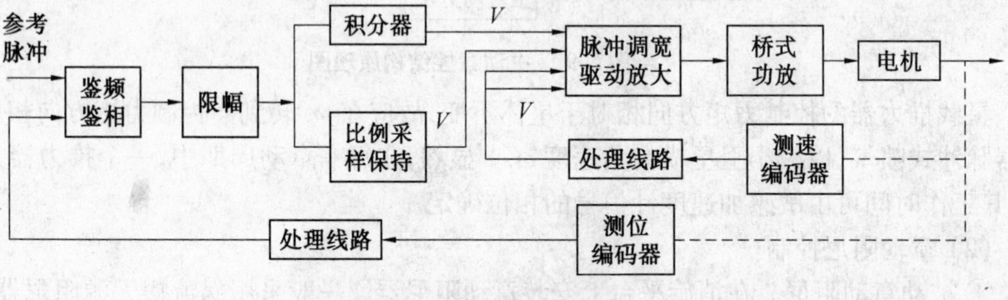

图 5.11 消旋控制系统框图

5.3 三轴稳定航天器

三轴姿态控制技术在现代应用卫星和载人航天器上已经得到飞速发展和广泛应用。对于刚体或准刚体三轴稳定航天器,航天器主要是由其惯量特性或质量分布决定的,这同多体、柔性、充液航天器主要是由其总体方案、全星构形、安装布局、质量特性、材料特性及其结构振动、多体运动和液体晃动等决定的动力学特性相比,是比较简单的。但是,三轴稳定刚体航天器的姿态动力学也是比较复杂的,其复杂性主要表现在姿态动力学与姿态控制执行机构的类型、方案及其控制规律等方面的关系比较密切。比如,采用喷气执行机构进行三轴稳定,其姿态动力学方程就是经典的欧拉动力学方程和运动学方程;但是,当航天器采用动量交换装置作为主要姿态控制执行机构时,喷气执行机构也是缺不了的,它不但要用于姿态捕获、大姿态角机动和全星主控执行机构备份,有时还要参与动量交换装置卸载,这时喷气控制姿态动力学就与动量交换装置的类型、方案及其控制规律密切相关。

本节仅针对采用动量交换装置控制的三轴稳定航天器姿态动力学问题建立其通用动力学模型,主要包括偏置动量控制、零动量控制、单框架力矩陀螺控制和双框架力矩陀螺控制等姿态动力学问题,这也是现代航天器设计从动力学与控制角度最受关注的问题。

5.3.1　姿态控制器

1. 反作用动量轮

三轴稳定空间飞行器的控制执行机构,主要是反作用推力器和动量轮。动量轮是一个在电机驱动下高速转动的转子,当驱动电机以一定力矩让转子加速(或减速)时,作用在定子上的反作用力矩,让飞行器沿转子加速度相反方向运动。由于这种工作原理,动量轮又称为反作用飞轮,如图5.12所示。对于飞轮控制系统,通常采用偏置动量和零动量两种控制方式。

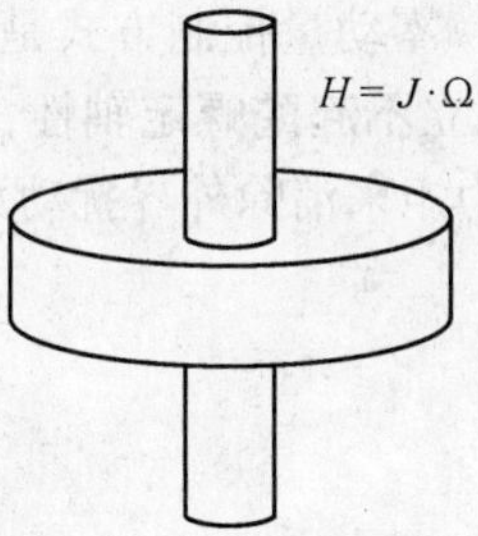

图5.12　反作用飞轮

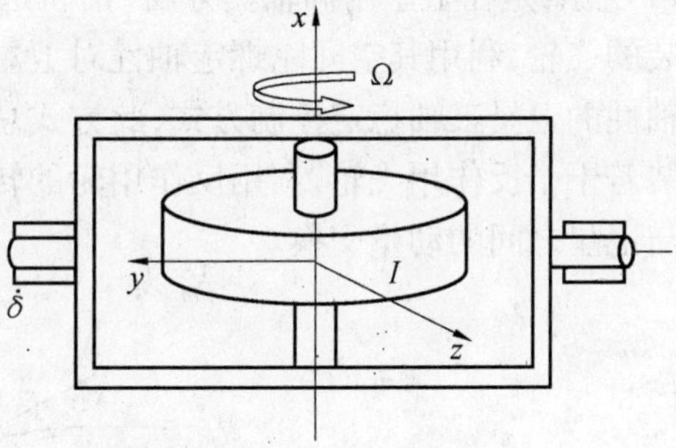

图5.13　陀螺力矩器

2. 力矩陀螺

还有一种动量轮,通过改变自旋轴的方向形成陀螺力矩,让陀螺力矩控制飞行器的姿态,这种动量轮又被称为陀螺力矩器或控制力矩陀螺,见图5.13。其中,动量矩为

$$H = I \cdot \Omega$$

控制力矩为

$$Mz = \dot{\boldsymbol{\delta}} x H$$

5.3.2 飞轮控制姿态动力学方程

对于飞轮控制的三轴稳定航天器，通过动量交换方式（调节飞轮转速）来实现对卫星姿态的控制。

设星体系为主轴系，当地轨道坐标系为姿态运动参考基准，则星体的总角动量矢量为

$$\boldsymbol{H} = \boldsymbol{I}\boldsymbol{\omega} + \boldsymbol{h} \tag{5.86}$$

由动量矩定理，可得其欧拉姿态动力学方程的矩阵式为

$$\boldsymbol{I}\dot{\boldsymbol{\omega}} + \tilde{\boldsymbol{\omega}}(\boldsymbol{I}\boldsymbol{\omega} + \boldsymbol{h}) = -\dot{\boldsymbol{h}} + \boldsymbol{M} \tag{5.87}$$

式中，$\boldsymbol{I} = \mathrm{diag}(I_x, I_y, I_z)$，$\boldsymbol{\omega} = (\omega_x, \omega_y, \omega_z)^{\mathrm{T}}$，$\boldsymbol{M} = (M_x, M_y, M_z)^{\mathrm{T}}$，$\boldsymbol{h} = (h_x, h_y, h_z)^{\mathrm{T}}$ 为飞轮相对星体坐标系的角动量，$\tilde{\boldsymbol{\omega}}$ 为 $\boldsymbol{\omega}$ 的反对称矩阵。则采用飞轮控制的航天器姿态动力学方程在星体坐标系中的分量表达式为

$$\left.\begin{aligned}
I_x\dot{\omega}_x + (I_z - I_y)\omega_y\omega_z - h_y\omega_z + h_z\omega_y &= -\dot{h}_x + M_x \\
I_y\dot{\omega}_y + (I_x - I_z)\omega_x\omega_z + h_x\omega_z - h_z\omega_x &= -\dot{h}_y + M_y \\
I_z\dot{\omega}_z + (I_y - I_x)\omega_x\omega_y - h_x\omega_y + h_y\omega_x &= -\dot{h}_z + M_z
\end{aligned}\right\} \tag{5.88}$$

对于飞轮控制系统，通常采用偏置动量和零动量两种控制方式。偏置动量控制方式如图 5.14 所示，是在卫星俯仰轴负方向（沿轨道法线方向）安装一个高速旋转的飞轮或两个“V”形安装的飞轮，利用其空间陀螺定轴性对卫星进行姿态稳定。零动量控制方式是指不具有陀螺定轴性的卫星三轴稳定控制方式，此方式总角动量很小，建立不起陀螺定轴性，一般是在星上安装若干个反作用飞轮，利用反作用轮的转速产生的控制力矩来消除外界扰动力矩，以实现飞轮与卫星之间的动量交换。

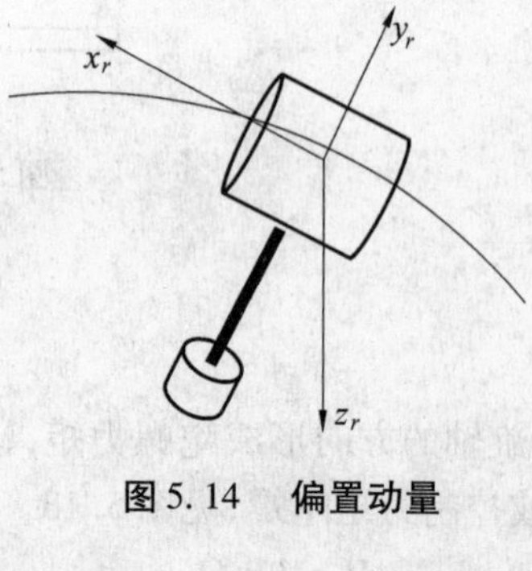

图 5.14 偏置动量

1. 偏置动量控制姿态动力学方程

对于偏置动量控制的卫星系统，通常采用俯仰轴动量飞轮使卫星系统在俯仰方向始终存在一偏置动量，且有 $|h_y| \gg 0, h_x = 0, h_z = 0$，则式(5.88)可写为

$$\left.\begin{aligned} I_x\dot{\omega}_x + (I_z - I_y)\omega_y\omega_z - h_y\omega_z = M_x \\ I_y\dot{\omega}_y + (I_x - I_z)\omega_x\omega_z = -\dot{h}_y + M_y \\ I_z\dot{\omega}_z + (I_y - I_x)\omega_x\omega_y + h_y\omega_x = M_z \end{aligned}\right\} \tag{5.89}$$

由式(5.89)可知，对偏置动量稳定，俯仰运动与滚动－偏航运动是解耦的。通过飞轮角动量交换便可实现对俯仰运动的控制，滚动－偏航的耦合运动则利用俯仰偏置角动量的陀螺定轴性效应和“惠康”原理进行控制。

在三轴姿态稳定控制中，姿态角均可视为小量，将式(5.8)代入式(5.4)，则可得到由姿态角表示的偏置动量控制姿态动力学方程为

$$\left.\begin{aligned} I_x\ddot{\varphi} + [(I_y - I_z)\omega_0^2 - \omega_0 h_y]\varphi + [(I_y - I_z - I_x)\omega_0 - h_y]\dot{\psi} = M_x \\ I_y\ddot{\theta} = -\dot{h}_y + M_y \\ I_z\ddot{\psi} + [(I_y - I_x)\omega_0^2 - \omega_0 h_y]\psi - [(I_y - I_z - I_x)\omega_0 - h_y]\dot{\varphi} = M_z \end{aligned}\right\} \tag{5.90}$$

在式(5.90)中，将滚动、偏航姿态运动方程写成如下的传递函数形式

$$\begin{bmatrix} I_x s^2 + \omega_0[(I_y - I_z)\omega_0 - h_y] & [(I_y - I_x)\omega_0 - h_y - I_z\omega_0]s \\ -[(I_y - I_z)\omega_0 - h_y - I_x\omega_0]s & I_z s^2 + \omega_0[(I_y - I_x)\omega_0 - h_y] \end{bmatrix} \begin{bmatrix} \varphi(s) \\ \psi(s) \end{bmatrix} = \begin{bmatrix} M_x \\ M_z \end{bmatrix} \tag{5.91}$$

则卫星滚动－偏航姿态运动的特征方程式为

$$I_x I_z(s^2 + \omega_0^2)(s^2 + \omega_n^2) = 0 \tag{5.92}$$

式中

$$\omega_n^2 = \frac{1}{I_x I_z}[\omega_0(I_y - I_z) - h_y][\omega_0(I_y - I_x) - h_y]$$

式(5.92)表明，对于偏置动量稳定方式，卫星滚动－偏航姿态耦合运动包括两种周期运动：一种是长周期运动，这是通过轨道运动角速度产生的姿态耦合运动，其角频率为 ω_0；另一种是短周期运动，这是由偏置角动量和星体惯量导致的章动运动，其角频率为 ω_n。由于陀螺的空间定轴性，偏航(滚动)误差经过1/4周期轨道运动耦合成滚动(偏航)误差，因此，可以采用“惠康”原理间接地通过控制滚动误差来消除偏航误差，从而可以省略偏航敏感器，这是偏置动量稳定系统的显著特点。

所谓偏置动量系统由双自旋卫星的稳定概念引申而来。将旋转体从整星演变缩小成一个旋转飞轮，而将定向不动部分的消旋平台扩大到整个星体，储存在高速旋转飞轮中的角动量，同样使卫星具有陀螺定轴性，从而保持姿态的稳定性，最常用的也是最简单的偏置动量系统是

飞轮提供的偏置角动量设置在卫星俯仰轴的负方向，用以稳定俯仰轴，滚动和偏航依靠动量轮陀螺效应进行被动稳定，由于外扰动引起的俯仰偏置通过俯仰通道控制系统来消除（即在飞轮偏置值附近改变角动量 $\pm\Delta H_r$），另外在星上装备两对喷管，一对在俯仰轴为动量轮卸载，另一斜装喷管对滚动和偏航姿态偏差进行控制，这种系统又称偏置 - 喷气控制系统，如图5.15所示。

其他形式的偏置动量系统有：用两个偏置动量轮组成"V"形结构或用一个偏置动量轮，一个反作用飞轮，或用一个偏置动量轮，两个反作用飞轮等方案。

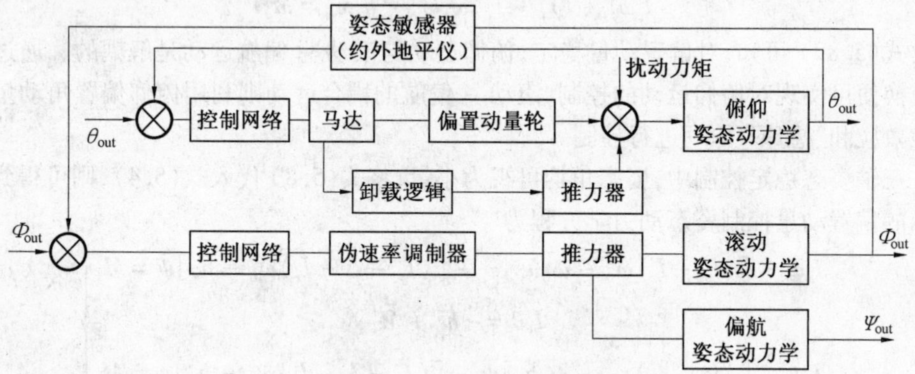

图5.15 三轴稳定卫星偏置 - 喷气控制系统

2. 零动量控制姿态动力学方程

设卫星零动量系统是由 n 个反作用轮组成的动量交换系统，其合成角动量矢量为

$$\boldsymbol{H} = \boldsymbol{I}\boldsymbol{\omega} + \boldsymbol{A}\,\boldsymbol{h}_w \tag{5.93}$$

式中，$\boldsymbol{h}_w = (h_1, h_2, \cdots, h_n)^{\mathrm{T}}$ 为 n 个飞轮的合成角动量；$\boldsymbol{A}$ 为飞轮组的安装矩阵（$3\times n$）或称结构矩阵。于是，由动量矩定理可得

$$\boldsymbol{I}\dot{\boldsymbol{\omega}} + \boldsymbol{A}\,\dot{\boldsymbol{h}}_w + \tilde{\boldsymbol{\omega}}(\boldsymbol{I}\boldsymbol{\omega} + \boldsymbol{A}\,\boldsymbol{h}_w) = \boldsymbol{M} \tag{5.94}$$

对比式(5.86)与式(5.93)可知，$\boldsymbol{h} = \boldsymbol{A}\,\boldsymbol{h}_w$，则有

$$\boldsymbol{h}_w = \boldsymbol{D}\boldsymbol{h}, \quad \boldsymbol{D} = \boldsymbol{A}^{\mathrm{T}}(\boldsymbol{A}\boldsymbol{A}^{\mathrm{T}})^{-1} \tag{5.95}$$

式中，$\boldsymbol{D}$ 为分配矩阵，为 $\boldsymbol{A}$ 的伪逆阵。

将式(5.8)代入式(5.93)，便可获得由姿态角表示的零动量控制姿态动力学方程为

$$\left.\begin{aligned}
I_x\ddot{\varphi} + [(I_y - I_z)\omega_0^2 - \omega_0 h_y]\varphi + [(I_y - I_z - I_x)\omega_0 - h_y]\dot{\psi} + h_z\dot{\theta} &= -\dot{h}_x + \omega_0 h_z + M_x \\
I_y\ddot{\theta} + h_x(\dot{\psi} + \omega_0\varphi) - h_z(\dot{\varphi} - \omega_0\psi) &= -\dot{h}_y + M_y \\
I_z\ddot{\psi} + [(I_y - I_x)\omega_0^2 - \omega_0 h_y]\psi - [(I_y - I_z - I_x)\omega_0 - h_y]\dot{\varphi} - h_x\dot{\theta} &= -\dot{h}_z - \omega_0 h_x + M_z
\end{aligned}\right\} \tag{5.96}$$

从式(5.96)可知,航天器采用零动量控制:一是俯仰运动与滚动－偏航运动已不再解耦;二是必须设置偏航敏感器进行姿态测量;三是由于反作用轮可在小范围内进行精确调速而与采用"惠康"原理进行偏置动量控制的精度要高。

当前很多高精度、长寿命三轴稳定卫星采用零动量反作用飞轮系统,如图5.16所示。采用零动量反作用飞轮三轴姿态控制系统主要包括:一组能提供三轴姿态信息(滚动、俯动、偏航)的姿态敏感器,一组控制器,一组反作用飞轮和相应地去饱和推力器。

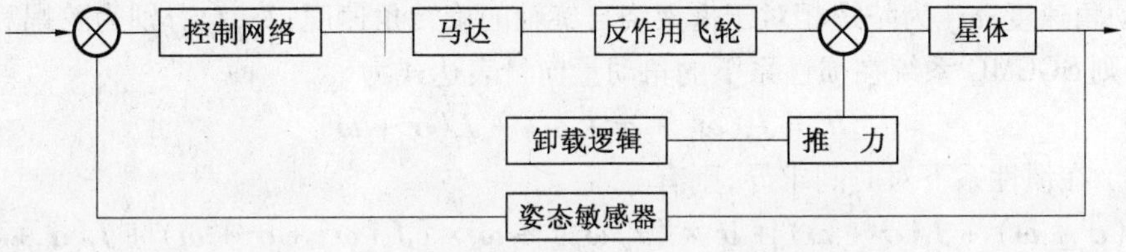

图5.16　三轴稳定卫星反作用飞轮控制系统

5.3.3　单框架控制力矩陀螺稳定航天器姿态动力学方程

控制力矩陀螺(CMG)与反作用轮、动量轮相同,也是一种动量交换装置,它由绕其对称轴高速旋转的转子、转子轴的支撑框架以及框架伺服机构组成。CMG通过沿框架轴的进动来产生陀螺控制力矩,以抵消外部扰动力矩或按要求进行机动;陀螺力矩为转子角动量矢量与框架转动角速度矢量的叉积。CMG与带框架动量轮的不同之处在于陀螺转子的转速是恒定的,其转子角动量大小恒定,但角动量方向是可变的;而带框架动量轮的转速或角动量大小以及角动量方向均是可变的。CMG根据其转子轴所具有的转动自由度可分为单框架控制力矩陀螺(SGCMG)和双框架控制力矩陀螺(DGCMG)。

SGCMG包括一个具有固定转速的转子和一个控制框架,转子轴可以绕框架轴旋转,框架轴则安装在航天器本体上,如图5.17所示。当一个输入力矩作用在框架轴上时,则会产生一个与框架轴和转子轴相垂直的陀螺力矩,并直接经框架轴承作用到航天器本体上。由于输入力矩是直接作用在框架上的,所需力矩很小,因此SGCMG具有力矩输出放大的特性。

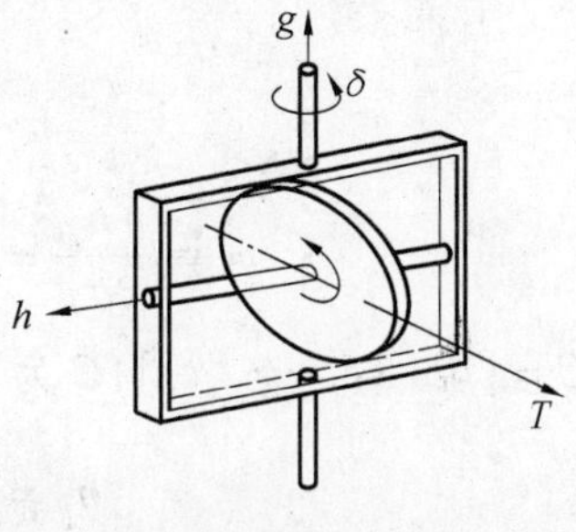

图5.17　单框架控制力矩陀螺

SGCMG系统在航天器姿态控制应用中,其获得力矩的能力要强于DGCMG和其他动量交换装置,而且不会存在其他动量交换装置由于不断改变其飞轮转速而引起的结构动力学激励和

DGCMG 系统所具有的机械复杂性,因此非常适用于大型航天器(如空间站)的三轴姿态控制和快速机动。前苏联的和平号空间站和目前正在建造的国际阿尔法空间站均是采用这种 SGCMG 系统作为其正常飞行模式的主控制执行机构。

1. SGCMG 稳定的姿态动力学方程

对于采用 SGCMG 控制的三轴稳定航天器,将 SGCMG 与航天器固连,设 $\dot{\boldsymbol{\sigma}}$ 为转子轴沿框架轴的进动角速度;$\boldsymbol{\omega}_g$ 为陀螺相对于框架绕自旋轴的旋转角速度;$\boldsymbol{J}_g$,$\boldsymbol{J}_f$ 分别为陀螺和框架的转动惯量,则 SGCMG 系统在惯性系下的角动量向量表达式为

$$\boldsymbol{h}_i = \boldsymbol{J}_g(\boldsymbol{\omega}_g + \dot{\boldsymbol{\sigma}} + \boldsymbol{\omega}) + \boldsymbol{J}_f(\dot{\boldsymbol{\sigma}} + \boldsymbol{\omega}) \tag{5.97}$$

将式(5.97)在惯性系下对时间求导,则有

$$\dot{\boldsymbol{h}}_i = \boldsymbol{J}_g(\ddot{\boldsymbol{\sigma}} + \dot{\boldsymbol{\omega}}) + \boldsymbol{J}_f(\ddot{\boldsymbol{\sigma}} + \dot{\boldsymbol{\omega}}) + \dot{\boldsymbol{\sigma}} \times (\boldsymbol{J}_g\boldsymbol{\omega}_g) + \boldsymbol{\omega} \times [\boldsymbol{J}_g(\boldsymbol{\omega}_g + \dot{\boldsymbol{\sigma}} + \boldsymbol{\omega}) + \boldsymbol{J}_f(\dot{\boldsymbol{\sigma}} + \boldsymbol{\omega})] \tag{5.98}$$

将式(5.98)并入航天器一般欧拉姿态运动方程式 $\boldsymbol{I}\dot{\boldsymbol{\omega}} + \boldsymbol{\omega} \times (\boldsymbol{I}\boldsymbol{\omega}) = \boldsymbol{M}_d$ 中,经整理合并可得

$$\begin{aligned}&(\boldsymbol{I} + \boldsymbol{J}_g + \boldsymbol{J}_f)\dot{\boldsymbol{\omega}} + (\boldsymbol{J}_g + \boldsymbol{J}_f)\ddot{\boldsymbol{\sigma}} + \dot{\boldsymbol{\sigma}} \times (\boldsymbol{J}_g\boldsymbol{\omega}_g) + \\ &\boldsymbol{\omega} \times [(\boldsymbol{I} + \boldsymbol{J}_g + \boldsymbol{J}_f)\boldsymbol{\omega} + (\boldsymbol{J}_g + \boldsymbol{J}_f)\dot{\boldsymbol{\sigma}} + \boldsymbol{J}_g\boldsymbol{\omega}_g] = \boldsymbol{M}_d\end{aligned} \tag{5.99}$$

由于陀螺绕自转轴匀速旋转,且陀螺转子和框架的转动惯量相对于星体很小,因此可以忽略陀螺转子与陀螺框架对星体的惯性影响或合并到 $\boldsymbol{I}$ 中,经整理后可得 SGCMG 组合控制的三轴稳定航天器姿态动力学方程为

$$\boldsymbol{I}\dot{\boldsymbol{\omega}} + \boldsymbol{\omega} \times (\boldsymbol{I}\boldsymbol{\omega} + \boldsymbol{h}_g) = -\dot{\boldsymbol{h}}_g + \boldsymbol{M}_d \tag{5.100}$$

式中,$\boldsymbol{h}_g = \boldsymbol{J}_g\boldsymbol{\omega}_g$ 为陀螺转子自转角动量矢量,$\dot{\boldsymbol{h}}_g = \dot{\boldsymbol{\sigma}} \times \boldsymbol{h}_g$ 为陀螺转子所产生的陀螺控制力矩。

设系统由 n 个 SGCMG 组成,其中第 i 个 SGCMG 的角动量、框架轴方向、框架角分别为$\boldsymbol{h}_{gi}$,$\boldsymbol{g}_i$,σ_i。为了不失一般性,设$\boldsymbol{h}_{gi}$,$\boldsymbol{g}_i$ 为单位矢量,则陀螺系统的总角动量为

$$\boldsymbol{h}_g = \sum_{i=1}^{n} \boldsymbol{h}_{gi} \tag{5.101}$$

又有

$$c_i \equiv \frac{\partial \boldsymbol{h}_{gi}}{\partial \sigma_i} = \boldsymbol{g}_i \times \boldsymbol{h}_{gi} \quad (|c_i| = 1, i = 1,2,\cdots,n) \tag{5.102}$$

令 $\boldsymbol{C} = [c_1 \quad c_2 \quad \cdots \quad c_n]$,$\boldsymbol{C}$ 为 $3 \times n$ 的矩阵,$\boldsymbol{\sigma} = [\sigma_1 \quad \sigma_2 \quad \cdots \quad \sigma_n]^{\mathrm{T}}$,则

$$\dot{\boldsymbol{h}}_g = \sum_{i=1}^{n} \frac{\partial \boldsymbol{h}_{gi}}{\partial \sigma_i}\dot{\boldsymbol{\sigma}}_i = \sum_{i=1}^{n} c_i\dot{\boldsymbol{\sigma}}_i = \boldsymbol{C}\dot{\boldsymbol{\sigma}} \tag{5.103}$$

式中,$\boldsymbol{C}$ 即为雅各比矩阵。

将式(5.99)代入式(5.100)中,经整理可得用雅各比矩阵 $\boldsymbol{C}$ 表征的姿态动力学方程为

$$\boldsymbol{I}\dot{\boldsymbol{\omega}} + \boldsymbol{\omega} \times (\boldsymbol{I}\boldsymbol{\omega} + \boldsymbol{h}_g) = -\dot{\boldsymbol{h}}_g + \boldsymbol{M}_d \tag{5.104}$$

设控制力矩为 $\boldsymbol{M}$，则

$$\boldsymbol{C}\dot{\boldsymbol{\sigma}} = \boldsymbol{M} \tag{5.105}$$

下面重点分析SGCMG的雅各比矩阵 $\boldsymbol{C}$ 的特性，包括SGCMG组合构形方案及其雅各比矩阵、构形奇异性和避免方法等。

2. SGCMG的几种典型组合构形

由于SGCMG只有一个控制自由度，为了满足航天器的三轴姿态控制要求，至少需要三个SGCMG，对于采用SGCMG作为控制执行机构的航天器，一般用 $n(n>3)$ 个SGCMG按一定的布局组合成冗余SGCMG系统。从控制冗余度考虑，SGCMG的组合方案一般可分为4-SGCMG、5-SGCMG和6-SGCMG。

3-SGCMG组合系统从构形上考虑，是最为方便的有三角形和星形以及框架轴沿航天器体轴正交等典型组合，如图5.18所示。

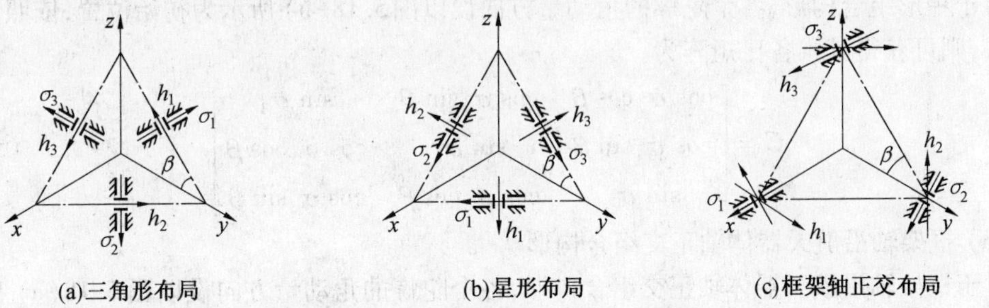

图5.18　3-SGCMG系统的组合构形

在这几种陀螺布局中，航天器体轴的各通道之间的交叉耦合强度以三角形布局为最弱，星形布局比框架轴沿航天器体轴的正交布局稍强。

3. SGCMG组合构形的雅各比矩阵

根据上述构形，将给出部分构形在航天器体系中投影的雅各比矩阵。

(1) 三角形组合构形。

按照三角形组合的几何布局(图5.18(a))，可得3-SGCMG组合的总角动 $\boldsymbol{h}_g$ 在航天器体系中的投影为

$$\boldsymbol{h}_g = \begin{bmatrix} h_{gx} \\ h_{gy} \\ h_{gz} \end{bmatrix} = h_{cmg}\begin{bmatrix} \sin\sigma_1 - \cos\sigma_2\cos\beta + \cos\sigma_3\sin\beta \\ -\cos\sigma_1\cos\beta + \cos\sigma_2\sin\beta + \sin\sigma_3 \\ \cos\sigma_1\sin\beta + \sin\sigma_2 - \cos\sigma_3\cos\beta \end{bmatrix} \tag{5.106}$$

由于 $\dot{\boldsymbol{h}}_g = \dfrac{\partial \boldsymbol{h}_g}{\partial \boldsymbol{\sigma}}\dot{\boldsymbol{\sigma}}$，$\dot{\boldsymbol{\sigma}} = [\dot{\sigma}_1 \quad \dot{\sigma}_2 \quad \dot{\sigma}_3]^{\mathrm{T}}$，对式(5.106)求时间导数，可得

$$\dot{\boldsymbol{h}}_g = \begin{bmatrix} \dot{h}_{gx} \\ \dot{h}_{gy} \\ \dot{h}_{gz} \end{bmatrix} = h_{cmg} \begin{bmatrix} \cos\sigma_1 & \sin\sigma_2\cos\beta & -\sin\sigma_3\sin\beta \\ \sin\sigma_1\cos\beta & -\sin\sigma_2\sin\beta & \cos\sigma_3 \\ -\sin\sigma_1\sin\beta & \cos\sigma_2 & \sin\sigma_3\cos\beta \end{bmatrix} \begin{bmatrix} \dot{\sigma}_1 \\ \dot{\sigma}_2 \\ \dot{\sigma}_3 \end{bmatrix} \tag{5.107}$$

式中,h_{cmg} 为每个控制力矩陀螺的自转角动量标量;$\sigma_1,\sigma_2,\sigma_3$ 分别为三个 SGCMG 转子轴绕框架轴的进动角。则陀螺系统的雅各比矩阵为

$$\boldsymbol{C} = \begin{bmatrix} \cos\sigma_1 & \sin\sigma_2\cos\beta & -\sin\sigma_3\sin\beta \\ \sin\sigma_1\cos\beta & -\sin\sigma_2\sin\beta & \cos\sigma_3 \\ -\sin\sigma_1\sin\beta & \cos\sigma_2 & \sin\sigma_3\cos\beta \end{bmatrix} \tag{5.108}$$

于是,式(5.96) 可改写为

$$\dot{\boldsymbol{h}}_g = \dot{\boldsymbol{\sigma}} \times \boldsymbol{h}_g = h_{cmg}\boldsymbol{C}\dot{\boldsymbol{\sigma}} \tag{5.109}$$

(2) 星形组合构形。

对于星形组合构形,各个陀螺的角动量方向设以图5.18(b) 所示为初始位置,依照上述推导方法,则可获得其雅各比矩阵为

$$\boldsymbol{C} = \begin{bmatrix} \cos\sigma_1\cos\beta & \cos\sigma_2\sin\beta & \sin\sigma_3 \\ \cos\sigma_1\sin\beta & \sin\sigma_2 & \cos\sigma_3\cos\beta \\ \sin\sigma_1 & \cos\sigma_2\cos\beta & \cos\sigma_3\sin\beta \end{bmatrix} \tag{5.110}$$

(3) 框架轴沿航天器体轴正交组合构形。

对于框架轴沿航天器体轴正交组合构形,各个陀螺的角动量方向设以图 5.18(c) 所示为初始位置,则其雅各比矩阵为

$$\boldsymbol{C} = \begin{bmatrix} 0 & \sin\sigma_2 & \cos\sigma_3 \\ \cos\sigma_1 & 0 & \sin\sigma_3 \\ \sin\sigma_1 & \cos\sigma_2 & 0 \end{bmatrix} \tag{5.111}$$

第6章　复杂航天飞行器动力学

【教学目的】

通过本章的学习,应达到以下教学目的:

1. 了解复杂航天器与简单航天器之间的重要差别;

2. 了解复杂航天器动力学建模的方法。

【内容提要】

本章内容重点介绍了复杂航天器动力学建模的方法,探讨了利用牛顿－欧拉法建立多体系统动力学方程的过程,重点讨论了单体的动力学建模及其边界条件的问题及拉格朗日法和凯恩法建立多体系统动力学方程的过程。

上述部分内容主要引自曲广吉教授所著的《航天器动力学工程》一书,详情请参见该书相关章节。

6.1　多体系统的运动学分析

6.1.1　多体系统的混合坐标系及其相关矩阵

1. 坐标系

多体系统与单体系统在坐标系建立上有明显差别,多体系统采用了混合坐标系,即惯性坐标系、体坐标系和附件坐标系。顾名思义,惯性坐标系是建立在惯性空间;体坐标系是建立在复杂航天器的中心体上,通常取其质心位置为坐标原点;而附件坐标系是建立在附件连接处的铰接点上,如图6.1所示,其目的是利于运动的描述。

2. 相关矩阵

对于一个多体系统,当采用牛顿-欧拉法分析时,必须取系统中的每一个分离体加以研究,建立其动力学方程。该方程中显然包含了交界点的变量和约束力,在建立系统方程时,必须将铰接点处的多余变量消除,并满足铰接点处位移和力的协调关系。为此,必须建立相关矩阵解决上述问题,下面简要介绍相关矩阵的作用。

设附件 A,B 的方程分别为

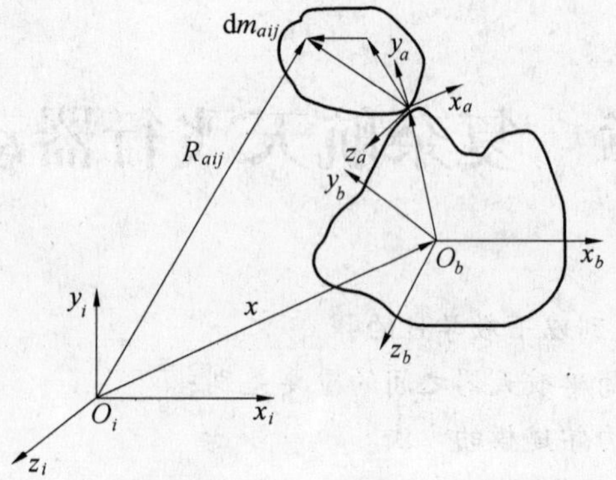

图 6.1　多体系统的混合坐标系

$$\left.\begin{aligned}&\begin{bmatrix} ma_{11} & ma_{12} & ma_{13} \\ ma_{21} & ma_{22} & ma_{23} \\ ma_{31} & ma_{32} & ma_{33}\end{bmatrix}\begin{Bmatrix}\ddot{X}_{ai}\\ \ddot{x}_{a1}\\ \ddot{x}_{a2}\end{Bmatrix}=\begin{Bmatrix}F_{ae}\\ f_{aj1}\\ f_{aj2}\end{Bmatrix}\\ &\begin{bmatrix} mb_{11} & mb_{12} & mb_{13} \\ mb_{21} & mb_{22} & mb_{23} \\ mb_{31} & mb_{32} & mb_{33}\end{bmatrix}\begin{Bmatrix}\ddot{X}_{bi}\\ \ddot{x}_{b1}\\ \ddot{x}_{b2}\end{Bmatrix}=\begin{Bmatrix}F_{be}\\ f_{bj1}\\ f_{bj2}\end{Bmatrix}\end{aligned}\right\} \tag{6.1}$$

方程中 $\ddot{X}_{ai}$，$\ddot{X}_{bi}$ 分别是部件 A，B 的内部的独立坐标，而 $\ddot{x}_{a1}$，$\ddot{x}_{a2}$，$\ddot{x}_{b1}$，$\ddot{x}_{b2}$ 是铰接点的坐标，假设位移是连续的，应该有 $\ddot{x}_{a1}=\ddot{x}_{b1}$，满足力的协调条件有

$$f_{aj1}=-f_{bj1},\quad f_{aj2}=-f_{bj2}$$

非独立变量的系统方程为

$$\begin{bmatrix} ma_{11} & ma_{12} & ma_{13} & 0 & 0 & 0 \\ ma_{21} & ma_{22} & ma_{23} & 0 & 0 & 0 \\ ma_{31} & ma_{32} & ma_{33} & 0 & 0 & 0 \\ 0 & 0 & 0 & mb_{11} & mb_{12} & mb_{13} \\ 0 & 0 & 0 & mb_{21} & mb_{22} & mb_{23} \\ 0 & 0 & 0 & mb_{31} & mb_{32} & mb_{33}\end{bmatrix}\begin{Bmatrix}\ddot{X}_{ai}\\ \ddot{x}_{a1}\\ \ddot{x}_{a2}\\ \ddot{X}_{bi}\\ \ddot{x}_{b1}\\ \ddot{x}_{b2}\end{Bmatrix}=\begin{Bmatrix}F_{ae}\\ f_{aj1}\\ f_{aj2}\\ F_{be}\\ f_{bj1}\\ f_{bj2}\end{Bmatrix},\quad \boldsymbol{M}\ddot{\boldsymbol{X}}=\boldsymbol{F} \tag{6.2}$$

为了消除不独立的变量，引入相关矩阵 $\boldsymbol{A}$，根据相关关系应满足如下关系式

$$\begin{Bmatrix} \ddot{X}_{ai} \\ \ddot{x}_{a1} \\ \ddot{x}_{a2} \\ \ddot{X}_{bi} \\ \ddot{x}_{b1} \\ \ddot{x}_{b2} \end{Bmatrix} = \begin{bmatrix} 1 & 0 & 0 & 0 & 0 \\ 0 & 1 & 0 & 0 & 0 \\ 0 & 0 & 1 & 0 & 0 \\ 0 & 0 & 0 & 1 & 0 \\ 0 & 1 & 0 & 0 & 0 \\ 0 & 0 & 0 & 0 & 1 \end{bmatrix} \begin{Bmatrix} \ddot{X}_{ai} \\ \ddot{x}_{a1} \\ \ddot{x}_{a2} \\ \ddot{X}_{bi} \\ \ddot{x}_{b2} \end{Bmatrix}, \quad \ddot{\boldsymbol{X}} = \boldsymbol{A}\ddot{\boldsymbol{q}} \tag{6.3}$$

令 $\boldsymbol{F} = \boldsymbol{A}\boldsymbol{f}$,$\boldsymbol{f}$ 为作用在系统的外力,利用相关矩阵 $\boldsymbol{A}$ 对方程(6.2)作如下变换,并将方程(6.3)和 $\boldsymbol{F} = \boldsymbol{A}\boldsymbol{f}$ 带入方程(6.2)可获得系统方程为

$$\boldsymbol{A}^{\mathrm{T}}\boldsymbol{M}\boldsymbol{A}\ddot{\boldsymbol{q}} = \boldsymbol{A}^{\mathrm{T}}\boldsymbol{A}\boldsymbol{f} \tag{6.4}$$

通过上述相关分析,相关矩阵显然是与设定的独立变量的排序有关,因此,相关矩阵的具体形式应视具体问题分析确定。确定方法请参考 J. wittenburg 著的《多刚体系统动力学》,洪嘉振著的《计算多体系统动力学》等相关文献。

6.1.2　多刚体系统的运动学

1. 参考系与坐标变换矩阵

如图 6.2 所示,为由铰链 H_{n+1} 连接的两个邻接刚体 B_n 和 B_{n+1} 及其坐标系的关系图。$O_{\overline{n+1}}$ 和 O_{n+1} 分别为铰链 H_{n+1} 与 B_n 和 B_{n+1} 的连接点,O_n 为铰链 H_n 与 B_n 的连接点。O_nxyz 为连体浮动参考系,其原点为 O_n,O_nxyz 相对于惯性坐标系 $O_nx_iy_iz_i$ 的平动和转动描述了物体 B_n 的刚体运动。$O_{\overline{n+1}}xyz$ 和 $O_{n+1}xyz$ 分别为固结于物体 B_n 和 B_{n+1} 上的连体参考系。参考系 $O_{n+1}xyz$ 相对于 $O_{\overline{n+1}}xyz$ 的平动和转动描述了两物体之间的相对运动。

设 $Ox_iy_iz_i$ 中的任一矢量 $\boldsymbol{b}_n$ 在参考系 O_nxyz、$O_{\overline{n+1}}xyz$、$O_{n+1}xyz$ 中的投影分别为 $\boldsymbol{b}_n$,$\boldsymbol{b}_{\overline{n+1}}$,$\boldsymbol{b}_{n+1}$,则存在如下变换关系

$$\boldsymbol{b}_i = \boldsymbol{A}_n \boldsymbol{b}_n \tag{6.5}$$

$$\boldsymbol{b}_n = \boldsymbol{C}_n \boldsymbol{b}_{\overline{n+1}} \tag{6.6}$$

$$\boldsymbol{b}_{\overline{n+1}} = \boldsymbol{D}_n \boldsymbol{b}_{n+1} \tag{6.7}$$

式中,$\boldsymbol{A}_n$ 为 O_nxyz 到 $Ox_iy_iz_i$ 的方向余弦矩阵,表示物体 B_n 相对惯性系的姿态;因为物体为刚体,故运动过程中参考系 O_nxyz 和 $O_{\overline{n+1}}xyz$ 的相对姿态保持不变,即 $\boldsymbol{C}_n$ 为定常矩阵;$\boldsymbol{D}_n$ 为 $O_{\overline{n+1}}xyz$ 相对 $O_{n+1}xyz$ 的方向余弦矩阵,它与物体 B_n 和 B_{n+1} 之间的相对铰坐标有关。由式(6.5)、式(6.6)和式(6.7)可得

$$\boldsymbol{b}_i = \boldsymbol{A}_{n+1} \boldsymbol{b}_{n+1} \tag{6.8}$$

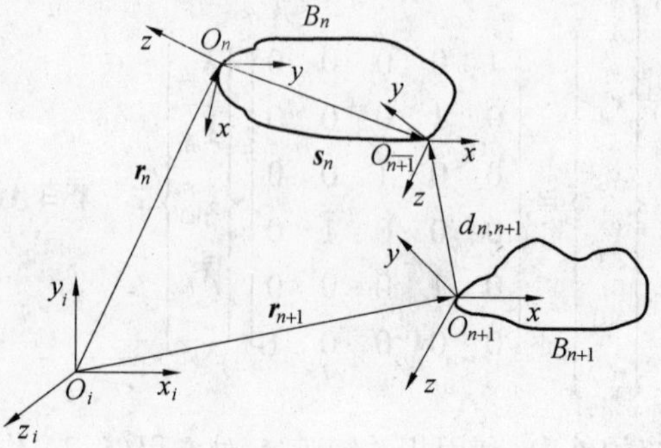

图 6.2　两相邻刚体

式中，$\boldsymbol{A}_{n+1}=\boldsymbol{A}_n\boldsymbol{C}_n\boldsymbol{D}_n$，$\boldsymbol{A}_{n+1}$ 表示物体 B_{n+1} 相对于惯性参考系 $O-x_iy_iz_i$ 的姿态。

2. 相邻物体之间的运动学关系

在图 6.2 中，$\boldsymbol{r}_n$ 和 $\boldsymbol{r}_{n+1}$ 分别为铰点 O_n 和 O_{n+1} 在 $Ox_iy_iz_i$ 中的位置矢径。$\boldsymbol{s}_n$ 为铰点在参考系 O_nxyz 中的位置矢径。$\boldsymbol{d}_{n,n+1}$ 为参考系 $O_{n+1}xyz$ 相对于 $O_{\overline{n+1}}xyz$ 的平动，即铰链的平动位移。于是可得矢量式为

$$\boldsymbol{r}_{n+1}=\boldsymbol{s}_n+\boldsymbol{d}_{n,n+1}+\boldsymbol{r}_n \tag{6.9}$$

将式(6.9) 在惯性系中对时间求导，可得两相邻物体 B_n 和 B_{n+1} 之间的速度关系式为

$$\boldsymbol{v}_{n+1}=\dot{\boldsymbol{s}}_n+\dot{\boldsymbol{d}}_{n,n+1}+\boldsymbol{v}_n \tag{6.10}$$

式中

$$\boldsymbol{v}_{n+1}=\dot{\boldsymbol{r}}_{n+1},\quad \boldsymbol{v}_n=\dot{\boldsymbol{r}}_n$$

两相邻物体 B_n 和 B_{n+1} 之间的角速度关系可表示为

$$\boldsymbol{\omega}_{n+1}=\boldsymbol{\omega}_n+\boldsymbol{\omega}_{n+1,\overline{n+1}} \tag{6.11}$$

式中，$\boldsymbol{\omega}_n$ 为参考系 O_nxyz 的绝对角速度；$\boldsymbol{\omega}_{n+1}$ 为参考系 $O_{n+1}xyz$ 的绝对角速度；$\boldsymbol{\omega}_{n+1,\overline{n+1}}$ 为参考系 $O_{n+1}xyz$ 相对于参考系 $O_{\overline{n+1}}xyz$ 的相对角速度。

设 $\boldsymbol{v}_n,\boldsymbol{s}_n,\boldsymbol{\omega}_n$ 在参考系 O_nxyz 中的投影分别为 $\boldsymbol{v}_n,\boldsymbol{s}_n,\boldsymbol{\omega}_n$；$\boldsymbol{v}_{n+1},\boldsymbol{\omega}_{n+1},\boldsymbol{\omega}_{n+1,\overline{n+1}}$ 在 $O_{n+1}xyz$ 中的投影分别为 $\boldsymbol{v}_{n+1},\boldsymbol{\omega}_{n+1},\boldsymbol{\omega}_{n+1,\overline{n+1}}$；$\boldsymbol{d}_{n,n+1}$ 在 $O_{\overline{n+1}}xyz$ 中的投影为 $\boldsymbol{d}_{n,n+1}$。则用坐标变换矩阵可将式(6.10) 和(6.11) 分别表示为

$$\boldsymbol{A}_{n+1}\boldsymbol{v}_{n+1}=\boldsymbol{A}_n\boldsymbol{v}_n+\dot{\boldsymbol{A}}_n\boldsymbol{s}_n+\dot{\boldsymbol{A}}_n\boldsymbol{C}_n\boldsymbol{d}_{n,n+1}+\boldsymbol{A}_n\boldsymbol{C}_n\dot{\boldsymbol{d}}_{n,n+1} \tag{6.12}$$

$$\boldsymbol{A}_{n+1}\boldsymbol{\omega}_{n+1}=\boldsymbol{A}_n\boldsymbol{\omega}_n+\boldsymbol{A}_{n+1}\boldsymbol{\omega}_{n+1,\overline{n+1}} \tag{6.13}$$

令

$$\boldsymbol{G}_{n+1}=(\boldsymbol{C}_n\boldsymbol{D}_n)^{\mathrm{T}},\quad \boldsymbol{d}_{n+1}=\boldsymbol{C}_n\boldsymbol{d}_{n,n+1} \tag{6.14}$$

则式(6.12) 和式(6.13) 可合并为

$$\begin{pmatrix} \boldsymbol{v}_{n+1} \\ \boldsymbol{\omega}_{n+1} \end{pmatrix} = \begin{pmatrix} \boldsymbol{G}_{n+1} & -\boldsymbol{G}_{n+1}(\tilde{\boldsymbol{s}}_n + \tilde{\boldsymbol{d}}_{n+1}) \\ 0 & \boldsymbol{G}_{n+1} \end{pmatrix} \begin{pmatrix} \boldsymbol{v}_n \\ \boldsymbol{\omega}_n \end{pmatrix} + \begin{pmatrix} \boldsymbol{D}_n^{\mathrm{T}} & 0 \\ 0 & \boldsymbol{E}_3 \end{pmatrix} \begin{pmatrix} \dot{\boldsymbol{d}}_{n,n+1} \\ \boldsymbol{\omega}_{n+1,\bar{n+1}} \end{pmatrix} \tag{6.15}$$

式中，$\boldsymbol{E}$ 为单位矩阵。设

$$\left.\begin{aligned} &\dot{\boldsymbol{q}}_{n+1} = (\boldsymbol{v}_{n+1} \quad \boldsymbol{\omega}_{n+1})^{\mathrm{T}}, \quad \dot{\boldsymbol{q}}_n = (\boldsymbol{v}^n \quad \boldsymbol{\omega}_{n1})^{\mathrm{T}} \\ &\boldsymbol{R}_{n+1} = \begin{pmatrix} \boldsymbol{G}_{n+1} & -\boldsymbol{G}_{n+1}(\tilde{\boldsymbol{s}}_n + \tilde{\boldsymbol{d}}_{n+1}) \\ 0 & \boldsymbol{G}_{n+1} \end{pmatrix}, \quad \boldsymbol{T}_{n+1} = \begin{pmatrix} \boldsymbol{D}_n^{\mathrm{T}} & 0 \\ 0 & \boldsymbol{E}_3 \end{pmatrix} \\ &\boldsymbol{P}_{n+1}\dot{\boldsymbol{q}}'_{n+1} = (\dot{\boldsymbol{d}}_{n,n+1}^{\mathrm{T}} \quad \boldsymbol{\omega}_{n+1,n+1}^{\mathrm{T}}) \end{aligned}\right\} \tag{6.16}$$

式中，$\boldsymbol{P}_{n+1}$ 为铰链 H_{n+1} 的投影矩阵；$\boldsymbol{q}'_{n+1}$ 为铰链的自由坐标。则式(6.16)可表示为

$$\dot{\boldsymbol{q}}_{n+1} = \boldsymbol{R}_{n+1}\dot{\boldsymbol{q}}_n + \boldsymbol{T}_{n+1}\boldsymbol{P}_{n+1}\dot{\boldsymbol{q}}'_{n+1} \tag{6.17}$$

将式(6.17)对时间求导，可获得相邻两物体之间的加速度关系式为

$$\ddot{\boldsymbol{q}}_{n+1} = \boldsymbol{R}_{n+1}\ddot{\boldsymbol{q}}_n + \boldsymbol{T}_{n+1}\boldsymbol{P}_{n+1}\ddot{\boldsymbol{q}}'_{n+1} + \boldsymbol{b}_{n+1} \tag{6.18}$$

式中

$$\ddot{\boldsymbol{q}}_{n+1} = (\dot{\boldsymbol{v}}_{n+1}^{\mathrm{T}} \quad \boldsymbol{\omega}_{n+1}^{\mathrm{T}})^{\mathrm{T}}, \ddot{\boldsymbol{q}}_n = (\dot{\boldsymbol{v}}_{n+1}^{\mathrm{T}} \quad \boldsymbol{\omega}_{n+1}^{\mathrm{T}})^{\mathrm{T}}$$

$$\boldsymbol{b}_{n+1} = \dot{\boldsymbol{R}}_{n+1}\dot{\boldsymbol{q}}_n + \dot{\boldsymbol{T}}_{n+1}\boldsymbol{P}_{n+1}\dot{\boldsymbol{q}}'_{n+1} + \boldsymbol{T}_{n+1}\dot{\boldsymbol{P}}_{n+1}\dot{\boldsymbol{q}}'_{n+1}$$

对单自由度铰来说，不论是对平动还是对转动都有如下关系

$$\boldsymbol{T}_{n+1}\boldsymbol{P}_{n+1} = \boldsymbol{P}_{n+1} \tag{6.19}$$

利用式(6.19)，相邻两物体之间的速度和加速度关系可表示为

$$\dot{\boldsymbol{q}}_{n+1} = \boldsymbol{R}_{n+1}\dot{\boldsymbol{q}}_n + \boldsymbol{P}_{n+1}\dot{\boldsymbol{q}}'_{n+1} \tag{6.20}$$

$$\ddot{\boldsymbol{q}}_{n+1} = \boldsymbol{r}_{n+1}\ddot{\boldsymbol{q}}_n + \boldsymbol{P}_{n+1}\ddot{\boldsymbol{q}}'_{n+1} + \boldsymbol{b}_{n+1} \tag{6.21}$$

式中

$$\boldsymbol{b}_{n+1} = \dot{\boldsymbol{R}}_{n+1}\dot{\boldsymbol{q}}_n$$

应该注意到，式(6.10)中的$\boldsymbol{v}_{n+1}$是点O_{n+1}的绝对速度$\boldsymbol{v}_{n+1}$在$O_{n+1}xyz$中的投影，因此$\dot{\boldsymbol{v}}_{n+1}$只是$\boldsymbol{v}_{n+1}$在$O_{n+1}xyz$中对时间的导数，并不是$O_{n+1}$点的绝对加速度在$O_{n+1}xyz$中的投影。$O_{n+1}$点绝对加速度的投影可以由下式求得为

$$\boldsymbol{a}_{n+1,r} = \dot{\boldsymbol{v}}_{n+1} + \tilde{\boldsymbol{\omega}}_{n+1}\boldsymbol{v}_{n+1} \tag{6.22}$$

利用式$\boldsymbol{A}_{n+1} = \boldsymbol{A}_n\boldsymbol{C}_n\boldsymbol{D}_n$变换矩阵，$\boldsymbol{A}_{n+1}$，$O_{n+1}$点绝对加速度和绝对角加速度在惯性参考系中的投影可表示为

$$\boldsymbol{a}_{n+1,a} = \boldsymbol{A}_{n+1}\boldsymbol{a}_{n+1,r} \tag{6.23}$$

$$\boldsymbol{\omega}_{n+1,a} = \boldsymbol{A}_{n+1}\boldsymbol{\omega}_{n+1} \tag{6.24}$$

6.1.3　柔性多体系统的运动学

1. 参考系与坐标变换矩阵

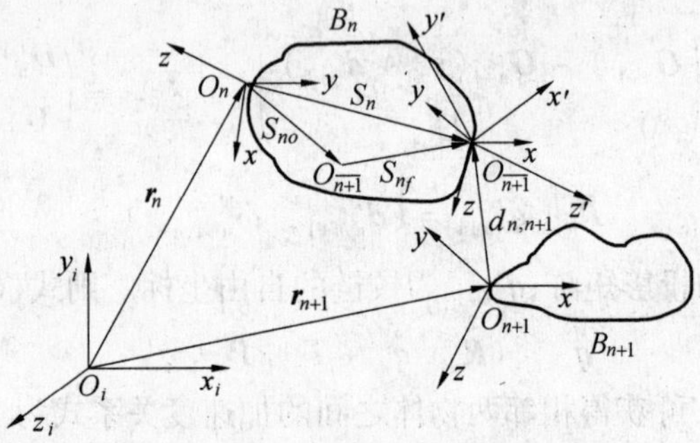

图 6.3　两个处与变形状态的相邻柔性体

图 6.3 表示两个处于变形状态的邻接柔性体 B_n 和 B_{n+1}，它们由铰链 H_{n+1} 连接。$O_{\overline{n+1}}$ 和 O_{n+1} 分别为铰链 H_{n+1} 与 B_n 和 B_{n+1} 的连接点，O_n 为铰链 H_n 与 B_n 的连接点。参考系 $Ox_iy_iz_i$，O_nxyz，$O_{\overline{n+1}}xyz$ 和 $O_{n+1}xyz$ 的定义与 6.1.1 节相同。为方便计算，引入辅助参考系 $O_{\overline{n+1}}x'y'z'$。$O_{\overline{n+1}}x'y'z'$ 为固结于 $O_{\overline{n+1}}$ 的连体参考系，柔性体变形前 $O_{\overline{n+1}}x'y'z'$ 与 O_nxyz 平行。$O_{\overline{n+1}}x'y'z'$ 相对于 O_nxyz 的转动表示由于柔性体弹性变形而产生的 $O_{\overline{n+1}}$ 点的相对转动。

对于惯性参考系 $Ox_iy_iz_i$ 中的任一矢量 $\boldsymbol{b}_i$，设其在参考系 O_nxyz，$O_{\overline{n+1}}x'y'z'$，$O_{\overline{n+1}}xyz$ 和 $O_{n+1}xyz$ 中的投影分别为 $\boldsymbol{b}_n$，$\boldsymbol{b}'_{\overline{n+1}}$，$\boldsymbol{b}_{\overline{n+1}}$，$\boldsymbol{b}_{n+1}$，则存在如下变换关系

$$\left.\begin{array}{ll}\boldsymbol{b}_l=\boldsymbol{A}_n\,\boldsymbol{b}_n, & \boldsymbol{b}_n=\boldsymbol{B}_n\,\boldsymbol{b}'_{\overline{n+1}}\\ \boldsymbol{b}'_{\overline{n+1}}=\boldsymbol{C}_n\,\boldsymbol{b}_{\overline{n+1}}, & \boldsymbol{b}_{\overline{n+1}}=\boldsymbol{D}_n\,\boldsymbol{b}_{n+1}\end{array}\right\}\tag{6.25}$$

式中，$\boldsymbol{A}_n$ 为方向余弦矩阵，$\boldsymbol{C}_n$ 为定常矩阵；$\boldsymbol{D}_n$ 为余弦矩阵；$\boldsymbol{A}_n$ 为方向余弦矩阵；$\boldsymbol{C}_n$ 为定常矩阵；$\boldsymbol{D}_n$ 为余弦矩阵。$\boldsymbol{B}_n$ 为 O_nxyz 到 $O_{\overline{n+1}}x'y'z'$ 的方向余弦矩阵，它与柔性体 B_n 的弹性变形有关，$\boldsymbol{B}_n$ 可以通过绕坐标轴的顺次转动而得到。由于假设柔性体与线弹性结构，其弹性变形为小变形，因此可以将转角看作小量。取转角 $\varepsilon_{n,x}$，$\varepsilon_{n,y}$，$\varepsilon_{n,z}$ 为布赖恩角，则 $\boldsymbol{B}_n$ 可表示为

$$\boldsymbol{B}_n=\begin{bmatrix}1 & -\varepsilon_{n,z} & \varepsilon_{n,y}\\ \varepsilon_{n,z} & 1 & -\varepsilon_{n,x}\\ -\varepsilon_{n,y} & \varepsilon_{n,x} & 1\end{bmatrix}\tag{6.26}$$

式中

$$\varepsilon_{n,x}=\sum_{i=1}^{K}{}^{j}\,\Phi^{n}_{r,i,x}\,q_{nf,i}$$

$$\varepsilon_{n,y} = \sum_{i=1}^{K} {}^{j}\Phi_{r,i,y}^{n} q_{nf,i}$$

$$\varepsilon_{n,z} = \sum_{i=1}^{K} {}^{j}\Phi_{r,i,z}^{n} q_{nf,i}$$

其中,K 为模态坐标数;q_{nf} 为模态坐标;${}^{j}\Phi_{r,i}^{n}$ 为柔性体在铰点 $O_{\overline{n+1}}$ 处的第 i 阶转动模态。由式(6.25)可得

$$\boldsymbol{A}_{n+1} = \boldsymbol{A}_{n}\boldsymbol{B}_{n}\boldsymbol{C}_{n}\boldsymbol{D}_{n} \tag{6.27}$$

2. 相邻柔性体之间的运动学关系

在图6.3中,$\boldsymbol{s}_{nO}$ 与 $\boldsymbol{s}_{n}$ 分别为变形前后铰点在参考系 $O_{n}xyz$ 中的位置矢径。$\boldsymbol{s}_{nf}$ 为由于弹性变形引起的铰点的位移。由图6.3可得

$$\boldsymbol{r}_{n+1} = \boldsymbol{s}_{nO} + \boldsymbol{s}_{nf} + \boldsymbol{d}_{n,n+1} + \boldsymbol{r}_{n} \tag{6.28}$$

将式(6.28)在惯性参考系中对时间求导,可得两相邻柔性体 B_{n} 和 B_{n+1} 之间的速度关系式为

$$\dot{\boldsymbol{v}}_{n+1} = \dot{\boldsymbol{s}}_{nO} + \dot{\boldsymbol{s}}_{nf} + \dot{\boldsymbol{d}}_{n,n+1} + \dot{\boldsymbol{v}}_{n} \tag{6.29}$$

两相邻柔性体 B_{n} 和 B_{n+1} 之间的角速度关系可表示为

$$\boldsymbol{\omega}_{n+1} = \boldsymbol{\omega}_{n} + \boldsymbol{\omega}_{\overline{n+1},n} + \boldsymbol{\omega}_{n+1,\overline{n+1}} \tag{6.30}$$

式中,$\boldsymbol{\omega}_{n}$ 为参考系 $O_{n}xyz$ 的绝对角速度;$\boldsymbol{\omega}_{n+1,\overline{n+1}}$ 为参考系 $O_{n+1}xyz$ 相对于参考系 $O_{\overline{n+1}}xyz$ 的相对角速度;$\boldsymbol{\omega}_{\overline{n+1},n}$ 为参考系 $O_{\overline{n+1}}xyz$ 相对于参考系 $O_{n}xyz$ 的相对角速度。

设 $\boldsymbol{v}_{n}, \boldsymbol{s}_{nO}, \boldsymbol{s}_{n}, \boldsymbol{s}_{nf}, \boldsymbol{\omega}_{n}, \boldsymbol{\omega}_{\overline{n+1},n}$ 在参考系 $O_{n}xyz$ 中的投影分别为 $\boldsymbol{v}_{n}, \boldsymbol{s}_{nO}, \boldsymbol{s}_{n}, \boldsymbol{s}_{nf}, \boldsymbol{\omega}_{n}, \boldsymbol{\omega}_{\overline{n+1},n}$;$\boldsymbol{v}_{n+1}, \boldsymbol{\omega}_{n+1}, \boldsymbol{\omega}_{n+1,\overline{n+1}}$ 在参考系 $O_{n+1}xyz$ 中的投影为 $\boldsymbol{v}_{n+1}, \boldsymbol{\omega}_{n+1}, \boldsymbol{\omega}_{n+1,\overline{n+1}}$;$\boldsymbol{d}_{n,n+1}$ 在参考系 $O_{\overline{n+1}}xyz$ 中的投影为 $\boldsymbol{d}_{n,n+1}$。则利用坐标变换矩阵的性质可将速度关系式(6.29)和角速度关系式(6.30)分别表示为

$$\boldsymbol{A}_{n+1}\boldsymbol{v}_{n+1} = \boldsymbol{A}_{n}\boldsymbol{v}_{n} + \dot{\boldsymbol{A}}_{n}\boldsymbol{s}_{n} + \dot{\boldsymbol{A}}_{n}\boldsymbol{s}_{nf} + \dot{\boldsymbol{A}}_{n}\boldsymbol{B}_{n}\boldsymbol{C}_{n}\boldsymbol{d}_{n,n+1} + \boldsymbol{A}_{n}\dot{\boldsymbol{B}}_{n}\boldsymbol{C}_{n}\boldsymbol{d}_{n,n+1} + \boldsymbol{A}_{n}\boldsymbol{B}_{n}\dot{\boldsymbol{C}}_{n}\boldsymbol{d}_{n,n+1} \tag{6.31}$$

$$\boldsymbol{A}_{n+1}\boldsymbol{\omega}_{n+1} = \boldsymbol{A}_{n}\boldsymbol{\omega}_{n} + \boldsymbol{A}_{n}\boldsymbol{\omega}_{\overline{n+1},n} + \boldsymbol{A}_{n+1}\boldsymbol{\omega}_{n+1,\overline{n+1}} \tag{6.32}$$

由

$$\boldsymbol{s}_{nf} = {}^{j}\boldsymbol{\Phi}_{t}^{n}\boldsymbol{q}_{nf}, \quad \dot{\boldsymbol{s}}_{nf} = {}^{j}\boldsymbol{\Phi}_{t}^{n}\dot{\boldsymbol{q}}_{nf}, \quad \boldsymbol{\omega}_{\overline{n+1},n} = {}^{j}\boldsymbol{\Phi}_{r}^{n}\dot{\boldsymbol{q}}_{nf}$$

令

$$\boldsymbol{G}_{n+1} = (\boldsymbol{B}_{n}\boldsymbol{C}_{n}\boldsymbol{D}_{n})^{\mathrm{T}}, \quad \boldsymbol{d}_{n+1} = \boldsymbol{B}_{n}\boldsymbol{C}_{n}\boldsymbol{d}_{n,n+1}, \quad \boldsymbol{d}_{\overline{n+1}} = \boldsymbol{C}_{n}\boldsymbol{d}_{n,n+1} \tag{6.33}$$

则式(6.31)和式(6.32)可合并为

$$\begin{pmatrix} \boldsymbol{v}_{n+1} \\ \boldsymbol{\omega}_{n+1} \\ \dot{\boldsymbol{q}}_{n+1,f} \end{pmatrix} = \begin{pmatrix} \boldsymbol{G}_{n+1} & -\boldsymbol{G}_{n+1}(\tilde{\boldsymbol{s}}_{n} + \tilde{\boldsymbol{d}}_{n+1}) & \boldsymbol{G}_{n+1}({}^{j}\boldsymbol{\Phi}_{t}^{n} - \tilde{\boldsymbol{d}}_{\overline{n+1}}{}^{j}\boldsymbol{\Phi}_{r}^{n}) \\ 0 & \boldsymbol{G}_{n+1} & \boldsymbol{G}_{n+1}{}^{j}\boldsymbol{\Phi}_{r}^{n} \\ 0 & 0 & 0 \end{pmatrix} \begin{pmatrix} \boldsymbol{v}_{n} \\ \boldsymbol{\omega}_{n} \\ \dot{\boldsymbol{q}}_{nf} \end{pmatrix} +$$

$$\begin{pmatrix} \boldsymbol{D}_n^{\mathrm{T}} & 0 & 0 \\ 0 & \boldsymbol{E}_3 & 0 \\ 0 & 0 & \boldsymbol{E}_k \end{pmatrix} \begin{pmatrix} \dot{\boldsymbol{d}}_{n,n+1} \\ \boldsymbol{\omega}_{n+1,\overline{n+1}} \\ \dot{\boldsymbol{q}}_{n+1,f} \end{pmatrix} \tag{6.34}$$

式中,$\boldsymbol{E}$ 为单位矩阵;K 为柔性体 B_n 的模态阶数。假设如下矩阵式为

$$\boldsymbol{P}_{n+1}^* = \begin{pmatrix} \boldsymbol{P}_{n+1} & 0 \\ 0 & E_k \end{pmatrix}, \quad \dot{\boldsymbol{q}}'_{n+1} = (\dot{\boldsymbol{d}}_{n,n+1}^{\mathrm{T}} \quad \boldsymbol{\omega}_{n+1,\overline{n+1}}^{\mathrm{T}} \quad \dot{\boldsymbol{q}}_{n+1,f}^{\mathrm{T}})^{\mathrm{T}}$$

$$\dot{\boldsymbol{q}}_{n+1} = (\boldsymbol{v}_{n+1}^{\mathrm{T}} \quad \boldsymbol{\omega}_{n+1}^{\mathrm{T}} \quad \dot{\boldsymbol{q}}_{n+1,f}^{\mathrm{T}})^{\mathrm{T}}, \quad \dot{\boldsymbol{q}}_n = (\boldsymbol{v}_n^{\mathrm{T}} \quad \boldsymbol{\omega}_n^{\mathrm{T}} \quad \dot{\boldsymbol{q}}_{nf}^{\mathrm{T}})^{\mathrm{T}}$$

$$\boldsymbol{r}_{n+1} = \begin{pmatrix} \boldsymbol{G}_{n+1} & -\boldsymbol{G}_{n+1}(\tilde{\boldsymbol{s}}_n + \tilde{\boldsymbol{d}}_{n+1}) & \boldsymbol{G}_{n+1}({}^j\boldsymbol{\Phi}_t^n - \tilde{\boldsymbol{d}}_{\overline{n+1}}\,{}^j\boldsymbol{\Phi}_r^n) \\ 0 & \boldsymbol{G}_{n+1} & \boldsymbol{G}_{n+1}\,{}^j\boldsymbol{\Phi}_r^n \\ 0 & 0 & 0 \end{pmatrix}$$

$$\boldsymbol{T}_{n+1} = \begin{pmatrix} \boldsymbol{D}_n^{\mathrm{T}} & 0 & 0 \\ 0 & \boldsymbol{E}_3 & 0 \\ 0 & 0 & \boldsymbol{E}_k \end{pmatrix}$$

式中,$\boldsymbol{P}_{n+1}$ 为铰链H_{n+1} 的投影矩阵;μ_{n+1} 为铰链的自由坐标。则式(6.34) 可以表示为

$$\dot{\boldsymbol{q}}_{n+1} = \boldsymbol{R}_{n+1}\,\dot{\boldsymbol{q}}_n + \boldsymbol{T}_{n+1}\,\boldsymbol{P}_{n+1}^*\,\dot{\boldsymbol{q}}'_{n+1} \tag{6.35}$$

将式(6.35) 对时间求导,可得两相邻柔性体之间的加速度关系为

$$\ddot{\boldsymbol{q}}_{n+1} = \boldsymbol{R}_{n+1}\,\ddot{\boldsymbol{q}}_n + \boldsymbol{T}_{n+1}\,\boldsymbol{P}_{n+1}^*\,\ddot{\boldsymbol{q}}'_{n+1}\,\boldsymbol{b}'_{n+1} \tag{6.36}$$

式中

$$\boldsymbol{b}'_{n+1} = \dot{\boldsymbol{R}}_{n+1}\,\dot{\boldsymbol{q}}_n + \dot{T}_{n+1}\,\boldsymbol{P}_{n+1}^*\,\dot{\boldsymbol{q}}_{n+1} + \boldsymbol{T}_{n+1}\,\dot{\boldsymbol{P}}_{n+1}^*\,\dot{\boldsymbol{q}}_{n+1}$$

对于单自由度铰来说,两相邻物体之间的速度和加速度关系具有更简单的形式,即

$$\dot{\boldsymbol{q}}_{n+1} = \boldsymbol{R}_{n+1}\,\dot{\boldsymbol{q}}_n + \boldsymbol{P}_{n+1}^*\,\dot{\boldsymbol{q}}'_{n+1} \tag{6.37}$$

$$\ddot{\boldsymbol{q}}_{n+1} = \boldsymbol{R}_{n+1}\,\ddot{\boldsymbol{q}}_n + \boldsymbol{P}_{n+1}^*\,\ddot{\boldsymbol{q}}'_{n+1}\,\boldsymbol{b}'_{n+1} \tag{6.38}$$

式中

$$\boldsymbol{b}'_{n+1} = \dot{\boldsymbol{R}}_{n+1}\,\dot{\boldsymbol{q}}_n$$

如果令

$$\boldsymbol{a}_{n+1}^* = (\dot{\boldsymbol{v}}_{n+1}^{\mathrm{T}} \quad \boldsymbol{\omega}_{n+1}^{\mathrm{T}})^{\mathrm{T}}, \quad \boldsymbol{b}_{n+1} = \dot{R}_{n+1}^*\,\dot{\boldsymbol{q}}_n$$

$$R_{n+1}^* = \begin{pmatrix} \boldsymbol{G}_{n+1} & -\boldsymbol{G}_{n+1}(\tilde{\boldsymbol{s}}_n + \tilde{\boldsymbol{d}}_{n+1}) & \boldsymbol{G}_{n+1}({}^j\boldsymbol{\Phi}_t^n - \tilde{\boldsymbol{d}}_{\overline{n+1}}\,{}^j\boldsymbol{\Phi}_r^n) \\ 0 & \boldsymbol{G}_{n+1} & \boldsymbol{G}_{n+1}\,{}^j\boldsymbol{\Phi}_r^n \end{pmatrix}$$

则加速度关系矩阵式(6.38) 的前六行又可表示为

$$\boldsymbol{a}_{n+1}^* = \boldsymbol{R}_{n+1}^*\,\ddot{\boldsymbol{q}}_n + \boldsymbol{P}_{n+1}\,\ddot{\boldsymbol{u}}_{n+1} + \boldsymbol{b}_{n+1} \tag{6.39}$$

6.2　用牛顿－欧拉法建立复杂航天器的动力学方程

采用牛顿－欧拉法建立复杂航天器的动力学方程,需要解决两个重要的环节:一是单个隔离体动力学方程的建立问题;二是利用相关矩阵集成系统方程的问题,显然该问题与系统的具体结构的拓扑形式有关。因此,本节的重点将放在单体动力学方程的建立上,它是系统方程建立的基础。

6.2.1　多刚体系统的单体动力学方程

1. 质量几何模型

在多体系统建模中,为了推导的统一,需给出单个物体的质量M_n、静矩$\boldsymbol{c}_n$ 和惯性矩$\boldsymbol{J}_n$。在图 6.4 所示的 $O_ix_iy_iz_i$ 惯性系和 O_nxyz 连体系中,设 m_l 为物体第 l 个质量微元 p,$\boldsymbol{s}_l$ 为点 p 的矢径,则物体相对于 O_n 点的静矩为

$$\boldsymbol{c}_n^* = \sum_{l=1}^{N} \boldsymbol{s}_l m_l \tag{6.40}$$

将其在参考系 O_nxyz 中投影可得

$$\boldsymbol{c}_n^* = \sum_{l=1}^{N} \boldsymbol{s}_l m_l \tag{6.41}$$

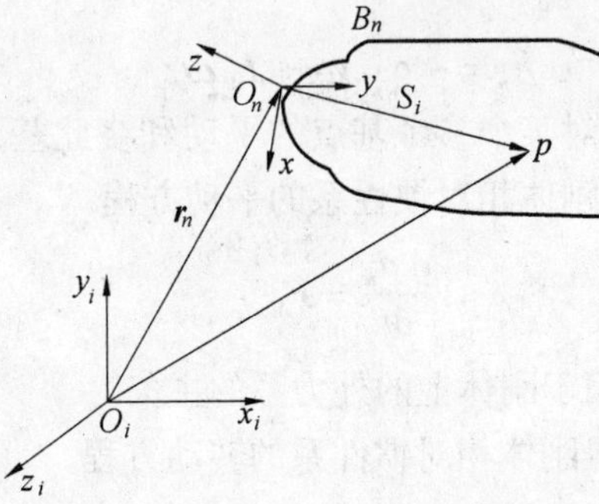

图 6.4　刚体中集中质量为 m_i 的节点 p 的矢径

在 O_nxyz 中,物体相对于 O_n 点的惯量张量为$\boldsymbol{J}_n$,则其矢量表达式为

$$\boldsymbol{J}_n = \sum_{l=1}^{N} (\boldsymbol{s}_l \cdot \boldsymbol{s}_l E_3 - \boldsymbol{s}_l \cdot \boldsymbol{s}_l) m_l \tag{6.42}$$

$\boldsymbol{J}_n$ 在参考系 O_nxyz 中投影的表达式可写为如下形式

$$\boldsymbol{J}_n = \sum_{l=1}^{N} (\boldsymbol{s}_l \cdot \boldsymbol{s}_l E_3 - \boldsymbol{s}_l \boldsymbol{s}_l) m_l = -\sum_{l=1}^{N} \bar{s}_l \cdot \bar{s}_l m_l \tag{6.43}$$

其矩阵表达式为

$$\boldsymbol{J}_n = \begin{pmatrix} J_{n1}^{11} & -J_{n1}^{12} & -J_{n1}^{13} \\ -J_{n1}^{21} & J_{n1}^{22} & -J_{n1}^{23} \\ -J_{n1}^{31} & -J_{n1}^{32} & J_{n1}^{33} \end{pmatrix} \tag{6.44}$$

2. 牛顿 - 欧拉方程

质点系中各质点的动量之和称为质点系的动量，记为$\boldsymbol{p}_n$。其表达式为

$$\boldsymbol{p}_n = \sum_{l=1}^{N} \boldsymbol{v}_l m_l \tag{6.45}$$

式中，$\boldsymbol{v}_l$ 为质量微元 p 的绝对速度，它在连体系中的投影可以表示为

$$\boldsymbol{v}_l = \boldsymbol{v}_n + \tilde{\boldsymbol{\omega}}_n S_l \tag{6.46}$$

将式(6.46) 代入式(6.45)，可获得 p_n 在 $O_n xyz$ 中投影的表达式为

$$\boldsymbol{p}_n = -\tilde{\boldsymbol{c}}_n^* \boldsymbol{\omega}_n + \sum_{l=1}^{N} \boldsymbol{v}_n m_l \tag{6.47}$$

设质量微元 p 的绝对速度为$\boldsymbol{v}_l$，则物体相对于参考点 O_n 的动量矩矢量可以表示为

$$\boldsymbol{h}_n = \sum_{l=1}^{N} (\boldsymbol{s}_l \times \boldsymbol{v}_l) m_l \tag{6.48}$$

那么，$\boldsymbol{h}_n$ 在参考系 $O_n xyz$ 中投影的矩阵形式为

$$\boldsymbol{h}_n = -\tilde{\boldsymbol{c}}_n^* \boldsymbol{v}_n + \boldsymbol{J}_n \boldsymbol{\omega}_n \tag{6.49}$$

刚体运动可以分解为物体相对某个参考基点的平动和绕此基点的转动。于是，利用质点系微分形式的动量定理可以建立刚体相对惯性系的平动方程

$$\frac{\mathrm{d}\boldsymbol{p}_n}{\mathrm{d}t} = \boldsymbol{F}_n \tag{6.50}$$

式中，$\boldsymbol{p}_n$ 为刚体的动量；$\boldsymbol{F}_n$ 为作用于刚体上的外力系的主矢。

同样，利用动量矩定理可获得刚体相对惯性系的转动方程

$$\frac{\mathrm{d}\boldsymbol{h}_n}{\mathrm{d}t} + \boldsymbol{v}_n \times \boldsymbol{p}_n = \boldsymbol{M}_n \tag{6.51}$$

式(6.50) 和式(6.51) 即为矢量形式的牛顿 - 欧拉方程。

3. 单个刚体的动力学方程

为用牛顿 - 欧拉方程建立单个刚体的动力学方程，在 m 个刚体中取刚体 $B_n(n = 1, \cdots, m)$

为研究对象,并把系统中刚体之间的相互作用力当做外力看待。

将式(6.50)和式(6.51)向动参考系投影,可以对每个刚体 B_n 写出其牛顿-欧拉方程

$$\dot{\boldsymbol{p}}_n + \tilde{\boldsymbol{\omega}}_n \boldsymbol{p}_n = \boldsymbol{f}_n \tag{6.52}$$

$$\dot{\boldsymbol{h}}_n + \tilde{\boldsymbol{\omega}}_n \boldsymbol{h}_n + \tilde{v}_n \boldsymbol{p}_n = \boldsymbol{M}_n \tag{6.53}$$

式中,$\dot{\boldsymbol{p}}_n$ 和$\dot{\boldsymbol{h}}_n$ 是相对参考系 $O_n xyz$ 求得的时间导数。利用式(6.47)和式(6.49),并令

$$\boldsymbol{A}_{n,tt} = \sum_{i-1}^{N} m_l E_3,\quad \boldsymbol{A}_{n,tr} = -\tilde{\boldsymbol{c}}_n^*,\quad \boldsymbol{A}_{n,rr} = \boldsymbol{J}_n \tag{6.54}$$

则可将方程式(6.52)和式(6.53)表示为

$$\boldsymbol{A}_{n,tt}\dot{\boldsymbol{v}}_n + \boldsymbol{A}_{n,tr}\dot{\boldsymbol{\omega}}_n = \boldsymbol{f}_n + \boldsymbol{f}_l \tag{6.55}$$

$$\boldsymbol{A}_{n,tr}^{\mathrm{T}}\dot{\boldsymbol{v}}_n + \boldsymbol{A}_{n,tr}\dot{\boldsymbol{\omega}}_n = \boldsymbol{M}_n + \boldsymbol{M}_l \tag{6.56}$$

式中,$\boldsymbol{f}_l$ 和 $\boldsymbol{M}_l$ 分别为惯性力和惯性力矩,其表达式分别为

$$\boldsymbol{f}_l = -\tilde{\boldsymbol{\omega}}_n(\tilde{\boldsymbol{\omega}}_n \boldsymbol{c}_n^* + \sum_{l=1}^{N} \boldsymbol{v}_n m_l)$$

$$M_l = \tilde{\boldsymbol{v}}_n \tilde{\boldsymbol{c}}_n^* \boldsymbol{\omega}_n - \tilde{\boldsymbol{\omega}}_n \tilde{\boldsymbol{c}}_n^* \boldsymbol{v}_n + \tilde{\boldsymbol{\omega}}_n \boldsymbol{J}_n \tilde{\boldsymbol{\omega}}_n$$

于是,单个刚体的动力学方程式(6.55)和式(6.56)可以合并成统一形式为

$$\boldsymbol{A}_n \ddot{\boldsymbol{q}}_n = \boldsymbol{F}_n \tag{6.57}$$

式中

$$\ddot{\boldsymbol{q}}_n = (\dot{\boldsymbol{v}}_n^{\mathrm{T}}\quad \dot{\boldsymbol{\omega}}_n^{\mathrm{T}})^{\mathrm{T}}$$

$$\boldsymbol{A}_n = \begin{bmatrix} \boldsymbol{A}_{n,tt} & \boldsymbol{A}_{n,tr} \\ \boldsymbol{A}_{n,tr}^{\mathrm{T}} & \boldsymbol{A}_{n,rr} \end{bmatrix}$$

$$\boldsymbol{F}_n = ((\boldsymbol{f}_n + \boldsymbol{f}_l)^{\mathrm{T}}\quad (\boldsymbol{M}_n + \boldsymbol{M}_l)^{\mathrm{T}})^{\mathrm{T}}$$

4. 邻接刚体之间的相互作用力

多体系统运动时,相邻物体之间的相互作用力和力矩通过铰链进行传递。这些力和力矩的来源有两个:一是铰链中的约束;二是弹簧、阻尼器、驱动器及其类似装置。在求这些相互作用力时,将采取统一的合成作用力进行研究。

如图6.5所示,$\boldsymbol{f}_{n,n-1}$,$\boldsymbol{f}_{n,\mathrm{ext}}$,$\boldsymbol{M}_{n,n-1}$ 分别为铰点 O_n 处物体 B_n 受到物体 B_{n-1} 的约束作用力、外力(包括惯性力)和外力矩。$\boldsymbol{f}_{n+1,n}$,$\boldsymbol{f}_{n+1,\mathrm{ext}}\boldsymbol{M}_{n+1,n}$ 分别为铰点 O_{n+1} 处物体 B_{n+1} 对物体 B_n 的约束作用力、外力(包括惯性力)和外力矩。那么,作用于物体 B_n 上的总外力主矢量可表示为

$$\boldsymbol{F}_n = \boldsymbol{f}_{n,n-1} + \boldsymbol{f}_{n.\mathrm{ext}} + \boldsymbol{f}_{n+1,n} + \boldsymbol{f}_{n+1,\mathrm{ext}} \tag{6.58}$$

于是,铰点 O_n 处的总外力矩为

$$\boldsymbol{M}_n = \boldsymbol{M}_{n,n-1} + \boldsymbol{M}_{n+1,n} + \boldsymbol{s}_n \times (\boldsymbol{f}_{n+1,n} + \boldsymbol{f}_{n+1,\mathrm{ext}}) \tag{6.59}$$

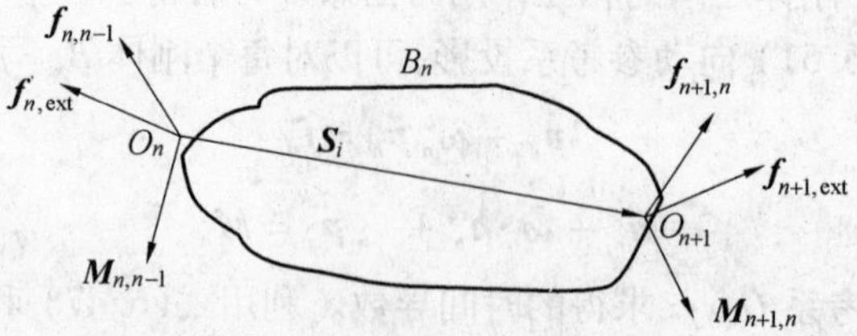

图 6.5 两相邻刚体间的作用力和力矩

在附件参考系 $O_n xyz$ 中分析附件 B_n 的运动时，将 $\boldsymbol{F}_n, \boldsymbol{M}_n, \boldsymbol{f}_{n,n-1}, \boldsymbol{M}_{n,n-1}, \boldsymbol{f}_{n,\mathrm{ext}}$ 分别在动参考系 $O_n xyz$ 中投影，而将 $\boldsymbol{f}_{n+1,n}, \boldsymbol{f}_{n+1,\mathrm{ext}}, \boldsymbol{M}_{n+1,n}$ 分别在动参考系 $O_{n+1}-xyz$ 中投影。则可得标量形式的总外力和外力矩为

$$\boldsymbol{F}_n = \boldsymbol{f}_{n,n-1} + \boldsymbol{G}_{n+1}^{\mathrm{T}}(\boldsymbol{f}_{n+1,n} + \boldsymbol{f}_{n+1,\mathrm{ext}}) + \boldsymbol{f}_{n,\mathrm{ext}} \tag{6.60}$$

$$\boldsymbol{M}_n = \boldsymbol{M}_{n,n-1} + \boldsymbol{G}_{n+1}^{\mathrm{T}}(\boldsymbol{M}_{n+1,n} + \boldsymbol{s}_n \times (\boldsymbol{f}_{n+1,n} + \boldsymbol{f}_{n+1,\mathrm{ext}})) \tag{6.61}$$

式中，$\boldsymbol{G}_{n+1}$ 由式(6.14)定义。

6.2.2 多柔体系统的单体动力学方程

1. 质量几何模型

用有限元方法将柔性体离散后，可将柔性体的质量聚集在各个节点上。这样就可把整个柔性体当作离散后质点来对待。如图 6.6 所示，设 m_l 为第 l 节点的集中质量，$\boldsymbol{s}_{l0}$ 为点 p 变形前的矢径，$\boldsymbol{s}_l$ 为点 p 变形后的矢径，则柔性体 B_n 相对于 O_n 点的静矩在参考系 $O_n xyz$ 中投影为

$$\boldsymbol{C}_n^* = \sum_{l=1}^{N} \boldsymbol{s}_{l0} m_l + \sum_{l=1}^{N} \boldsymbol{\Phi}_{t,l}^{n} q_{nf} m_l \tag{6.62}$$

式中，N 为节点总数；$\boldsymbol{\Phi}_{t,l}^{n}$ 为节点 l 处的平动模态矩阵。

设柔性体 B_n 相对于点 O_n 的惯量张量为 $\boldsymbol{J}_n$，其在参考系 $O_n xyz$ 中投影为

$$\boldsymbol{J}_n = \sum_{l=1}^{N} \tilde{\boldsymbol{s}}_l \tilde{\boldsymbol{s}}_l m_l \tag{6.63}$$

则其矩阵表达式可写为

$$\boldsymbol{J}_n = \boldsymbol{J}_{n1} + \boldsymbol{J}_{n2} = \begin{pmatrix} J_{n1}^{11} & -J_{n1}^{12} & -J_{n1}^{13} \\ -J_{n1}^{21} & -J_{n1}^{22} & -J_{n1}^{23} \\ -J_{n1}^{31} & -J_{n1}^{32} & J_{n1}^{33} \end{pmatrix} + \begin{pmatrix} J_{n2}^{11} & -J_{n2}^{12} & -J_{n2}^{13} \\ -J_{n2}^{21} & -J_{n2}^{22} & -J_{n2}^{23} \\ -J_{n2}^{31} & -J_{n2}^{32} & J_{n2}^{33} \end{pmatrix} \tag{6.64}$$

在式(6.63)中，惯量矩阵被分成 $\boldsymbol{J}_{n1}$ 和 $\boldsymbol{J}_{n2}$ 两部分：$\boldsymbol{J}_{n1}$ 为变形前柔性体相对于 O_n 点的惯量矩阵，$\boldsymbol{J}_{n2}$ 是一个定常矩阵；$\boldsymbol{J}_{n2}$ 则表示由于弹性变形而引起的柔性体相对于 O_n 点的转动惯量的

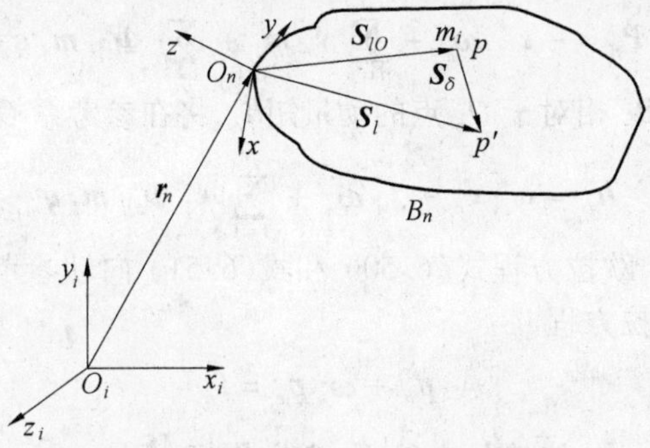

图 6.6　柔性体质量微元 m_l 的节点 p 在变形前后的矢径

变化。$\boldsymbol{J}_{n2}$ 中三个主对角元素和六个非对角元素的显式表达式为

$$\left.\begin{aligned}
J_{n2}^{11} &= 2\sum_{l=1}^{N}(s_{lo}^{z}\,\boldsymbol{\Phi}_{t,l}^{n,z} + s_{lo}^{y}\,\boldsymbol{\Phi}_{t,l}^{n,y})\,m_l\,q_{nf}\\
J_{n2}^{22} &= 2\sum_{l=1}^{N}(s_{lo}^{x}\,\boldsymbol{\Phi}_{t,l}^{n,x} + s_{lo}^{z}\,\boldsymbol{\Phi}_{t,l}^{n,z})\,m_l\,q_{nf}\\
J_{n2}^{33} &= 2\sum_{l=1}^{N}(s_{lo}^{x}\,\boldsymbol{\Phi}_{t,l}^{n,x} + s_{lo}^{y}\,\boldsymbol{\Phi}_{t,l}^{n,y})\,m_l\,q_{nf}\\
J_{n2}^{12} &= J_{n2}^{21} = 2\sum_{l=1}^{N}(s_{lo}^{x}\,\boldsymbol{\Phi}_{t,l}^{n,y} + s_{lo}^{y}\,\boldsymbol{\Phi}_{t,l}^{n,x})\,m_l\,q_{nf}\\
J_{n2}^{13} &= J_{n2}^{31} = 2\sum_{l=1}^{N}(s_{lo}^{x}\,\boldsymbol{\Phi}_{t,l}^{n,z} + s_{lo}^{z}\,\boldsymbol{\Phi}_{t,l}^{n,x})\,m_l\,q_{nf}\\
J_{n2}^{23} &= J_{n2}^{32} = 2\sum_{l=1}^{N}(s_{lo}^{y}\,\boldsymbol{\Phi}_{t,l}^{n,z} + s_{lo}^{z}\,\boldsymbol{\Phi}_{t,l}^{n,y})\,m_l\,q_{nf}
\end{aligned}\right\}\tag{6.65}$$

从以上三个主对角元素和六个非对角元素的显式表达式可以看出，各式中模态坐标 q_{nf} 前的项为常量。利用这一特点，可以方便地计算不同时刻柔性体 B_n 的惯量矩阵。即将 $\boldsymbol{J}_{n1}$ 和 $\boldsymbol{J}_{n2}$ 中的各常量预先计算一次，对于不同时刻，将 $\boldsymbol{J}_{n2}$ 中的各常量与该时刻的模态坐标相乘得到 $\boldsymbol{J}_{n2}$，然后将 $\boldsymbol{J}_{n1}$ 和 $\boldsymbol{J}_{n2}$ 相加就可以得到此时的惯量矩阵。这与用定义式(6.62)计算惯量矩阵相比可以节省大量的计算时间。

2. 单个柔性体的动力学方程

节点 p 的绝对速度在连体参考系 $O_n xyz$ 中的投影可以表示为

$$\boldsymbol{v}_l = \boldsymbol{v}_n + \tilde{\boldsymbol{\omega}}_n\,\boldsymbol{s}_l + \boldsymbol{\Phi}_{t,l}^{n}\,\dot{\boldsymbol{q}}_{nf}\tag{6.66}$$

利用式(6.66)，可将柔性体 B_n 的动量 $\boldsymbol{P}_n$（由式(6.45)定义）在参考系 $O_n xyz$ 中的投影表示为

$$\boldsymbol{P}_n = -\tilde{\boldsymbol{c}}^* \boldsymbol{\omega}_n + \sum_{l=1}^{N} \boldsymbol{v}_n \boldsymbol{m}_l + \sum_{l=1}^{N} \boldsymbol{\Phi}_{t,l}^n \boldsymbol{m}_l \dot{\boldsymbol{q}}_{nf} \tag{6.67}$$

式(6.48)定义了柔性体 B_n 相对于 O_n 点的动量矩$\boldsymbol{h}_n$,将在参考系 O_nxyz 中的投影为

$$\boldsymbol{h}_n = \tilde{\boldsymbol{c}}^* \boldsymbol{v}_n + \boldsymbol{J}_n \boldsymbol{\omega}_n + \sum_{l=1}^{N} \tilde{\boldsymbol{s}}_l \boldsymbol{\Phi}_{t,l}^n \boldsymbol{m}_l \dot{\boldsymbol{q}}_{nf} \tag{6.68}$$

将矢量形式的牛顿–欧拉方程式(6.50)和式(6.51)向动参考系 O_nxyz 投影可以对每个柔性体 B_n 写出牛顿–欧拉方程

$$\dot{\boldsymbol{p}}_n + \tilde{\boldsymbol{\omega}}_n \boldsymbol{p}_n = \boldsymbol{f}_n \tag{6.69}$$

$$\dot{\boldsymbol{h}}_n + \tilde{\boldsymbol{\omega}}_n \boldsymbol{h}_n + \boldsymbol{v}_n \boldsymbol{p}_n = \boldsymbol{M}_n \tag{6.70}$$

式中,$\dot{\boldsymbol{p}}_n$ 和$\dot{\boldsymbol{h}}_n$ 为相对参考系求得的时间导数。

利用式(6.27)和式(6.28),并令

$$\boldsymbol{A}_{n,tt} = \sum_{l=1}^{N} \boldsymbol{m}_l \boldsymbol{E}_3, \quad \boldsymbol{A}_{n,tr} = -\tilde{\boldsymbol{c}}_n^*$$

$$\boldsymbol{A}_{n,rf} = \sum_{l=1}^{N} \boldsymbol{\Phi}_{t,l}^n \boldsymbol{m}_l, \quad \boldsymbol{A}_{n,rr} = \boldsymbol{J}_n$$

$$\boldsymbol{A}_{n,rf} = \sum_{l=1}^{N} \tilde{\boldsymbol{s}}_l \boldsymbol{\Phi}_{t,l}^n \boldsymbol{m}_l$$

则可以将方程式(6.29)和式(6.30)表示为

$$\boldsymbol{A}_{n,tt} \dot{\boldsymbol{v}}_n + \boldsymbol{A}_{n,tr} \dot{\boldsymbol{\omega}}_n + A_{n,tf} \ddot{\boldsymbol{q}}_{nf} = \boldsymbol{f}_n + \boldsymbol{f}_l \tag{6.71}$$

$$\boldsymbol{A}_{n,tr}^{\mathrm{T}} \dot{\boldsymbol{v}}_n + \boldsymbol{A}_{n,rr} \dot{\boldsymbol{\omega}}_n + A_{n,rf} \ddot{\boldsymbol{q}}_{nf} = \boldsymbol{M}_n + \boldsymbol{M}_l \tag{6.72}$$

式中,$\boldsymbol{f}_l$ 和$\boldsymbol{l}_l$ 分别为惯性力和惯性力矩,其表达式分别为

$$\boldsymbol{f}_l = -\tilde{\boldsymbol{\omega}}_n (\tilde{\boldsymbol{\omega}}_n \boldsymbol{c}_n^* + \sum_{l=1}^{N} \boldsymbol{v}_n \boldsymbol{m}_l + 2\sum_{l=1}^{N} \boldsymbol{\Phi}_{t,l}^n \dot{\boldsymbol{q}}_{nf}) \tag{6.73}$$

$$\boldsymbol{M}_l = -\dot{\boldsymbol{J}}_n \boldsymbol{\omega}_n + \tilde{\boldsymbol{v}}_n \tilde{\boldsymbol{c}}_n^* \tilde{\boldsymbol{\omega}}_n - \tilde{\boldsymbol{\omega}}_n \tilde{\boldsymbol{c}}_n^* \boldsymbol{v}_n - \tilde{\boldsymbol{\omega}}_n \boldsymbol{J}_n \boldsymbol{\omega}_n - \sum_{l=1}^{N} \tilde{\boldsymbol{s}}_l \boldsymbol{\Phi}_{t,l}^n \boldsymbol{m}_l \dot{\boldsymbol{q}}_{nf} - \tilde{\boldsymbol{\omega}}_n \sum_{l=1}^{N} \tilde{\boldsymbol{s}}_l \boldsymbol{\Phi}_{t,l}^n \boldsymbol{m}_l \dot{\boldsymbol{q}}_{nf} \tag{6.74}$$

由于在式(6.71)、式(6.72)中出现了模态坐标$\boldsymbol{q}_{nf}$,因此需要补充关于模态坐标$\boldsymbol{q}_{nf}$ 的动力学方程,也就是柔性体的振动方程为

$$\boldsymbol{A}_{n,tf} \dot{\boldsymbol{v}}_n + \boldsymbol{A}_{n,rf}^{\mathrm{T}} \dot{\boldsymbol{\omega}}_n + \boldsymbol{A}_{n,ff} \ddot{\boldsymbol{q}}_{nf} + \boldsymbol{C}_n^s \dot{\boldsymbol{q}}_{nf} + \boldsymbol{K}_n \boldsymbol{q}_{nf} = \boldsymbol{f}_{e,e} + \boldsymbol{f}_{l,e} \tag{6.75}$$

式中,$\boldsymbol{A}_{n,ff}$ 为柔性体的模态质量矩阵;$\boldsymbol{C}_n^s$ 为柔性体的结构阻尼矩阵;$\boldsymbol{K}_n$ 为柔性体的刚度矩阵。式(6.75)右端的模态力可表示为

$$\boldsymbol{f}_{e,e} = \sum_{l=1}^{N} (\boldsymbol{\Phi}_{t,l}^n)^{\mathrm{T}} \boldsymbol{f}_{n,l} \tag{6.76}$$

$$\boldsymbol{f}_{l,e} = -\sum_{l=1}^{N} (\boldsymbol{\Phi}_{t,l}^n)^{\mathrm{T}} \boldsymbol{m}_l \tilde{\boldsymbol{\omega}}_n (\boldsymbol{v}_n + \tilde{\boldsymbol{\omega}}_n \boldsymbol{s}_l + 2\boldsymbol{\Phi}_{t,l}^n \dot{\boldsymbol{q}}_n) \boldsymbol{f}_{n,l} \tag{6.77}$$

式(6.76)中的$\boldsymbol{f}_{n,l}$为节点l处柔性体受到的外力,并令

$$\boldsymbol{A}_n=\begin{pmatrix} A_{n,tt} & A_{n,tr} & A_{n,tf} \\ A_{n,tr} & A_{n,rr} & A_{n,rf} \\ A_{n,tf} & A_{n,rf} & A_{n,ff} \end{pmatrix} \tag{6.78}$$

$$\boldsymbol{F}_n=\left[\,(\boldsymbol{f}_n+\boldsymbol{f}_l)^{\mathrm{T}}\quad(\boldsymbol{M}_n+\boldsymbol{M}_l)^{\mathrm{T}}\quad(\boldsymbol{f}_{e,e}+\boldsymbol{f}_{e,l}-\boldsymbol{C}_n^s\dot{\boldsymbol{q}}_{nf}-\boldsymbol{K}_n\boldsymbol{q}_{nf})^{\mathrm{T}}\,\right]^{\mathrm{T}} \tag{6.79}$$

则方程式(6.71)、式(6.72)和式(6.75)可以合并成为

$$\boldsymbol{A}_n\ddot{\boldsymbol{q}}_n=\boldsymbol{F}_n \tag{6.80}$$

这就是单个柔性体B_n的动力学方程。

6.3 拉格朗日法建立复杂航天器的动力学方程

采用拉格朗日方程建立柔性航天器动力学模型,重点是要解决系统的动能和位能的描述问题,在考虑弹性体变形时,应将弹性位能加入到系统位能项中去。由于现代航天器大部分都可以模化为中心刚体加大型柔性附件类柔性航天器,因此,本节主要针对中心刚体加柔性附件类航天器及其复合柔性结构类航天器进行柔性动力学建模。

6.3.1 中心刚体加柔性附件类航天器动力学方程

1. 系统质点速度

如图6.7所示,为中心刚体带大型附件的柔性航天器,B表示航天器中心刚体,a_i表示第i个柔性附件,O_b为航天器质心,P_i为附件与星体铰接点。附件i上点j到O的矢径$\boldsymbol{R}_{ai,j}$为

$$\boldsymbol{R}_{ai,j}=\boldsymbol{X}+\boldsymbol{r}_{pi}+\boldsymbol{r}_{ai,j}+\boldsymbol{\delta}_{ai,j} \tag{6.81}$$

式中,X为星体质心相对标称位置的摄动量;$\boldsymbol{r}_{pi}$为P_i点到星体质心O_b的矢径;$\boldsymbol{r}_{ai,j}$为附件i上第j个节点到P_i的矢径;$\boldsymbol{\delta}_{ai,j}$为第$j$个节点的变形位移。对式(6.81)在$\{i\}$系求导可得附件$i$上$j$点的速度表达式为

$$\dot{\boldsymbol{R}}_{ai,j}=\dot{\boldsymbol{X}}+\boldsymbol{\omega}_s\times(\boldsymbol{r}_{pi}+\boldsymbol{r}_{ai,j}+\boldsymbol{\delta}_{ai,j})+\boldsymbol{\omega}_{ai}\times(\boldsymbol{r}_{ai,j}+\boldsymbol{\delta}_{ai,j})+\dot{\boldsymbol{\delta}}_{ai,j} \tag{6.82}$$

式中,$\boldsymbol{\omega}_s$为中心体相对$\{i\}$系的角速度;$\boldsymbol{\omega}_{ai}$为附件i相对$\{b\}$系的角速度。

为了便于工程分析,将X在$\{i\}$系中度量;$\boldsymbol{r}_{pi}$和$\boldsymbol{\omega}_s$在$\{b\}$系中度量;$\boldsymbol{r}_{ai,j}$,$\boldsymbol{\delta}_{ai,j}$和$\boldsymbol{\omega}_{ai}$在$\{a\}$系中度量。将式(6.82)在$\{a\}$系中投影,于是可得到附件$i$上第$j$个节点速度的矩阵表达式

$$\boldsymbol{V}_{ai,j}=\boldsymbol{C}_{aib}\boldsymbol{A}\dot{\boldsymbol{X}}+(\boldsymbol{C}_{aib}\tilde{\boldsymbol{r}}_{pi}^{\mathrm{T}}+\tilde{\boldsymbol{r}}_{ai,j}^{\mathrm{T}}\boldsymbol{C}_{aib}+\tilde{\boldsymbol{\delta}}_{ai,j}^{\mathrm{T}}\boldsymbol{C}_{aib})\boldsymbol{\omega}_s+(\tilde{\boldsymbol{r}}_{ai,j}^{\mathrm{T}}+\tilde{\boldsymbol{\delta}}_{ai,j}^{\mathrm{T}})\boldsymbol{\omega}_{ai}+\dot{\boldsymbol{\delta}}_{ai,j} \tag{6.83}$$

式中,“~”表示其对应的反对称矩阵;$\boldsymbol{A}$为姿态矩阵,即由$\{i\}$系到$\{b\}$系的转换阵,为简化,取$\boldsymbol{A}$为单位阵;$\boldsymbol{C}_{aib}$为由$\{b\}$系到$\{a\}$系的转换阵。

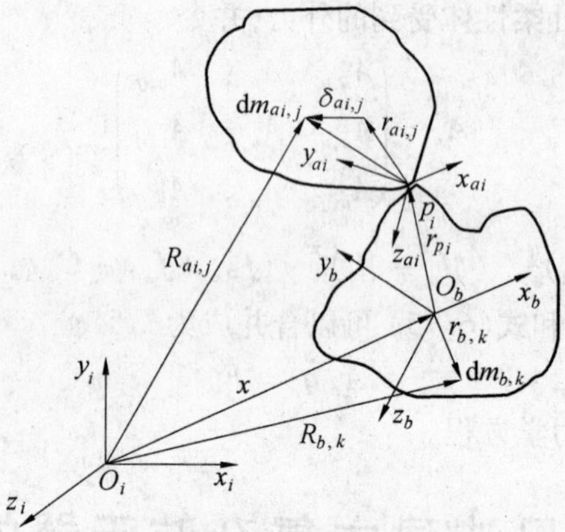

图 6.7 中心刚体加柔性附件类航天器系统示意图

中心刚体上一点 dm 到 O 的矢径为

$$\boldsymbol{R}_{b,k}=\boldsymbol{X}+\boldsymbol{r}_{b,k} \tag{6.84}$$

则该点在惯性系$\{i\}$中的速度在$\{b\}$系中的表达式为

$$\boldsymbol{v}_{b,k}=\boldsymbol{A}\dot{\boldsymbol{X}}+\tilde{\boldsymbol{r}}_{b,k}^{\mathrm{T}}\boldsymbol{\omega}_s \tag{6.85}$$

2. 系统 Lagrange 函数

柔性航天器的系统动能包括中心刚体和柔性附件的动能,设航天器具有 N 个附件,分别以 T_b,T_{ai} 表示中心刚体和附件 i 的动能,则系统动能 T 为

$$T=T_b+\sum_i T_{ai} \tag{6.86}$$

$$T_b=\frac{1}{2}\int_B \boldsymbol{v}_{b,k}^{\mathrm{T}}\boldsymbol{v}_{b,k}\mathrm{d}m=\frac{1}{2}\dot{\boldsymbol{X}}^{\mathrm{T}}\boldsymbol{M}_b\dot{\boldsymbol{X}}+\dot{\boldsymbol{X}}\boldsymbol{P}_b\boldsymbol{\omega}_s+\frac{1}{2}\boldsymbol{\omega}_s^{\mathrm{T}}\boldsymbol{I}_b\boldsymbol{\omega}_s \tag{6.87}$$

$$\begin{aligned}T_{ai}=&\frac{1}{2}\int_{Ai}\boldsymbol{v}_{ai,j}^{\mathrm{T}}\boldsymbol{v}_{ai,j}\mathrm{d}m=\\&\frac{1}{2}\dot{\boldsymbol{X}}^{\mathrm{T}}\boldsymbol{M}_{ai}\dot{\boldsymbol{X}}+\dot{\boldsymbol{X}}\boldsymbol{P}_{bi}\boldsymbol{\omega}_s+\dot{\boldsymbol{X}}^{\mathrm{T}}\boldsymbol{C}_{aib}^{\mathrm{T}}\boldsymbol{P}_{ii}\boldsymbol{\omega}_{ai}+\dot{\boldsymbol{X}}^{\mathrm{T}}\sum_j m_{ai,j}\dot{\boldsymbol{\delta}}_{ai,j}+\\&\frac{1}{2}\boldsymbol{\omega}_s^{\mathrm{T}}I_{bai}\boldsymbol{\omega}_s+\boldsymbol{\omega}_s^{\mathrm{T}}r_{sai}\boldsymbol{\omega}_{ai}+\boldsymbol{\omega}_s^{\mathrm{T}}\sum_j m_{ai,j}[\tilde{\boldsymbol{r}}_{ai,j}+\boldsymbol{C}_{aib}^{\mathrm{T}}(\tilde{\boldsymbol{r}}_{ai,j}+\tilde{\boldsymbol{\delta}}_{ai,j})\boldsymbol{C}_{aib}]\boldsymbol{C}_{aib}^{\mathrm{T}}\dot{\boldsymbol{\delta}}_{ai,j}+\\&\frac{1}{2}\boldsymbol{\omega}_{ai}^{\mathrm{T}}\boldsymbol{I}_{ai}\boldsymbol{\omega}_{ai}+\boldsymbol{\omega}_{ai}^{\mathrm{T}}\sum_j m_{ai,j}(\tilde{\boldsymbol{r}}_{ai,j}+\tilde{\boldsymbol{\delta}}_{ai,j})\dot{\boldsymbol{\delta}}_{ai,j}+\frac{1}{2}\sum_j m_{ai,j}\dot{\boldsymbol{\delta}}_{ai,j}^{\mathrm{T}}\dot{\boldsymbol{\delta}}_{ai,j}\end{aligned} \tag{6.88}$$

式中,$\boldsymbol{M}_b$ 为中心体质量阵;$\boldsymbol{I}_b$ 为中心体相对质心坐标系的惯量阵;$\boldsymbol{M}_{ai}=\sum_j m_{ai,j}$ 为附件 i 总质量;$\boldsymbol{P}_b=\sum_k m_{b,k}(\tilde{\boldsymbol{r}}_{b,k}^{\mathrm{T}}+\tilde{\boldsymbol{\delta}}_{b,k}^{\mathrm{T}})$ 为中心体相对于航天器系统质心的静矩; $I_{bai}=\sum_j m_{ai,j}[\tilde{r}_{pi}\tilde{\boldsymbol{r}}_{pi}^{\mathrm{T}}+$

$2\tilde{r}_{pi}\boldsymbol{C}_{aib}^{\mathrm{T}}(\tilde{r}_{ai,j}+\tilde{\boldsymbol{\delta}}_{ai,j})\boldsymbol{C}_{aib}+\boldsymbol{C}_{aib}^{\mathrm{T}}(\tilde{r}_{ai,j}+\tilde{\boldsymbol{\delta}}_{ai,j})(\tilde{\boldsymbol{r}}_{ai,j}^{\mathrm{T}}+\tilde{\boldsymbol{\delta}}_{ai,j}^{\mathrm{T}})\boldsymbol{C}_{aib}]$ 为附件相对于航天器系统质心的转动惯量矩阵；$\boldsymbol{I}_{ai}=\sum_j m_{ai,j}[(\tilde{r}_{ai,j}+\tilde{\boldsymbol{\delta}}_{ai,j})(\tilde{\boldsymbol{r}}_{ai,j}^{\mathrm{T}}+\tilde{\boldsymbol{\delta}}_{ai,j}^{\mathrm{T}})]$ 为附件相对于铰接点的转动惯量矩阵；$\boldsymbol{P}_{bi}=\sum_j m_{ai,j}[\tilde{\boldsymbol{r}}_{pi}^{\mathrm{T}}+\boldsymbol{C}_{aib}^{\mathrm{T}}(\tilde{\boldsymbol{r}}_{ai,j}^{\mathrm{T}}+\tilde{\delta}_{ai,j}^{\mathrm{T}})\boldsymbol{C}_{aib}]$ 为附件相对航天器质心的静矩；$\boldsymbol{P}_{ii}=\sum_j m_{ai,j}(\tilde{\boldsymbol{r}}_{ai,j}^{\mathrm{T}}+\tilde{\boldsymbol{\delta}}_{ai,j}^{\mathrm{T}})$ 为附件相对于附件铰接点的静矩；$\boldsymbol{R}_{sai}=\boldsymbol{C}_{aib}^{\mathrm{T}}\sum_j m_{ai,j}[\boldsymbol{C}_{aib}\tilde{r}_{pi}\boldsymbol{C}_{aib}^{\mathrm{T}}+(\tilde{\boldsymbol{r}}_{ai,j}+\tilde{\boldsymbol{\delta}}_{ai,j})(\tilde{\boldsymbol{r}}_{ai,j}+\tilde{\boldsymbol{\delta}}_{ai,j})$；$\boldsymbol{I}$ 为附件与航天器转动的刚性耦合系数矩阵。

多自由度系统采用广义坐标可表示为

$$q=\sum_{i=1}^{n}\varphi_i\eta_i=\boldsymbol{\Phi\eta}$$

式中，$\boldsymbol{\eta}=[\eta_1,\eta_2,\cdots,\eta_n]^{\mathrm{T}}$ 称为模态坐标列阵。用模态坐标对柔性附件的结构变形进行模态展开，应用式(6.86)～(6.88)，并注意到相对系统质心的静矩为零，则可得到航天器系统的动能为

$$T=\frac{1}{2}\dot{\boldsymbol{X}}^{\mathrm{T}}\boldsymbol{M}_s\dot{\boldsymbol{X}}+\dot{\boldsymbol{X}}^{\mathrm{T}}\sum_i\boldsymbol{F}_{tai}\dot{\boldsymbol{\eta}}_{ai}+\frac{1}{2}\boldsymbol{\omega}_s^{\mathrm{T}}\boldsymbol{I}_s\boldsymbol{\omega}_s+\boldsymbol{\omega}_s^{\mathrm{T}}\sum_i\boldsymbol{r}_{sai}\boldsymbol{\omega}_{ai}+$$
$$\boldsymbol{\omega}_s^{\mathrm{T}}\sum_i\boldsymbol{F}_{tai}\dot{\boldsymbol{\eta}}_{ai}+\frac{1}{2}\sum_i\boldsymbol{\omega}_{ai}^{\mathrm{T}}\boldsymbol{I}_{ai}\boldsymbol{\omega}_{ai}+\sum_i\boldsymbol{\omega}_{ai}^{\mathrm{T}}\boldsymbol{F}_{ai}\dot{\boldsymbol{\eta}}_{ai}+\frac{1}{2}\sum_i\dot{\boldsymbol{\eta}}_{ai}^{\mathrm{T}}\dot{\boldsymbol{\eta}}_{ai}\tag{6.89}$$

式中，$\boldsymbol{M}_s=\boldsymbol{M}_b+\sum_i\boldsymbol{M}_{ai}$ 为航天器总质量；$\boldsymbol{I}_s=\boldsymbol{I}_b+\sum_i\boldsymbol{I}_{bai}$ 为航天器相对本体坐标系的惯量矩阵；$\boldsymbol{F}_{stai}=\boldsymbol{C}_{aib}^{\mathrm{T}}\sum_j m_{ai,j}\boldsymbol{\Phi}_{ai,j}$ 为附件振动对航天器平动的柔性耦合系数矩阵；$\boldsymbol{F}_{ai}=\sum_j m_{ai,j}(\tilde{\boldsymbol{r}}_{ai,j}^{\mathrm{T}}+\tilde{\boldsymbol{\delta}}_{ai,j}^{\mathrm{T}})\boldsymbol{\Phi}_{ai,j}$ 为附件振动对附件转动的柔性耦合系数矩阵；$\boldsymbol{F}_{sai}=\sum_j m_{ai,j}[\tilde{\boldsymbol{r}}_{pi}+\boldsymbol{C}_{aib}^{\mathrm{T}}(\tilde{\boldsymbol{r}}_{ai,j}^{\mathrm{T}}+\tilde{\boldsymbol{\delta}}_{ai,j}^{\mathrm{T}})\cdot\boldsymbol{C}_{aib}]\boldsymbol{C}_{aib}^{\mathrm{T}}\boldsymbol{\Phi}_{ai,j}$ 为附件振动对航天器转动的柔性耦合系数矩阵；$\boldsymbol{\Phi}_{ai}$，$\boldsymbol{\eta}_{ai}$ 分别为附件 i 的模态矩阵和模态坐标。

对这类航天器，柔性建模中航天器的势能 $\boldsymbol{V}$ 主要为柔性附件的变形能。以 V_i 表示第 i 个附件的变形能，则有

$$V_{ai}=\frac{1}{2}\boldsymbol{\eta}_{ai}^{\mathrm{T}}\boldsymbol{\Lambda}_{ai}\eta_{ai}\tag{6.90}$$

式中，$\boldsymbol{\Lambda}_{ai}$ 为附件 i 的刚度矩阵。于是航天器系统的 Lagrange 函数为

$$\boldsymbol{L}=\boldsymbol{T}-\boldsymbol{V}=\boldsymbol{T}-\sum_i\boldsymbol{V}_{ai}\tag{6.91}$$

3. 耦合系数矩阵

对于上述与附件 i 有关的耦合系数矩阵，应用有限元方法可进一步得出其耦合系数矩阵

的简化表达式为

$$\left.\begin{aligned} \boldsymbol{F}_{tai} &= \boldsymbol{T}_{tai}\boldsymbol{D}_{ai}\boldsymbol{m}_{ai}\boldsymbol{\Phi}_{ai} \\ \boldsymbol{F}_{sai} &= \boldsymbol{T}_{sai}\boldsymbol{D}_{ai}\boldsymbol{m}_{ai}\boldsymbol{\Phi}_{ai} \\ \boldsymbol{F}_{ai} &= \boldsymbol{T}_{ai}\boldsymbol{D}_{ai}\boldsymbol{m}_{ai}\boldsymbol{\Phi}_{ai} \\ \boldsymbol{r}_{sai} &= \boldsymbol{T}_{sai}\boldsymbol{m}_{ai}\boldsymbol{T}_{ai}^{\mathrm{T}} \end{aligned}\right\} \tag{6.92}$$

式中，$\boldsymbol{T}_{tai}$，$\boldsymbol{T}_{sai}$，$\boldsymbol{T}_{ai}$ 分别为对应的转换阵；$\boldsymbol{D}_{ai}$ 为附件 i 的刚体模态阵；$\boldsymbol{m}_{ai}$ 为附件 i 的质量阵；$\boldsymbol{\Phi}_{ai}$ 为附件 i 的正则模态阵；$\boldsymbol{m}_{rai}$ 为附件 i 的刚体模态质量阵。其他表达式分别为

$$\boldsymbol{T}_{tai} = [\boldsymbol{C}_{aib}^{\mathrm{T}} \ \vdots\ \boldsymbol{0}],\ \boldsymbol{T}_{sai} = [\tilde{r}_{pi}\boldsymbol{C}_{aib}^{\mathrm{T}} \ \vdots\ \boldsymbol{C}_{aib}^{\mathrm{T}}],\ \boldsymbol{T}_{ai} = [\boldsymbol{0} \ \vdots\ \boldsymbol{E}]$$

$$\boldsymbol{D}_{ai} = \begin{bmatrix} \boldsymbol{E} & 0 & \boldsymbol{E} & 0 & & \boldsymbol{E} & 0 \\ \tilde{r}_{ai1} & \boldsymbol{E} & \tilde{r}_{ai2} & \boldsymbol{E} & \cdots & \tilde{r}_{ain} & \boldsymbol{E} \end{bmatrix}^{\in 6\times 6n}$$

$$\boldsymbol{m}_{ai} = \begin{bmatrix} m_1 & 0 & \cdots & 0 \\ 0 & m_2 & \cdots & 0 \\ \vdots & \vdots & & \vdots \\ 0 & 0 & \cdots & m_n \end{bmatrix}^{6n\times 6n}$$

$$\boldsymbol{\Phi}_{ai} = \begin{bmatrix} \phi_{11} & \phi_{12} & \cdots & \phi_{1m} \\ \phi_{21} & \phi_{22} & \cdots & \phi_{2m} \\ \vdots & \vdots & & \vdots \\ \phi_{n1} & \phi_{n2} & \cdots & \phi_{nm} \end{bmatrix}^{6n\times m}$$

$$\boldsymbol{m}_{rai} = \begin{bmatrix} \sum_j \boldsymbol{m}_{ai,j} & \sum_j \boldsymbol{m}_{ai,j}\tilde{\boldsymbol{r}}_{ai,j}^{\mathrm{T}} \\ \sum_j \boldsymbol{m}_{ai,j}\tilde{\boldsymbol{r}}_{ai,j} & \sum_j \boldsymbol{m}_{ai,j}\tilde{\boldsymbol{r}}_{ai,j}\tilde{\boldsymbol{r}}_{ai,j}^{\mathrm{T}} \end{bmatrix}^{6\times 6}$$

4. 柔性航天器动力学方程

$$\frac{\mathrm{d}}{\mathrm{d}t}\frac{\partial L}{\partial \dot{q}_k} - \frac{\partial L}{\partial q_k} = p_k \quad (k = 1,2,\cdots) \tag{6.93}$$

$$\left(\frac{\mathrm{d}}{\mathrm{d}t} + \tilde{\omega}\right)\frac{\partial L}{\partial \omega} = M_{\omega} \tag{6.94}$$

将拉格朗日方程及其准坐标形式(6.93)和(6.94)应用于式(6.89)~(6.91)，并根据基本假设忽略二阶小量，进行简化处理，就可获得柔性航天器系统的动力学方程。

(1)带单个转动附件的柔性航天器动力学方程。

$$M\ddot{X} + F_{ta}\ddot{\eta}_a = P_s \tag{6.95}$$

$$I_s\dot{\omega}_s + \tilde{\omega}^{\mathrm{T}} I_s \omega_s + F_{sa}\eta_a + R_{sa}\dot{\omega}_a = M_s \tag{6.96}$$

$$I_a\dot{\omega}_a + F_a\ddot{\eta}_a + R_{sa}^{\mathrm{T}}\dot{\omega}_s = M_a \tag{6.97}$$

$$\ddot{\eta}_a + 2\xi_a\Omega_a\dot{\eta}_a + \Lambda_a\eta_a + F_{ta}^{\mathrm{T}}\ddot{X} + F_{sa}^{\mathrm{T}}\dot{\omega}_s + F_a^{\mathrm{T}}\dot{\omega}_a = 0 \tag{6.98}$$

式中，P_s 为作用在组合体上的作用力；M_s 为作用在组合体上的作用力矩；M_a 为作用在附件上的作用力矩；Ω 为模态频率对角阵，且 $\Omega^2 = \Lambda$。

(2) 带 N 个附件的柔性航天器动力学方程。

$$M\ddot{X} + \sum_{i=1}^{N} F_{tai}\ddot{\eta}_{ai} = P_s \tag{6.99}$$

$$I_s\dot{\omega}_s + \tilde{\omega}^{\mathrm{T}} I_s\omega_s + \sum_{i=1}^{N} F_{sai}\ddot{\eta}_{ai} + \sum_{i=1}^{N} R_{sai}\dot{\omega}_{ai} = M_s \tag{6.100}$$

$$I_{ai}\dot{\omega}_{ai} + F_{ai}\ddot{\eta}_{ai} + R_{sai}^{\mathrm{T}}\dot{\omega}_s = M_{ai} \quad (i = 1, \cdots, L) \tag{6.101}$$

$$\ddot{\eta}_{ai} + 2\xi_{ai}\Omega_{ai}\dot{\eta}_{ai} + \Lambda_{ai}\eta_{ai} + F_{tai}^{\mathrm{T}}\ddot{X} + F_{sai}^{\mathrm{T}}\dot{\omega}_s + F_{ai}^{\mathrm{T}}\dot{\omega}_{ai} = 0 \quad (i = 1, \cdots, N) \tag{6.102}$$

(3) 反作用轮控制的柔性航天器动力学方程。

假设航天器有三个飞轮，且沿 $\{b\}$ 系正交安装，其惯量为

$$J_w = \mathrm{diag}(J_{wx} \quad J_{wy} \quad J_{wz}) \tag{6.103}$$

而角速度为

$$\omega = \omega_w^{\mathrm{T}} b \quad \omega_w = [\omega_{wx} \quad \omega_{wy} \quad \omega_{wz}]^{\mathrm{T}} \tag{6.104}$$

则飞轮相对 $\{i\}$ 系角动量为

$$H_w = J_w(\omega_w + \omega_s) \tag{6.105}$$

则飞轮相对 $\{i\}$ 系求时间导数得到

$$\dot{H}_w = J_w(\dot{\omega}_w + \dot{\omega}_s) + \tilde{\omega}_s J_w(\omega_w + \omega_s) \tag{6.106}$$

将式(6.106)代入式(6.96)，将 J_w 记入 I_s，引入附件结构阻尼，则带飞轮控制的全星动力学方程为

$$M\ddot{X} + F_{ta}\ddot{\eta}_a = P_s \tag{6.107}$$

$$I_s\dot{\omega}_s + \tilde{\omega}^{\mathrm{T}}(I_s\omega_s + J_w\omega_w) + F_{sa}\ddot{\eta}_a + r_{sa}\dot{\omega}_a = M_s - J_w\dot{\omega}_w \tag{6.108}$$

$$I_a\dot{\omega}_a + F_a\ddot{\eta}_a + R_{sa}^{\mathrm{T}}\dot{\omega}_s = M_a \tag{6.109}$$

$$\ddot{\eta}_a + 2\xi_a\Omega_a\dot{\eta}_a + \Lambda_a\eta_a + F_{ta}^{\mathrm{T}}\ddot{X} + F_{sa}^{\mathrm{T}}\dot{\omega}_s + F_a^{\mathrm{T}}\dot{\omega}_a = 0 \tag{6.110}$$

6.3.2 含复合柔性结构类航天器动力学方程

如图 6.8 所示,为一个多舱段中心体外带 n 个柔性附件的航天器示意图。一般情况下,中心体的中心舱段刚度较大(如飞船的返回舱),可视为刚体,将星体坐标系固连其上。由于多舱段中心体的结构尺寸较大,刚度较低,建模时需计入其柔性变形的影响,加上外带的柔性附件。

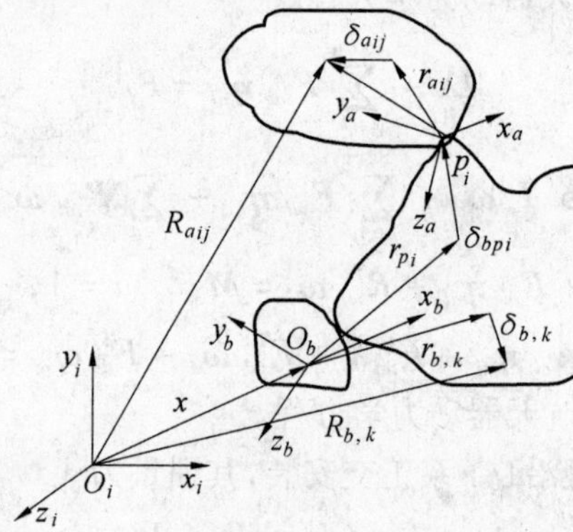

图 6.8 中心体与附件运动关系及坐标系示意图

1. 系统质点速度

如图 6.8 所示,在复合柔性结构航天器的混合坐标法建模中,有惯性坐标系 $Ox_iy_iz_i$、本体固连坐标系 $Ox_by_bz_b$ 和附件固连坐标系 $O\xi_i\eta_i\zeta_i$。中心体上柔性部件的振动在本体固连坐标系中描述。

中心体上点 k 及附件 i 上点 j 相对于 O 的位移矢量$\boldsymbol{R}_{b,k}$, $\boldsymbol{r}_{ai,j}$ 可表示为

$$\boldsymbol{R}_{b,k} = \boldsymbol{X} + \boldsymbol{r}_{b,k} + \boldsymbol{\delta}_{b,k} \tag{6.111}$$

$$\boldsymbol{R}_{ai,j} = \boldsymbol{X} + (\boldsymbol{r}_{pi} + \boldsymbol{\delta}_{bpi}) + (\boldsymbol{r}_{ai,j} + \boldsymbol{\delta}_{ai,j}) \tag{6.112}$$

由式(6.111)和式(6.112)分别相对$\{i\}$系对时间求导,可得中心体上点 k 及附件 i 上点 j 的速度表达式分别为

$$\dot{\boldsymbol{R}}_{b,k} = \dot{\boldsymbol{X}} + \boldsymbol{\omega}_s \times (\boldsymbol{r}_{b,k} + \boldsymbol{\delta}_{b,k}) + \dot{\boldsymbol{\delta}}_{b,k} \tag{6.113}$$

$$\dot{\boldsymbol{R}}_{ai,j} = \dot{\boldsymbol{X}} + \boldsymbol{\omega}_s \times (\boldsymbol{r}_{pi} + \boldsymbol{\delta}_{bpi} + \boldsymbol{r}_{ai,j} + \boldsymbol{\delta}_{ai,j}) + \dot{\boldsymbol{\delta}}_{bpi} + \boldsymbol{\omega}_{ai} \times (\boldsymbol{r}_{ai,j} + \boldsymbol{\delta}_{ai,j}) + \dot{\boldsymbol{\delta}}_{ai,j} \tag{6.114}$$

式中,$\boldsymbol{\omega}_s$ 为$\{b\}$系相对于$\{i\}$系的角速度矢量;$\boldsymbol{\omega}_{ai}$ 为$\{a_i\}$系相对$\{b\}$系的角速度矢量。

根据式(6.113)和式(6.114),将中心体上 k 点的速度在本体系$\{b\}$中投影,附件 i 上点 j 的速度在$\{a\}$中投影,则其速度分量列阵分别为

$$\boldsymbol{v}_{b,k} = \dot{\boldsymbol{X}} + (\tilde{\boldsymbol{r}}^{\mathrm{T}}_{b,k} + \tilde{\boldsymbol{\delta}}^{\mathrm{T}}_{b,k})\,\boldsymbol{\omega}_s + \dot{\boldsymbol{\delta}}_{b,k} \tag{6.115}$$

$$V_{ai,j} = \boldsymbol{C}_{aib}\dot{\boldsymbol{X}} + [\boldsymbol{C}_{aib}(\tilde{\boldsymbol{r}}_{pi}^{\mathrm{T}} + \tilde{\boldsymbol{\delta}}_{bpi}^{\mathrm{T}}) + (\tilde{\boldsymbol{r}}_{ai,j}^{\mathrm{T}} + \tilde{\boldsymbol{\delta}}_{ai,j}^{\mathrm{T}})\boldsymbol{C}_{aib}]\boldsymbol{\omega}_s + (\tilde{\boldsymbol{r}}_{ai,j}^{\mathrm{T}} + \tilde{\boldsymbol{\delta}}_{ai,j}^{\mathrm{T}})\boldsymbol{\omega}_{ai} + \boldsymbol{C}_{aib}\dot{\boldsymbol{\delta}}_{bpi} + \dot{\boldsymbol{\delta}}_{ai,j} + (\tilde{\boldsymbol{r}}_{ai,j}^{\mathrm{T}} + \tilde{\boldsymbol{\delta}}_{ai,j}^{\mathrm{T}})\boldsymbol{C}_{ai,b}\boldsymbol{\omega}_{bp} \tag{6.116}$$

式中，$\boldsymbol{X}$ 为 $\{i\}$ 中的投影分量列阵；$\boldsymbol{r}_{b,k}$，$\boldsymbol{\delta}_{b,k}$，$\boldsymbol{r}_{pi}$，$\boldsymbol{\delta}_{bpi}$ 为 $\{b\}$ 系中的投影分量列阵；$\boldsymbol{r}_{ai,j}$，$\boldsymbol{\delta}_{ai,j}$ 为 $\{\boldsymbol{a}_i\}$ 系中的投影分量列阵；$\boldsymbol{\omega}_s$ 为 $\{b\}$ 系中的分量列阵；$\boldsymbol{\omega}_{ai}$ 为在 $\{\boldsymbol{a}_i\}$ 系中的分量列阵；$\boldsymbol{\omega}_{bp}$ 为中心体在其柔性附件 i 连接点 P_i 处变形引起的附件刚体转动角速度在 $\{b\}$ 系中的分量列阵。

2. 系统的 Lagrange 函数

设航天器具有 N 个附件，分别以 $\boldsymbol{T}_b$，$\boldsymbol{T}_{ai}$ 表示中心刚体和附件 i 的动能，则系统动能 $\boldsymbol{T}$ 为

$$\boldsymbol{T} = \boldsymbol{T}_b + \sum_i \boldsymbol{T}_{ai} \tag{6.117}$$

$$\boldsymbol{T}_b = \frac{1}{2}\sum_k \boldsymbol{v}_{b.k}^{\mathrm{T}}\boldsymbol{v}_{b,k}m_{b,k} \tag{6.118}$$

$$\boldsymbol{T}_{ai} = \frac{1}{2}\sum_k \boldsymbol{v}_{ai.j}^{\mathrm{T}}\boldsymbol{v}_{ai,j}m_{ai,j} \tag{6.119}$$

式中，$m_{b,k}$ 为中心体上点的集中质量；$m_{ai,j}$ 为附件 i 上 j 点的集中质量。推导得航天器系统的动能为

$$\boldsymbol{T} = \frac{1}{2}\dot{\boldsymbol{X}}^{\mathrm{T}}\boldsymbol{M}_s\dot{\boldsymbol{X}} + \dot{\boldsymbol{X}}^{\mathrm{T}}\sum_i \boldsymbol{r}_{tai}\boldsymbol{\omega}_{ai} + \dot{\boldsymbol{X}}^{\mathrm{T}}(\boldsymbol{F}_{tb} + \sum_i \boldsymbol{F}_{tbi})\dot{\boldsymbol{\eta}}_b + \dot{\boldsymbol{X}}^{\mathrm{T}}\sum_i \boldsymbol{F}_{tai}\dot{\boldsymbol{\eta}}_{ai} + \frac{1}{2}\boldsymbol{\omega}_s^{\mathrm{T}}\boldsymbol{I}_s\boldsymbol{\omega}_s + \boldsymbol{\omega}_s^{\mathrm{T}}\sum_i \boldsymbol{R}_{sai}\boldsymbol{\omega}_{ai} + \boldsymbol{\omega}_s^{\mathrm{T}}(\boldsymbol{F}_{sb} + \sum_i \boldsymbol{F}_{sbi})\dot{\boldsymbol{\eta}}_b + \boldsymbol{\omega}_s^{\mathrm{T}}\sum_i \boldsymbol{F}_{sai}\dot{\boldsymbol{\eta}}_{ai} + \frac{1}{2}\sum_i \boldsymbol{\omega}_{ai}^{\mathrm{T}}\boldsymbol{I}_{ai}\boldsymbol{\omega}_{ai} + \sum_i (\boldsymbol{\omega}_{ai}^{\mathrm{T}}\boldsymbol{F}_{aib})\dot{\boldsymbol{\eta}}_b + \sum_i \boldsymbol{\omega}_{ai}^{\mathrm{T}}\boldsymbol{F}_{ai}\dot{\boldsymbol{\eta}}_{ai} + \frac{1}{2}\dot{\boldsymbol{\eta}}_b\boldsymbol{F}_b\dot{\boldsymbol{\eta}}_b + \dot{\boldsymbol{\eta}}_b^{\mathrm{T}}\sum_i \boldsymbol{F}_{fai}\dot{\boldsymbol{\eta}}_{ai} + \frac{1}{2}\sum_i \dot{\boldsymbol{\eta}}_{ai}^{\mathrm{T}}\dot{\boldsymbol{\eta}}_{ai} \tag{6.120}$$

式中，$\boldsymbol{M}_s$ 为系统质量阵；$\boldsymbol{I}_s$ 为系统惯量阵；$\boldsymbol{I}_{ai}$ 为附件 i 的惯量阵；$\boldsymbol{\Phi}_b$，$\boldsymbol{\Phi}_{ai}$ 分别为中心体与附件 i 的正则模态矩阵，其模态坐标分别为 $\boldsymbol{\eta}_b$，η_{ai}；$\boldsymbol{F}_{tai}$ 为附件 i 振动对航天器平动的柔性耦合系数矩阵；$\boldsymbol{F}_{sai}$ 为附件 i 振动对航天器转动的柔性耦合系数矩阵；$\boldsymbol{F}_{ai}$ 为附件 i 振动对附件 i 转动的柔性耦合系数矩阵；$\boldsymbol{R}_{sai}$ 为附件 i 与航天器转动之间的惯性耦合系数矩阵；$\boldsymbol{F}_{tb} + \sum_i \boldsymbol{F}_{tbi}$ 为中心组合体振动对航天器平动的柔性耦合系数阵；$\boldsymbol{F}_{sb} + \sum_i \boldsymbol{F}_{sbi}$ 为中心组合体振动对航天器转动的柔性耦合系数阵；$\boldsymbol{F}_{fai}$ 为中心组合体同附件 i 之间的振动耦合系数阵；$\boldsymbol{F}_{aib}$ 为中心组合体振动同附件 i 转动之间的柔性耦合系数阵；各耦合系数矩阵为

$$
\begin{aligned}
&\boldsymbol{F}_{tai}=\boldsymbol{T}_{tai}\boldsymbol{D}_{ai}\boldsymbol{m}_{ai}\boldsymbol{\Phi}_{ai} && \boldsymbol{F}_{sai}=\boldsymbol{T}_{sai}\boldsymbol{D}_{ai}\boldsymbol{m}_{ai}\boldsymbol{\Phi}_{ai}\\
&\boldsymbol{F}_{ai}=\boldsymbol{T}_{ai}\boldsymbol{D}_{ai}\boldsymbol{m}_{ai}\boldsymbol{\Phi}_{ai} && R_{sai}=\boldsymbol{T}_{sai}\boldsymbol{m}_{ri}T_{ai}^{\mathrm{T}}\\
&\boldsymbol{P}_{ai}=\sum_{j}\boldsymbol{m}_{i,j}\tilde{\boldsymbol{r}}_{ai,j}^{\mathrm{T}} && \boldsymbol{F}_{aib}=\boldsymbol{P}_{ai}\boldsymbol{C}_{aib}\boldsymbol{\Phi}_{bpi}\\
&\boldsymbol{F}_{sb}=\boldsymbol{T}_{sb}\boldsymbol{D}_{b}\boldsymbol{m}_{b}\boldsymbol{\Phi}_{b}+\sum_{i}\boldsymbol{P}_{bi}\boldsymbol{\Phi}_{bpi} && \boldsymbol{F}_{tb}=\boldsymbol{T}_{tb}\boldsymbol{D}_{b}\boldsymbol{m}_{b}\boldsymbol{\Phi}_{b}+\sum_{i}\boldsymbol{m}_{ai}\boldsymbol{\Phi}_{bpi}\\
&\boldsymbol{F}_{fai}=\boldsymbol{\Phi}_{b,pi}^{\mathrm{T}}\boldsymbol{C}_{aib}^{\mathrm{T}}\sum_{i}\boldsymbol{m}_{ai,j}\boldsymbol{\Phi}_{ai,j} && \boldsymbol{F}_{b}=\boldsymbol{E}+\sum_{i}\boldsymbol{m}_{ai}\boldsymbol{\Phi}_{bpi}^{\mathrm{T}}\boldsymbol{\Phi}_{bpi}\\
&\boldsymbol{F}_{tbi}=\boldsymbol{m}_{ai}\boldsymbol{\Phi}_{bpi}^{\mathrm{T}}+\boldsymbol{C}_{aib}^{\mathrm{T}}\boldsymbol{P}_{ai}\boldsymbol{C}_{aib}\boldsymbol{\Phi}_{bpi}^{\mathrm{T}} && \boldsymbol{F}_{sbi}=\boldsymbol{P}_{bi}\boldsymbol{\Phi}_{bpi}^{\mathrm{T}}+\boldsymbol{J}_{bi}^{\mathrm{T}}\boldsymbol{C}_{aib}\boldsymbol{\Phi}_{bpi}^{\mathrm{T}}\\
&\boldsymbol{J}_{bi}=\sum_{j}\boldsymbol{m}_{ai,j}\tilde{\boldsymbol{r}}_{ai,j}^{\mathrm{T}}\boldsymbol{C}_{aib}(\tilde{\boldsymbol{r}}_{pi}+\boldsymbol{C}_{ai,j}^{\mathrm{T}}\tilde{\boldsymbol{r}}_{ai,j}^{\mathrm{T}}\boldsymbol{C}_{ai,b}) && \boldsymbol{P}_{bi}=\sum_{j}\boldsymbol{m}_{ai,j}[\tilde{\boldsymbol{r}}_{pi}^{\mathrm{T}}+\boldsymbol{C}_{aib}^{\mathrm{T}}\tilde{\boldsymbol{r}}_{ai,j}^{\mathrm{T}}\boldsymbol{C}_{aib}]
\end{aligned}
$$

其中，$\boldsymbol{P}_{ai}$，$\boldsymbol{P}_{bi}$ 分别为附件 i 相对于附件铰接点和航天器质心的静距；$\boldsymbol{m}_{ai}$，$\boldsymbol{m}_b$ 分别为附件 i 及中心组合体的质量阵；$\boldsymbol{m}_{ri}$ 为附件 i 的刚体模态质量阵；$\boldsymbol{D}_{ai}$，$\boldsymbol{D}_b$ 分别为附件 i 及中心组合体的刚体模态阵；$\boldsymbol{T}$ 为对应的坐标转换阵。

柔性航天器的势能主要为结构的变形势能。对航天器系统，其势能为中心体变形势能 $\boldsymbol{U}_b$ 与各附件变形势能 $\boldsymbol{U}_{ai}$ 之和，即

$$\boldsymbol{U}=\boldsymbol{U}_b+\sum_{i}\boldsymbol{U}_{ai} \tag{6.121}$$

$$\boldsymbol{U}_b=\frac{1}{2}\boldsymbol{\eta}_b^{\mathrm{T}}\boldsymbol{\Lambda}_b\boldsymbol{\eta}_b \tag{6.122}$$

$$\boldsymbol{U}_{ai}=\frac{1}{2}\boldsymbol{\eta}_{ai}^{\mathrm{T}}\boldsymbol{\Lambda}_{ai}\boldsymbol{\eta}_{ai} \tag{6.123}$$

式中，$\boldsymbol{\Lambda}$ 为相应结构的正则刚度矩阵。

由式(6.120)～式(6.123)得，航天器系统的拉格朗日函数为

$$\boldsymbol{L}=\boldsymbol{T}-\boldsymbol{U}=\boldsymbol{T}_b+\sum_{i=1}^{N}\boldsymbol{T}_{ai}-\boldsymbol{U}_b-\sum_{i=1}^{N}\boldsymbol{U}_{ai} \tag{6.124}$$

3. 柔性航天器动力学方程

将拉格朗日方程及其准坐标形式(6.93)和(6.94)应用于式(6.124)，并根据基本假设经简化整理可获得系统动力学方程为

$$\boldsymbol{M}\ddot{\boldsymbol{X}}+\left(\boldsymbol{F}_{tb}+\sum_{i}\boldsymbol{F}_{tbi}\right)\ddot{\boldsymbol{\eta}}_b+\sum_{i=1}^{N}\boldsymbol{F}_{tai}\ddot{\boldsymbol{\eta}}_{ai}=\boldsymbol{P}_s \tag{6.125}$$

$$\boldsymbol{I}_s\dot{\boldsymbol{\omega}}_s+\tilde{\boldsymbol{\omega}}_x^{\mathrm{T}}\boldsymbol{I}_s\boldsymbol{\omega}_s+\left(\boldsymbol{F}_{sb}+\sum_{i}\boldsymbol{F}_{sbi}\right)\ddot{\boldsymbol{\eta}}_b+\sum_{i=1}^{N}\boldsymbol{F}_{sai}\ddot{\boldsymbol{\eta}}_{ai}+\sum_{i=1}^{N}\boldsymbol{R}_{sai}\dot{\boldsymbol{\omega}}_{ai}=\boldsymbol{M}_s \tag{6.126}$$

$$I_{ai}\dot{\boldsymbol{\omega}}_{ai}+\boldsymbol{F}_{aib}\ddot{\boldsymbol{\eta}}_b+\boldsymbol{F}_{ai}\ddot{\boldsymbol{\eta}}_{ai}+\boldsymbol{R}_{sai}^{\mathrm{T}}\dot{\boldsymbol{\omega}}_s=M_{ai}\quad(i=1,\cdots,L) \tag{6.127}$$

$$\boldsymbol{F}_b\ddot{\boldsymbol{\eta}}_b+2\xi_b\boldsymbol{\Omega}_b\dot{\boldsymbol{\eta}}_b+\boldsymbol{\Lambda}_b\boldsymbol{\eta}_b+\left(\boldsymbol{F}_{tb}^{\mathrm{T}}+\sum_{i}\boldsymbol{F}_{tbi}^{\mathrm{T}}\right)\ddot{\boldsymbol{X}}+\left(\boldsymbol{F}_{sb}^{\mathrm{T}}+\sum_{i}\boldsymbol{F}_{sbi}^{\mathrm{T}}\right)\dot{\boldsymbol{\omega}}_s+$$

$$\sum_{i=1}^{L} \boldsymbol{F}_{aib}^{\mathrm{T}} \dot{\boldsymbol{\omega}}_{ai} + \sum_{i=1}^{N} \boldsymbol{F}_{fai}^{\mathrm{T}} \ddot{\boldsymbol{\eta}}_{b} = 0 \tag{6.128}$$

$$\ddot{\boldsymbol{\eta}}_{ai} + 2\xi_{ai}\boldsymbol{\Omega}_{ai}\dot{\boldsymbol{\eta}}_{ai} + \boldsymbol{\Lambda}_{ai}\eta_{ai} + \boldsymbol{F}_{tai}^{\mathrm{T}}\ddot{\boldsymbol{X}} + \boldsymbol{F}_{sai}^{\mathrm{T}}\dot{\boldsymbol{\omega}}_{s} + \boldsymbol{F}_{ai}^{\mathrm{T}}\dot{\boldsymbol{\omega}}_{ai} + \boldsymbol{F}_{fai}^{\mathrm{T}}\ddot{\boldsymbol{\eta}}_{b} = 0 \quad (i = 1,\cdots,N) \tag{6.129}$$

式中，$\boldsymbol{P}_s$ 为作用在组合体上的作用力；$\boldsymbol{M}_s$ 为作用在组合体上的作用力矩；$\boldsymbol{M}_{ai}$ 为作用在第 i 个附件 A_{ai} 上的作用力矩；$\boldsymbol{\Omega}$ 为模态频率对角阵，且 $\boldsymbol{\Omega}^2 = \boldsymbol{\Lambda}$。

6.4 凯恩法建立复杂航天器的动力学方程

6.4.1 相邻柔性体间的运动学关系

考察图6.9所示系统中的典型体 B_k 及其相邻低序体 $B_j(j = L(k))$，坐标系 O_kxyz 和 O_jxyz 分别为随 B_k 体和 B_j 体做大范围运动的体坐标系，其坐标原点 O_j 和 O_k 分别为 B_j 体和 B_k 体与其低序体相连的下铰点，O_{jk} 为 B_j 体与其高序体 B_k 相连的上铰点。由于 B_j 体存在变形，因此在点 O_{jk} 处建立坐标系 $O_{jk}xyz$，用以度量 B_k 体相对于 B_j 体的大范围运动，即坐标系 $O_{jk}xyz$ 为 B_k 体在其低序体 B_j 上的基准坐标系。若 B_k 和 B_j 体间有相对位移，用位移矢量 $\boldsymbol{d}_k$ 表示该位移。$\boldsymbol{s}_j$ 为表示 O_{jk} 的位置矢量，B_j 体未变形时，相应 $\boldsymbol{s}_j$ 的位置矢量为 $\boldsymbol{s}_{jo}$。B_j 体在 O_{jk} 处的弹性变形用 $\boldsymbol{s}_{jf}$ 表示，则有

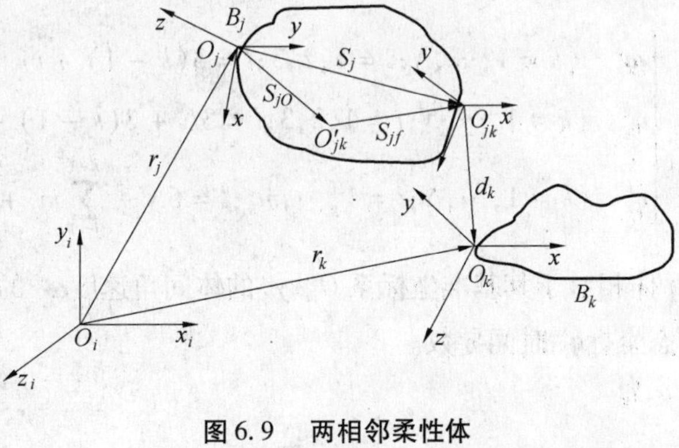

图6.9 两相邻柔性体

$$\boldsymbol{s}_j = \boldsymbol{s}_{jO} + \boldsymbol{s}_{jf} \tag{6.130}$$

坐标系 O_kxyz 相对惯性坐标系 $Ox_iy_iz_i$ 的方位由变换矩阵 $\boldsymbol{A}_k$ 确定；坐标系 O_jxyz 相对惯性坐标系 $Ox_iy_iz_i$ 的方位由变换矩阵 $\boldsymbol{A}_j$ 确定；坐标系 $O_{jk}xyz$ 相对参考系 O_jxyz 的方位由变换矩阵 $\boldsymbol{A}_{jk}$ 确定。

由图 6.9 可知，坐标系 $O_k xyz$ 相对惯性参考系 $O_i x_i y_i z_i$ 的角速度矢量可表示为

$$\boldsymbol{\omega}^k = \boldsymbol{\omega}^j + \boldsymbol{\omega}^{jk} + \hat{\boldsymbol{\omega}}^k \tag{6.131}$$

式中，$\boldsymbol{\omega}^k,\boldsymbol{\omega}^j$ 分别为坐标系 $O_k xyz$ 和 $O_j xyz$ 相对于惯性参考系 $Ox_i y_i z_i$ 角速度；$\boldsymbol{\omega}^{jk}$ 为因 B_j 变形引起坐标系 $O_{jk}xyz$ 相对于坐标系 $O_j xyz$ 的角速度；$\hat{\boldsymbol{\omega}}^k$ 为坐标系 $O_k xyz$ 相对于坐标系 $O_{jk}xyz$ 的角速度。

将式(6.131) 表示为矩阵形式

$$\boldsymbol{\omega}^k = \boldsymbol{\omega}^j + \boldsymbol{A}_j {}^{jk}\boldsymbol{\Phi}_r^j \dot{\boldsymbol{q}}_f^j + \boldsymbol{A}_{jk} \tilde{\boldsymbol{\omega}}^k \tag{6.132}$$

式中，${}^{jk}\boldsymbol{\Phi}_r^j$ 为点 jk 处的转动模态。

由图 6.9 可知，坐标系 $O_k xyz$ 的原点 O_k 相对于惯性系 $Ox_i y_i z_i$ 的位置矢量为

$$\boldsymbol{r}_k = \boldsymbol{r}_j + \boldsymbol{s}_{jo} + \boldsymbol{s}_{jf} + \boldsymbol{d}_k \tag{6.133}$$

式中，$\boldsymbol{r}_k,\boldsymbol{r}_j$ 分别为 O_k 和 O_j 的位置矢量。引入点 jk 处的平动模态 ${}^{jk}\boldsymbol{\Phi}_t^j$，可将式(6.134) 表示为矩阵形式

$$\boldsymbol{r}_k = \boldsymbol{r}_j + \boldsymbol{A}_j\{\boldsymbol{s}_{jo} + {}^{jk}\boldsymbol{\Phi}_t^j \boldsymbol{q}_f^j\} + \boldsymbol{A}_{jk}\boldsymbol{d}_k \tag{6.134}$$

对式(6.134) 求其时间导数，得 O_k 的速度表达式为

$$\boldsymbol{v}^k = \boldsymbol{v}^j + \tilde{\boldsymbol{\omega}}^j \boldsymbol{A}_j\{\boldsymbol{s}_{jo} + {}^{jk}\boldsymbol{\Phi}_t^j \boldsymbol{q}_f^j\} + \boldsymbol{A}_j^{jk}\boldsymbol{\Phi}_t^j \dot{\boldsymbol{q}}_f^j + \boldsymbol{A}_{jk}\dot{\boldsymbol{d}}_k + [\overline{\boldsymbol{\omega}^j + \boldsymbol{\omega}^{jk}}]\boldsymbol{A}_{jk}\boldsymbol{d}_k \tag{6.135}$$

式中，$\tilde{\boldsymbol{\omega}}^j,[\overline{\boldsymbol{\omega}^j + \boldsymbol{\omega}^{jk}}]$ 分别为$\boldsymbol{\omega}^j,\boldsymbol{\omega}^j + \boldsymbol{\omega}^{jk}$ 的反对称矩阵。

设系统由 N 个体组成，各弹性体的变形采用模态广义坐标$\boldsymbol{q}_i^k(i = 1,\cdots,m_k)$ 描述，m_k 为 B_k 体的模态坐标阶数($k = 1,\cdots,N$)。引入广义速率y_l 作为运动学变量

$$y_l = \begin{cases} \hat{\boldsymbol{\omega}}_i^k & (k = 1,\cdots,N;i = 1,2,3;l = 3(k-1)+i) \\ \dot{d}_i^k & (k = 1,\cdots,N;i = 1,2,3;l = 3N + 3(k-1)+i) \\ \dot{q}_i^k & (k = 1,\cdots,N;i = 1,\cdots,m_k;l = 6N + \sum\limits_{j=1}^{k-1} m_j + i \end{cases} \tag{6.136}$$

式中，$\hat{\boldsymbol{\omega}}_i^k,\dot{d}_i^k$ 分别为 B_k 体相对于其基准坐标系 $O_{jk}xyz$ 的体间角速度$\hat{\boldsymbol{\omega}}^k$ 的分量和相对速度$\dot{d}^k$ 的分量；$\dot{q}_i^k$ 为 B_k 体的模态坐标$\boldsymbol{q}_i^k$ 时间导数。

系统总自由度数 n 为

$$n = 6N + \sum_{k=1}^{N} m_k \tag{6.137}$$

对式(6.132) 的角速度$\boldsymbol{\omega}^k$ 取关于广义速率y_l 的偏导数得其偏角速度矢量为

$$\boldsymbol{\omega}_{(l)}^{k}=\frac{\partial\boldsymbol{\omega}^{k}}{\partial y_{l}}\begin{cases}\boldsymbol{A}_{jk}\boldsymbol{\delta}_{it} & (i,t=1,2,3;l=3(k-1)+i)\\ \boldsymbol{A}_{j}^{jk}\boldsymbol{\Phi}_{r}^{j}\boldsymbol{\delta}_{qt} & (l=6N+\sum_{i=1}^{j-1}m_{i}+q;q,t=1,\cdots,m_{j})\\ \boldsymbol{\omega}_{(l)}^{j} & (l\text{ 为其他})\end{cases} \tag{6.138}$$

式中，$\boldsymbol{\delta}_{ij}=\begin{cases}1 & (i=j)\\ 0 & (i\neq j)\end{cases}$。

对式(6.135)的速率取$\boldsymbol{v}^k$广义速率y_l的偏导数得其偏速度矢量为

$$\boldsymbol{v}_{(l)}^{k}=\frac{\partial\boldsymbol{v}^{k}}{\partial y_{l}}=$$

$$\begin{cases}\boldsymbol{A}_{jk}\boldsymbol{\delta}_{it} & (i,t=1,2,3;l=3N+3(k-1)+i)\\ \boldsymbol{A}_{j}^{jk}\boldsymbol{\Phi}_{t}^{j}\boldsymbol{\delta}_{qt}+[\overline{\overline{\boldsymbol{A}_{j}^{jk}\boldsymbol{\Phi}_{r}^{j}\boldsymbol{\delta}_{qt}}}]\boldsymbol{A}_{jk}\boldsymbol{d}_{k} & (l=6N+\sum_{i=1}^{j-1}m_{i}+q;q,t=1,\cdots,m_{j})\\ \boldsymbol{v}_{(l)}^{j}+\tilde{\boldsymbol{\omega}}_{(l)}^{j}\boldsymbol{A}_{j}\{\boldsymbol{s}_{jo}+{}^{jk}\boldsymbol{\Phi}_{t}^{j}\boldsymbol{q}_{f}^{j}\}+\tilde{\boldsymbol{\omega}}_{(l)}^{j}\boldsymbol{A}_{jk}\boldsymbol{d}_{k} & (l\text{ 为其他})\end{cases} \tag{6.139}$$

式(6.138)和式(6.139)即为系统的偏角速度和偏速度运动基矢量表达式。此时，将式(6.134)和式(6.135)分别表示为广义速率y_l的线性组合形式

$$\boldsymbol{\omega}^{k}=\sum_{l=1}^{n}\boldsymbol{\omega}_{(l)}^{k}\boldsymbol{y}_{l} \tag{6.140}$$

$$\boldsymbol{v}^{k}=\sum_{l=1}^{n}\boldsymbol{v}_{(l)}^{k}\boldsymbol{y}_{l} \tag{6.141}$$

分别对式(6.138)和式(6.139)求其时间导数，可得坐标系O_kxyz的角速度及其原点的加速度分别为

$$\boldsymbol{\alpha}^{k}=\sum_{l=1}^{n}(\boldsymbol{\omega}_{(l)}^{k}\dot{\boldsymbol{y}}_{l}+\boldsymbol{\omega}_{(l)}^{k}\boldsymbol{y}_{l}) \tag{6.142}$$

$$\boldsymbol{\alpha}^{k}=\sum_{l=1}^{n}(\boldsymbol{v}_{(l)}^{k}\dot{\boldsymbol{y}}_{l}+\boldsymbol{v}_{(l)}^{k}\boldsymbol{y}_{l}) \tag{6.143}$$

式中

$$\dot{\boldsymbol{\omega}}_{(l)}^{k}=\begin{cases}[\overline{\overline{\boldsymbol{\omega}^{j}+\boldsymbol{A}_{j}^{jk}\boldsymbol{\Phi}_{r}^{j}\dot{\boldsymbol{q}}_{f}^{j}}}]\boldsymbol{A}_{jk}\boldsymbol{\delta}_{it} & (i,t=1,2,3;l=3(k-1)+i)\\ \tilde{\boldsymbol{\omega}}^{j}\boldsymbol{A}_{j}^{jk}\boldsymbol{\Phi}_{r}^{j}\boldsymbol{\delta}_{qt} & (l=6N+\sum_{i=1}^{j-1}m_{i}+q;q,t=1,\cdots,m_{j})\\ \dot{\boldsymbol{\omega}}_{(l)}^{j} & (l\text{ 为其他})\end{cases}$$

$$
\dot{\boldsymbol{v}}_{(l)}^{k}=\begin{cases}
\overline{\overline{[\boldsymbol{\omega}^{j}+\boldsymbol{A}_{j}^{jk}\boldsymbol{\Phi}_{r}^{j}\dot{\boldsymbol{q}}_{f}^{j}]}}\boldsymbol{A}_{jk}\boldsymbol{\delta}_{it} \quad (i,t=1,2,3;l=3N+3(k-1)+i) \\
\tilde{\boldsymbol{\omega}}^{j}\boldsymbol{A}_{j}^{jk}\boldsymbol{\Phi}_{t}^{j}\boldsymbol{\delta}_{qt}+\overline{\overline{[\tilde{\boldsymbol{\omega}}^{j}\boldsymbol{A}_{j}^{jk}\boldsymbol{\Phi}_{r}^{j}\boldsymbol{\delta}_{qt}]}}\boldsymbol{A}_{jk}\boldsymbol{d}_{k}+\overline{\overline{[\boldsymbol{A}_{j}^{jk}\boldsymbol{\Phi}_{r}^{j}\boldsymbol{\delta}_{qt}][\boldsymbol{\omega}^{j}+\boldsymbol{A}_{j}^{jk}\boldsymbol{\Phi}_{r}^{j}\dot{\boldsymbol{q}}_{f}^{j}]}}\boldsymbol{A}_{jk}\boldsymbol{d}_{k}+ \\
\overline{\overline{[\boldsymbol{A}_{j}^{jk}\boldsymbol{\Phi}_{r}^{j}\boldsymbol{\delta}_{qt}]}}\boldsymbol{A}_{jk}\dot{\boldsymbol{d}}_{k} \quad (l=6N+\sum_{i=1}^{j-1}m_{i}+q;q,t=1,\cdots,m_{j}) \\
\dot{\boldsymbol{v}}_{(l)}^{j}+\{\tilde{\boldsymbol{\omega}}_{(l)}^{j}+\tilde{\boldsymbol{\omega}}_{(l)}^{j}\tilde{\boldsymbol{\omega}}^{j}\}\boldsymbol{A}_{j}\{\boldsymbol{s}_{jo}+^{jk}\boldsymbol{\Phi}_{t}^{j}\boldsymbol{q}_{f}^{j}\}+\tilde{\boldsymbol{\omega}}_{(l)}^{j}\boldsymbol{A}_{j}^{jk}\boldsymbol{\Phi}_{i}^{j}\dot{\boldsymbol{q}}_{f}^{j}+ \\
(\tilde{\boldsymbol{\omega}}_{(l)}^{j}+\tilde{\boldsymbol{\omega}}_{(l)}^{j}\overline{\overline{[\boldsymbol{\omega}^{j}+\boldsymbol{A}_{j}^{jk}\boldsymbol{\Phi}_{r}^{j}\dot{\boldsymbol{q}}_{f}^{j}]}})\boldsymbol{A}_{jk}\boldsymbol{d}_{k}+\tilde{\boldsymbol{\omega}}_{(l)}^{j}\boldsymbol{A}_{jk}\dot{\boldsymbol{d}}_{k} \quad (l\text{ 为其他})
\end{cases}
$$

上面推导出了两相邻体 B_k 和 B_j 的坐标系 O_kxyz 与 O_jxyz 及坐标原点 O_k 和 O_j 的所有运动学递推关系式。在此基础上,根据系统的低序体阵列,由 B_l 体开始,可依次求得各体的体坐标系及其原点运动学计算公式。

6.4.2 多体系统中柔性体 B_k 的运动学方程

图 6.10 为做大范围运动的典型体 B_k,体坐标系 O_kxyz 建立在未变形状态之上,并随体 B_k 一起做大范围运动;P 是 B_k 上的一任意典型点,体 B_k 未变形时,P 位于 P^*;$\boldsymbol{s}_f$ 为 P 相对于 P^* 的位移,$\boldsymbol{s}$ 为 P^* 相对于系 O_kxyz 原点 O_k 的位置矢量;惯性参考系为 $Ox_iy_iz_i$。现采用矩阵表达形式建立柔性体 B_k 的典型点 P 和包含点 P 的单元 E 的运动方程。

由图 6.10 可知,B_k 变形后 P 点的位置矢量为

$$\boldsymbol{r}_p=\boldsymbol{r}_k+\boldsymbol{s}+\boldsymbol{s}_f \tag{6.144}$$

式中,$\boldsymbol{r}_p,\boldsymbol{r}_k,\boldsymbol{s},\boldsymbol{s}_f$ 分别为 P 点和坐标系 O_kxyz 的原点相对惯性系 $Ox_iy_iz_i$ 的位置矢量。将式(6.144) 表示为矩阵形式

$$\boldsymbol{r}_p=\boldsymbol{r}_k+\{\boldsymbol{s}+\boldsymbol{\Phi}_t^k\boldsymbol{q}_f^k\} \tag{6.145}$$

对式(6.145) 求时间导数,可求得点 P 的速度矢量为

$$\boldsymbol{v}_p^k=\boldsymbol{v}^k+\tilde{\boldsymbol{\omega}}^k\boldsymbol{A}_k\{\boldsymbol{s}+\boldsymbol{\Phi}_t^k\boldsymbol{q}_f^k\}+\boldsymbol{A}_k\boldsymbol{\Phi}_t^k\dot{\boldsymbol{q}}_f^k \tag{6.146}$$

单元 E 相对坐标系 O_kxyz 的角速度在小变形的条件下可表示为

$${}^k\boldsymbol{\omega}^E=\boldsymbol{\Phi}_r^k\dot{\boldsymbol{q}}_f^k \tag{6.147}$$

式中,$\boldsymbol{\Phi}_r^k$ 为转动模态矩阵。单元 E 相对惯性参考系 $Ox_iy_iz_i$ 的角速度矢量为

$$\boldsymbol{\omega}^E=\boldsymbol{\omega}^k+{}^k\boldsymbol{\omega}^E \tag{6.148}$$

其矩阵形式可表示为

$$\boldsymbol{\omega}^E=\boldsymbol{\omega}^k+\boldsymbol{A}_k\boldsymbol{\Phi}_r^k\dot{\boldsymbol{q}}_f^k \tag{6.149}$$

计算单元 E 的偏角速度和偏速度,可分别对式(6.148) 和式(6.146) 取广义速率 y_l 的偏导

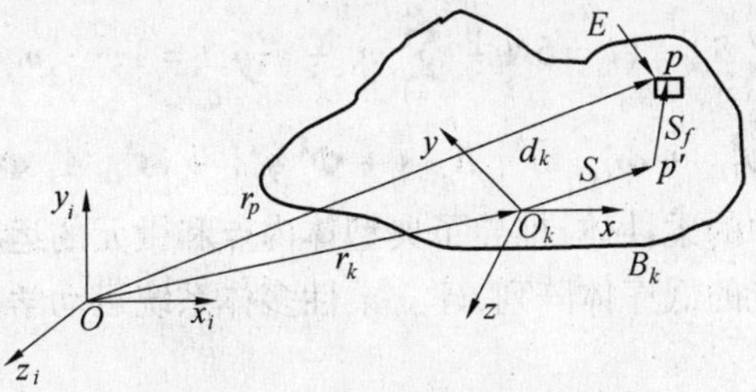

图6.10　作大范围运动的典型体

数

$$\boldsymbol{\omega}_{(l)}^{E}=\begin{cases}\boldsymbol{A}_k\boldsymbol{\Phi}_r^k\boldsymbol{\delta}_{qt} & (l=6N+\sum_{i=1}^{j-1}m_i+q;q,t=1,\cdots,m_j)\\ \boldsymbol{\omega}_{(l)}^{k} & (l\text{ 为其他})\end{cases} \tag{6.150}$$

$$\boldsymbol{v}_{(l)}^{p}=\begin{cases}\boldsymbol{A}_k\boldsymbol{\Phi}_t^k\boldsymbol{\delta}_{qt} & (l=6N+\sum_{i=1}^{j-1}m_i+q;q,t=1,\cdots,m_j)\\ \boldsymbol{v}_{(l)}^{k}+\tilde{\boldsymbol{\omega}}_{(l)}^{k}\boldsymbol{A}_k\{\boldsymbol{s}+\boldsymbol{\Phi}_t^k\boldsymbol{q}_f^k\} & (l\text{ 为其他})\end{cases} \tag{6.151}$$

将上述的$\boldsymbol{\omega}_{(l)}^{E}$和$\boldsymbol{v}_{(l)}^{p}$分别表示成广义速度的线性组合形式得

$$\boldsymbol{\omega}^{E}=\sum_{l=1}^{n}\boldsymbol{\omega}_{(l)}^{E}\boldsymbol{y}_l \tag{6.152}$$

$$\boldsymbol{v}^{p}=\sum_{l=1}^{n}\boldsymbol{v}_{(l)}^{p}\boldsymbol{y}_l \tag{6.153}$$

分别对式(6.152)和式(6.153)求其时间导数,可得单元E的角速度及点P的加速度为

$$\boldsymbol{a}^{E}=\sum_{l=1}^{n}(\boldsymbol{\omega}_{(l)}^{E}\dot{\boldsymbol{y}}_l+\boldsymbol{\omega}_{(l)}^{E}\boldsymbol{y}_l) \tag{6.154}$$

$$\boldsymbol{a}^{p}=\sum_{l=1}^{n}(\boldsymbol{v}_{(l)}^{p}\dot{\boldsymbol{y}}_l+\boldsymbol{v}_{(l)}^{p}\boldsymbol{y}_l) \tag{6.155}$$

$$\dot{\boldsymbol{y}}_l=\begin{cases}\tilde{\boldsymbol{\omega}}_i^k & (k=1,\cdots,N;i=1,2,3;l=3(k-1)+i)\\ \ddot{\boldsymbol{d}}_i^k & (k=1,\cdots,N;i=1,2,3;l=3N+3(k-1)+i)\\ \ddot{\boldsymbol{\eta}}_i^k & (k=1,\cdots,N;i=1,\cdots,m_k;l=6N+\sum_{j=1}^{k-1}m_j+i)\end{cases} \tag{6.156}$$

$$\dot{\boldsymbol{\omega}}_{(l)}^{E}=\begin{cases}\tilde{\boldsymbol{\omega}}^k\boldsymbol{A}_k\boldsymbol{\Phi}_r^k\boldsymbol{\delta}_{qt} & (l=6N+\sum_{i=1}^{j-1}m_i+q;q,t=1,\cdots,m_j)\\ \dot{\boldsymbol{\omega}}_{(l)}^{k} & (l\text{ 为其他})\end{cases} \tag{6.157}$$

$$\dot{\boldsymbol{v}}_{(l)}^{p}=\begin{cases}\tilde{\boldsymbol{\omega}}^{k}\boldsymbol{A}_{j}^{jk}\boldsymbol{\Phi}_{t}^{j}\boldsymbol{\delta}_{qt}\quad(l=6N+\sum\limits_{i=1}^{j-1}m_{i}+q;q,t=1,\cdots,m_{j})\\ \dot{v}_{(l)}^{k}+\{\tilde{\boldsymbol{\omega}}_{(l)}^{k}+\tilde{\boldsymbol{\omega}}_{(e)}^{k}\tilde{\boldsymbol{\omega}}^{k}\}\boldsymbol{A}_{j}\{s+\boldsymbol{\Phi}_{t}^{k}\boldsymbol{q}_{f}^{k}\}+\tilde{\boldsymbol{\omega}}_{(l)}^{k}\boldsymbol{A}_{k}\boldsymbol{\Phi}_{t}^{k}\dot{q}_{f}^{k}\quad(l\text{ 为其他})\end{cases}\tag{6.158}$$

上述针对多体系统中的柔性体,推导了典型体内点和微元的运动学方程,结合前面相邻体间的运动学关系式和系统的低序体阵列,建立柔性多体系统运动学方程,为最终建立全系统动力学方程奠定基础。

6.4.3 柔性多体系统动力学方程

由 Kane 方程建立系统的动力学方程,需首先计算广义惯性力和广义主动力。典型体 B_k 相对广义速率y_l 的广义惯性力为

$$\boldsymbol{F}_{l}^{k*}=-\int_{B_k}\boldsymbol{v}_{(l)}^{p}\cdot\boldsymbol{a}^{p}\mathrm{d}m-\int_{B_k}\boldsymbol{\omega}_{(l)}^{E}\cdot[\mathrm{d}\,I^{E}+\boldsymbol{\omega}^{E}\times(\mathrm{d}I\cdot\boldsymbol{\omega}^{E})]\tag{6.159}$$

式中,$\mathrm{d}m$,$\mathrm{d}I$ 分别为含 P 点的微分体 E 的质量和中心惯性并矢。

将式(6.151) ~ 式(6.156) 代入式(6.160),可以得到 B_k 体广义惯性力矩形式的表达式

$$\begin{aligned}\boldsymbol{F}_{l}^{k*}=&-\int_{B_k}\{\boldsymbol{v}_{(l)}^{p}\}^{\mathrm{T}}(\boldsymbol{v}_{(\xi)}^{p}\dot{\boldsymbol{y}}+\boldsymbol{v}_{(\xi)}^{p}\boldsymbol{y})\mathrm{d}m-\int_{B_k}\{\boldsymbol{\omega}_{(l)}^{E}\}^{\mathrm{T}}\mathrm{d}I(\boldsymbol{\omega}_{(\xi)}^{E}\dot{\boldsymbol{y}}+\boldsymbol{\omega}_{(\xi)}^{E}\boldsymbol{y})-\\&\int_{B_k}\{\boldsymbol{\omega}_{(l)}^{E}\}^{\mathrm{T}}\overline{\overline{[\boldsymbol{\omega}_{(\lambda)}^{E}y]}}\mathrm{d}I\,\boldsymbol{\omega}_{(\xi)}^{E}\boldsymbol{y}\quad(\xi,\lambda=1,\cdots,n)\end{aligned}\tag{6.160}$$

式中,$\boldsymbol{y}$ 为$y_l(l=1,\cdots,n)$ 形成的列向量;$\dot{\boldsymbol{y}}$ 为由广义速率导数形成的列向量;矩阵$\overline{\overline{[\boldsymbol{\omega}_{(\lambda)}^{E}\boldsymbol{y}]}}$ 为$\boldsymbol{\omega}^{E}$ 的叉乘矩阵,即$\boldsymbol{\omega}^{E}$ 的反对称矩阵。对式(6.161) 作如下定义

$$\boldsymbol{\alpha}_{l\xi}^{k}=-\int_{B_k}\{\boldsymbol{v}_{(l)}^{p}\}^{\mathrm{T}}\boldsymbol{v}_{(\xi)}^{p}\mathrm{d}m-\int_{B_k}\{\boldsymbol{\omega}_{(l)}^{E}\}^{\mathrm{T}}\mathrm{d}I\,\boldsymbol{\omega}_{(\xi)}^{E}\quad(\xi=1,\cdots,n)\tag{6.161}$$

$$h_{l}^{k}=\int_{B_k}\{\boldsymbol{v}_{(l)}^{p}\}^{\mathrm{T}}\dot{\boldsymbol{v}}_{(\xi)}^{p}\boldsymbol{y}\mathrm{d}m+\int_{B_k}\{\boldsymbol{\omega}_{(l)}^{E}\}^{\mathrm{T}}\mathrm{d}I\,\dot{\boldsymbol{\omega}}_{(\xi)}^{E}\boldsymbol{y}+\int_{B_k}\{\boldsymbol{\omega}_{(l)}^{E}\}^{\mathrm{T}}\overline{\overline{[\boldsymbol{\omega}_{(\lambda)}^{E}y]}}\mathrm{d}I\,\boldsymbol{\omega}_{(\xi)}^{E}\boldsymbol{y}\quad(\xi,\lambda=1,\cdots,n)\tag{6.162}$$

利用上述定义可将式(6.161) 为

$$\boldsymbol{F}_{l}^{k*}=-\boldsymbol{a}_{l\xi}^{k}\dot{\boldsymbol{y}}-\boldsymbol{h}_{l}^{k}\tag{6.163}$$

于是,作用在典型体 B_k 上的广义惯性力可写为

$$\boldsymbol{F}^{k*}=-\boldsymbol{A}^{k}\dot{\boldsymbol{y}}-\boldsymbol{H}^{k}\tag{6.164}$$

式中

$$\boldsymbol{F}^{k*}=[F_{1}^{k*},\cdots,F_{n}^{k*}]^{\mathrm{T}}$$

$$\boldsymbol{A}^{k*}=[[\boldsymbol{a}_{1\xi}^{k}]^{\mathrm{T}},\cdots,[\boldsymbol{a}_{n\xi}^{k}]^{\mathrm{T}}]^{\mathrm{T}}$$

$$\boldsymbol{H}^{k}=[h_{1}^{k},\cdots,h_{n}^{k}]^{\mathrm{T}}$$

系统中所有体受到的惯性力为

$$\boldsymbol{F}^{*}=\sum_{k=l}^{N}\boldsymbol{F}^{k*}=-\boldsymbol{A}\dot{\boldsymbol{y}}-\boldsymbol{H} \tag{6.165}$$

式中

$$\boldsymbol{A}=\sum_{k=l}^{N}\boldsymbol{A}^{k},\quad \boldsymbol{H}=\sum_{k=l}^{N}\boldsymbol{H}^{k}$$

另外,作用在典型体 B_k 上的结构弹性广义主动力为

$$\boldsymbol{F}_{s}^{k}=\begin{cases}-\boldsymbol{K}^{k}\boldsymbol{q}_{f}^{k} & (y_{l}=\dot{q}_{if}^{k};i=1,\cdots,m_{k})\\ 0 & (y_{l}\neq\dot{q}_{if}^{k};i=1,\cdots,m_{k})\end{cases} \tag{6.166}$$

式中,$\boldsymbol{K}^k$ 为 B_k 体的结构刚度阵。系统中所有体的结构弹性广义主动力为

$$\boldsymbol{F}_{s}=\sum_{k=1}^{N}F_{s}^{k}=\begin{cases}-\boldsymbol{K}\boldsymbol{q}_{f} & (l=6N+1,\cdots,n)\\ 0 & (l=1,\cdots,6N)\end{cases} \tag{6.167}$$

式中,$\boldsymbol{K}=\mathrm{diag}[K^{1},\cdots,K^{N}]$,$\boldsymbol{q}_{f}=[\{\boldsymbol{q}_{f}^{1}\}^{\mathrm{T}},\cdots,\{\boldsymbol{q}_{f}^{N}\}^{\mathrm{T}}]^{\mathrm{T}}$。

如果系统还作用有除结构弹性广义主动力外的其他广义主动力(如关节弹簧力)$\boldsymbol{F}'_s$,则系统广义主动力应为

$$\boldsymbol{F}=\boldsymbol{F}_{s}+\boldsymbol{F}'_{s} \tag{6.168}$$

根据 Kane 方程,对应于每个广义速率的广义惯性力与广义主动力之和等于零,可得柔性多体系统的动力学方程为

$$\boldsymbol{F}^{*}+\boldsymbol{F}=0 \tag{6.169}$$

将式(6.166)和式(6.169)代入式(6.170),系统动力学方程可化为

$$\boldsymbol{A}\dot{\boldsymbol{y}}=\boldsymbol{F}_{s}+\boldsymbol{F}'_{s}-\boldsymbol{H} \tag{6.170}$$

式中,A 为广义质量阵,是一个非对称矩阵,且依赖于广义坐标;$\boldsymbol{H}$ 为一成分复杂的广义力列向量,其元素是广义坐标和广义速率的函数。

6.5　柔性航天器动力学分析算例

当前,国内外研制的航天器大都属于中心刚体加柔性附件类。本节给出这类航天器柔性动力学建模分析的一个实际算例。

图 6.11 所示为某带双翼的柔性航天器,全星质量 $m=2\ 778.1$ kg;惯量 $I_x=4\ 208.25$ kg · m^2,$I_y=4\ 100.63$ kg · m^2,$I_z=6\ 907.07$ kg · m^2;双翼沿俯仰轴 y_b 的平行轴对称安装,每翼质量 $m_a=37.4$ kg。太阳翼平面位于星体坐标系 x_b-y_b 平面内。

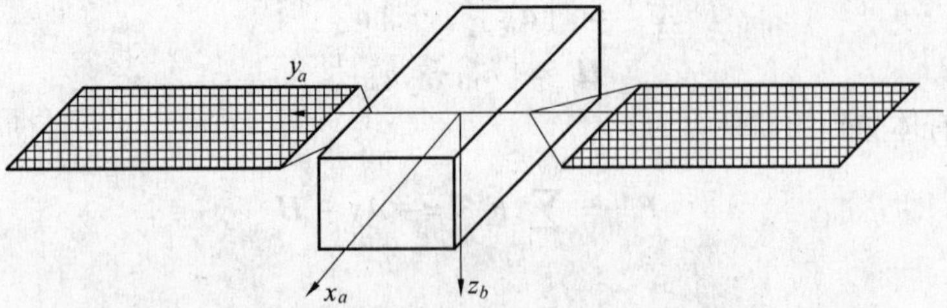

图 6.11 双翼对称太阳阵示意图

太阳翼的模态分析采用 MSC(The MacNeal - Schwendler Co.) 公司的商用结构动力学分析软件 PATRAN/NASTRAN 完成。这是一个著名的有限元分析工具,除了成熟的分析求解模块外,其 PATRAN 前后置处理功能非常强大,可方便、直观地完成结构建模、模态分析、响应计算及计算结果的图形显示等操作。

图 6.12 所示为太阳翼模态分析所用坐标系,按右手系定义。一般情况下,考虑到工程实际需要和动力学分析与控制系统的控制能力,取前 6 阶太阳翼振动模态。本例中,太阳翼的前 6 阶模态频率如表 6.1 所示。由表 6.1 中数据可知,太阳翼振动的基频较低,这是一个对控制系统设计极为关键的参数。此外,表 6.1 中还列出了各阶模态的振型分类。太阳翼模态振型的类别在一定程度上决定了该阶模态柔性耦合系数矩阵对星体影响的特点。对此,在算例的结果分析部分,将给出具体的物理解释。

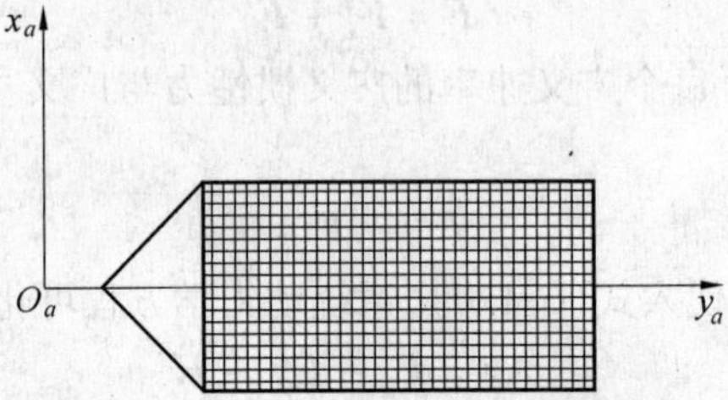

图 6.12 太阳翼模态分析坐标定义

表 6.1 太阳阵模态分析结果

阶次	频率 /Hz	振型
1	0.163	一阶外弯
2	0.446	一阶内弯
3	1.052	一阶扭转
4	1.126	二阶外弯
5	3.052	三阶外弯
6	3.442	二阶扭转

采用DASFA软件计算,太阳翼惯量矩阵和全星各类耦合系数矩阵见表6.2。

表6.2a 太阳翼相对附件系的惯量矩阵 Ia kg·m²

0.51728983D+03	-0.34135494D-02	0.00000000D+00
-0.34135494D-02	0.20726891D+02	0.00000000D+00
0.00000000D+00	0.00000000D+00	0.53801672D+03

表6.2b 太阳翼相对卫星本体系的惯量矩阵 J_{sai} kg·m²

0.89735397D+03	0.13555977D+03	0.29850508D+00
0.13555977D+03	0.44527274D+02	-0.17004953D+01
0.29850508D+00	-0.17004953D+01	0.94187376D+03

表6.2c 太阳翼振动对全星平动的柔性耦合系数阵 $F_t(I,J)^T$ $kg^{1/2}$

MODE NUMBER J	$F_t(1,J)$	$F_t(2,J)$	$F_t(3,J)$
1	-0.62239D-09	-0.17163D-09	-0.49135D+01
2	0.52219D+01	-0.53977D-05	-0.79874D-09
3	0.68329D-08	0.39140D-07	0.23913D-01
4	0.19466D-08	-0.50558D-08	0.26895D+01
5	-0.62016D-08	0.36465D-07	-0.13694D+01
6	0.17291D-07	-0.46048D-08	0.52850D-01

表6.2d 太阳翼振动对全星平动的柔性耦合系数阵 $F_t(I,J)^T$ $kg^{1/2}\cdot m$

MODE NUMBER J	$F_t(1,J)$	$F_t(2,J)$	$F_t(3,J)$
1	-0.28895D+02	-0.39046D+01	0.39860D-08
2	0.49894D-07	0.522197D-01	-0.30009D+02
3	0.16520D-01	-0.43318D+01	-0.87999D-07
4	0.67877D+01	0.22092D+01	0.98309D-09
5	-0.27193D+01	-0.10400D+01	-0.19628D-07
6	0.10923D+00	0.12297D+01	-0.24623D-07

表 6.2e 太阳翼转动同全星转动的刚性耦合系数阵 Ras $(I,J)^T$ kg · m²

I	$RAS(1,I)$	$RAS(2,I)$	$RAS(3,I)$
1	0.67544D + 03	0.96605D + 02	0.00000D + 00
2	− 0.37174D − 02	0.20727D + 02	0.00000D + 00
3	0.23286D − 05	− 0.12118D + 01	0.69616D + 03

表 6.2f 太阳翼振动对全星平动的转角无关柔性耦合系数阵

I MODER NUMBER J = 1	$A_t(I,J)$	$B_t(I,J)$	$C_t(I,J)$
1	− 0.4913505D + 01	0.6223916D − 09	0.00000D + 00
2	0.00000D + 00	0.00000D + 00	− 0.1716273D − 09
3	0.6223916D − 09	− 0.4913505D + 01	0.00000D + 00
NUMBER J = 2			
1	− 0.79874233D − 09	0.5221925D + 01	0.00000D + 00
2	0.00000D + 00	0.00000D + 00	0.00000D + 00
3	0.5221925D + 01	− 0.7987423D − 09	0.00000D + 00
NUMBER J = 3			
1	0.2391291D − 01	0.6832880D − 08	0.00000D + 00
2	0.00000D + 00	0.00000D + 00	0.3913997D − 07
3	0.6832880D − 08	0.2391291D − 01	0.00000D + 00
NUMBER J = 4			
1	0 · 2689515D + 01	− 0.1946566D − 08	0.00000D + 00
2	0.00000D + 00	0.00000D + 00	− 0.5055814D − 08
3	− 0.1946566D − 08	0.2689515D + 01	0.00000D + 00
NUMBER J = 5			
1	− 0.1369420D + 01	− 0.6201599D − 08	0.00000D + 00
2	0.00000D + 00	0.00000D + 00	0.3646461D − 07
3	0.6201599D − 08	− 0.1369420D + 01	0.00000D + 00
NUMBER J = 6			
1	0.5284989D − 01	0.1729072D − 07	0.00000D + 00
2	0.00000D + 00	0.00000D + 00	− 0.4604824D − 08
3	− 0.1729072D − 07	0.5284989D − 01	0.00000D + 00

表 6.2g　太阳翼振动对全星转动的转角无关柔性耦合系数阵

I MODER NUMBER J = 1	$A_S(I,J)$	$B_S(I,J)$	$C_S(I,J)$
1	0.3849138D - 08	- 0.2889529D + 02	0.1716273D - 011
2	- 0.4913505D - 01	- 0.3917046D + 01	0.1240591D - 01
3	0.2889529D + 02	0.3849138D - 08	0.1368213D - 09
NUMBER J = 2			
1	- 0.3000890D + 02	- 0.4082767D - 08	0.5397719D - 07
2	- 0.4162918D + 01	0.5221925D - 01	0.8597738D - 08
3	0.4082767D - 08	- 0.3000890D + 02	0.4303062D - 05
NUMBER J = 3			
1	- 0.5679675D - 07	0.1651960D - 01	- 0.3913997D - 09
2	0.2391237D - 03	0.1906338D - 01	- 0.4350908D + 01
3	- 0.1651960D - 01	- 0.5679675D - 07	- 0.3120238D - 07
NUMBER J = 4			
1	- 0.3047405D - 08	0.6787665D + 01	0.5055814D - 10
2	0.2689515D - 01	0.2144081D + 01	0.6507196D - 01
3	- 0.6787665D + 01	- 0.3047405D - 08	0.4030495D - 08
NUMBER J = 5			
1	0.9441352D - 08	- 0.2719329D + 01	- 0.3646461 - 09
2	- 0.1369420D - 01	- 0.1091702D + 01	0.5167200D - 01
3	0.2719329D + 01	0.9441352D - 08	- 0.2906959D - 07
NUMBER J = 6			
1	- 0.2829385D - 07	0.1092296D + 00	0.4604824D - 10
2	0.5284851D - 03	0.4213193D - 01	0.1187526D + 01
3	- 0.1092296D + 00	- 0.2829385D - 07	0.3670966D - 08

表 6.2h 太阳翼振动同自身转动的耦合系数阵$F_a(I,J)^T$ $kg^{1/2}\cdot m$

I MODER NUMBER $J=1$	$F_a(I,J)$	$F_a(I,J)$	$F_a(I,J)$
1	−0.22483D+02	0.12406D−01	0.30369D−08
2	−0.30404D−08	0.85977D−08	−0.23194D+02
3	−0.14687D−01	−0.43509D+01	−0.47880D−07
4	0.3277BD+01	0.65072D−01	−0.50714D−09
5	−0.93223D+00	0.51672D−01	0.13483D−08
6	0.40261D−01	0.11875D+01	−0.572951D−08

表 6.2i 太阳翼转动同全星转动的转角无关刚性耦合系数阵

I $J=1$	$AX(I,J)$	$BX(I,J)$	$CX(I,J)$
1	0.000000D+00	0.12406D−01	0.000000D+00
2	0.1211845D+01	0.9660827D+02	−0.3413549D−02
3	−0.6754356D+03	0.000000D+00	0.000000D+00
$J-=2$			
1	0.000000D+00	−0.3717426D−02	0.000000D+00
2	−0.2328553D−06	−0.1856323D−03	0.2072689D+02
3	0.3717426D−02	0.000000D+00	0.000000D+00
$J=3$			
1	0.6961625D+03	0.000000D+00	−0.2328553D−05
2	0.9660827D+02	−0.1211845D+01	0.000000D+00
3	0.000000D+00	0.6961625D+03	−0.1856323D−03

（注:以上数据引自曲广吉教授著《航天器动力学工程》一书）

由计算结果来看,第1、4、5阶模态主要是1、2、3阶外弯振型,其双翼对称振型主要影响沿Z_b的平动,其反对称振型主要影响绕X_b轴的姿态;第2阶模态主要是1阶内弯振型,其双翼对称振型主要影响沿X_b轴的平动,其反对称振型主要影响绕Z_b轴的姿态;第3、6阶模态为1、2阶扭转振型,其双翼对称振型主要影响绕Y_b轴的姿态。上述结论同NASTRAN振型显示结果一致。

第7章　载人航天飞行

【教学目的】

通过本章的学习,使学生对载人航天和载人航天器的现状有一个基本的了解,增强探索意识,提高科学研究的使命感。

【内容提要】

本章主要对载人航天环境和生命保障以及载人航天器作了介绍,由于太空环境与地球表面生存环境的巨大差异,对载人航天技术提出了更高的挑战。环境控制和生命保障是实现载人航天的基本条件。为了开发太空,各国研制了多种载人运载器,同时也提出了更多的科学和技术问题,有待于人类去克服和解决。

本章部分内容主要参考褚桂柏教授主编的《航天技术概论》一书。详细内容请参见上述文献有关章节。

载人航天是航天领域的一个重要组成部分。人在航天活动中占有重要位置,人的思维、人的精细观察和操作能力、人对意外事件的应变能力以及判断和决策能力是智能仪器所不能替代的。航天员对提高航天器运行的可靠性,提高空间观测和空间操作的能动性和效率具有重要作用。载人航天要面对两个主要问题:①载人航天器的设计问题,它必须保证航天员的正常生活条件;②航天员的航天生理问题。本章主要介绍有关载人航天器的问题。

7.1　载人航天环境和生命保障

7.1.1　航天器环境

载人航天技术与非载人航天技术相比要复杂得多。这是由于人所能承受的过载加速度有限,载人航天器的过载加速度将受到严格的限制;由于人类习惯于地球的重力环境和大气压力环境、温度环境以及对氧气等气体成分的需求,难以适应太空微重力、真空和低温的环境。例如,航天员的环境气体压力要求保持在地球上的状态,如果压力突然下降或突然上升,都会导致航天员得减压病或增压病,从而对宇航服和乘员舱的密封性与压力的调节特性提出了相当高的要求。微重力不但对地球上的生活和运动方式带来相当多的麻烦,而且在生理上也会产生相当大的变化,如骨质酥松、肌肉萎缩等症状。太空的辐射以及乘员舱室内空气成分的调解、人体排泄物的回收与分解、温度的调解等技术问题都是非载人航天器所不具有的,因此从技术层面上讲,载人航天将航天技术又推向了一个新的高度。

7.1.2 环境控制和生命保障

环境控制和生命保障系统是在空间站上建立一个类似于地球上的环境,是保障航天员健康和生命安全的重要系统。为了保证航天员在空间站上正常的生活环境,必须把新陈代谢产生的废物,如 CO_2、湿气、热量、尿、粪便等加以收集、还原或储存起来。给航天员提供氧、水、食品,若采用开路循环系统方案,航天员的需要由地球上供给;若采用闭路循环系统方案,航天员需要的全部或部分将从废物中再生,如饮用的水可以从湿气冷凝中回收,氧可以从回收的水电解得到。又如,食品中含水量对饮水量有重要的影响。这种相互依赖关系意味着空间站环境控制和生命保障系统不仅有最佳的闭路循环,而且还必须有协调一致的完整的工程系统。

环境控制和生命保障系统组成如下:①空气更新系统;②大气压力和成分控制系统;③舱温和湿度控制系统;④水回收系统;⑤人员保健和废物管理系统。

早期的载人航天器,包括航天飞机,均使用比较简单的环境控制和生命保障系统。如美国的"水星"、"双子星"、"阿波罗"和"天空实验室"使用压力大约 344 Pa 的纯氧空气系统,氧气从储存系统再补给;而新陈代谢产生的 CO_2 的清除用一次性使用的氢氧化锂(LiOH)吸收容器。"天空实验室"利用再生式分子筛清除 CO_2,聚集在分子筛中的 CO_2 定期排入真空;利用密封舱空气热控制的热交换器清除湿气;饮用水来自燃料电池(双子星、阿波罗、航天飞机)或来自贮水器(水星、天空实验室);燃料电池在发电过程中,氢和氧合成纯水。"天空实验室"有一个沐浴室,它的水也来自贮水器。航天飞机使用氧和氮混合的大气(前苏联礼炮号空间站也是如此),压力为 10^5Pa。

在进行空间站环境控制和生命保障系统的方案设计时,首先要确定人体的基本生理要求,即维持人体健康和生命安全的基本要求。人体基本生理要求可分为三类:食品、氧气和水;环境;废物处理。

根据人体基本的生理要求,提出的空间站环境控制和生命保障系统的基本技术要求见表 7.1。

表 7.1 空间站环境控制和生命保障系统的基本技术要求

项目	单位	要求
食品热量	Kcal/(人·天)	2 500 ~ 2 700
饮水量	L/(人·天)	2.8 ~ 3.5
CO_2 排出量	kg/(人·天)	1.0
耗氧量	kg/(人·天)	0.95
废物量	kg/(人·天)	3.0 ~ 3.5
从皮肤和呼吸丧失的水分	kg/(人·天)	1.0 ~ 1.2

续表 7.1

项目	单位	要求
舱内大气压力	Pa	465 ~ 620
航天服内大气压力	Pa	235
温度	℃	18 ~ 24
湿度	%	30 ~ 70
通风	m/s	0.08 ~ 0.20
舱内 CO_2 分压	Pa	<7

环境控制和生命保障系统功能和结构设计取决于空间站上乘员的多少、载人飞行时间的长短和技术发展水平。大型永久性空间站控制和生命保障系统的功能见表 7.2。

表 7.2 永久性空间站环境控制和生命保障系统功能

环境控制	饮食供应
空气温度控制	食品储存
空气湿度控制	食品准备
空气压力控制	饮食用容器与餐具
空气成分控制	冷热水供应
通风	温控
空气监测	热收集与传热
漏气补充	散热片冷却
壁温控制和热损失补充	热排除
空气供应与净化	**卫生与保健**
供氧	个人卫生准备
供氮	室内卫生用具
CO_2 的清除与处理	服装清洗与保存
有害气体的清除	盘碟清洗
空气尘埃的清除	医疗保健设备
空气微生物的清除与控制	体育锻炼设备
臭味的清除与控制	文艺娱乐用品
水管理	**适居性与安全**
水储存	家具和床上用品
水分配	防护服和其他防护用品
水温调节	应急逃逸设备
水净化	照明
水质监测	防噪声
废水储存与处理	防水
废物处理	系统控制与监测设备
尿收集与处理	舱外活动
粪便收集与处理	舱外活动航天服
垃圾收集与处理	便携式环境控制和生命保障系统
吃剩食品收集与处理	

永久性空间站的环境控制和生命保障系统需要发展和研制的再生式分系统主要有:压力舱通风和温度控制;空气更新(清除湿气、CO_2微量污染和气味以及氧气再生);饮用水净化和冲洗水再循环,此外还可能有废物和污水处理。

(1)压力舱通风和温度控制。

(2)空气更新。空气更新包括湿度控制;CO_2微量污染和气味消除;氧气再生或补充。湿度控制可以并入压力舱热控制,但把它分开也有足够的理由。

(3)饮用水。饮用水系统必须包括热水和冷水处理,适用于包括饮用和食物调配多方面使用的饮用水处理。有人建议全部水的处理达到饮用水质量,这样做有一定的好处,其中包括大部分洗用水比人体废水污染小。

(4)冲洗水。冲洗水包括用来洗手、淋浴、洗器皿和织物。冲洗水一旦使用后就会被洗涤剂和赃物所污染。

7.2 载人航天史

载人航天起始于1961年4月12日苏联宇航员尤里·加加林乘坐东方号1号飞船(图7.1),绕地球飞行108 min后,胜利地完成了人类历史上第一次宇宙飞行任务,使人类遨游太空的梦想成为现实。东方号1号飞船是前苏联第一代载人飞船,是在20世纪60年代以前载有动物的飞船基础上发展起来的。时至今日,载人航天器从单一的飞船发展到巨大的太空站。

图7.1 东方号载人飞船发射现场

在尤里·加加林完成飞行的四个月后,乌克兰宇航员季托夫乘坐东方2号飞船飞行了48 h。

1962年8月11日 ~ 12日,东方3号、4号载人飞船进行了编队飞行。

1963年6月14日、16日,东方5号、6号载人飞船进行了编队飞行,其中6号飞船宇航员为女性。前苏联宇航员尼-捷列什科娃(图7.2)乘东方6号飞船上天,历时2天又22小时50分,成为世界第一位女宇航员。前苏联第一代飞船只有定向、导航、着陆、遥测等系统,没有姿态控制系统。

1965年3月18日,前苏联宇航员列昂诺夫走出上升2号飞船(图7.3),离船5 m,停留12 min,首次实现人类航天史上的太空行走。

前苏联宇航员科马洛夫,1967年4月24日乘联盟1号飞船返回地面时,因降落伞未打开,成为第一位为航天殉难的宇航员。

图7.2　前苏联宇航员尼-捷列什科娃

图7.3　前苏联宇航员列昂诺夫实现太空行走

1969年1月14～17日，苏联的联盟4号和5号飞船在太空首次实现交会对接，并交换了宇航员。

1969年7月21日，格林威治时间3时51分，飞船的登月舱在月面降落，美国宇航员阿姆斯特朗走出阿波罗11号，成为人类踏上月球第一人。

1971年4月9日，苏联发射世界上第一艘长期停留在太空的礼炮1号空间站。它重约18 t，长约14 m，最大直径4.2 m。

1975年7月15～21日，美国的阿波罗号飞船和苏联的联盟19号飞船在太空联合飞行，成为载人航天的首次国际合作。

图7.4　美国宇航员阿姆斯特朗

1981年4月12日，美国成功发射并返回世界上首架航天飞机哥伦比亚号，使可重复使用的天地往返系统梦想成真。

1984年2月7日，美国宇航员麦坎德列斯和斯图尔特不拴系绳离开挑战者号航天飞机，成为第一批“人体地球卫星”。

1984年7月25日，前苏联萨维茨卡娅离开礼炮7号空间站，成为第一位在太空行走的女宇航员。

1985年7月25日，王赣骏乘挑战者号航天飞机进入太空，成为第一位华裔宇航员。

1986年1月28日，挑战者号航天飞机起飞时发生爆炸，7位宇航员全部遇难，成为迄今最大的一次航天灾难。

图 7.5 美国航天飞机

图 7.6 国际空间站

1986 年 2 月 20 日，进入轨道的前苏联和平号空间站，在太空中运行了 13 年，1999 年停止工作，2001 年坠入大气层，成为寿命最长的空间站。

俄罗斯的波利亚科夫，于 1994 ~ 1995 年间在和平号空间站上连续停留 438 天，成为在太空时间呆得最长的男宇航员；而美国的露西德于 1996 年在和平号上停留了 188 天，成为在太空时间停留最长的女宇航员。

1995 年 3 月 2 ~ 18 日，奋进号航天飞机在太空中飞行，机上的 7 位宇航员加上和平号上的 6 位宇航员，共有 13 位宇航员同时在太空，成为同时在太空中人数最多的一次。

在 1995 年 2 月，在发现号航天飞机上，美国宇航员科林斯成为第一位航天飞机的女驾驶员。

1995 年 6 月 29 日，美国亚特兰蒂斯号航天飞机与俄罗斯和平号空间站第一次对接，开始了总计 9 次的航天飞机与空间站的对接，为建造国际空间站拉开序幕。

航天飞机最长的一次太空飞行，是 1996 年 11 月 19 日起飞、12 月 7 日降落的哥伦比亚号，历时 17 天 15 h 53 min。

1998 年 11 月 20 日，由多国参与研制的第一座国际空间站第一个舱升空。

2001 年 4 月 30 日，第一位太空游客、美国人蒂托快乐地进入国际空间站，开始了他为期一周的太空观光生活。

2003 年 2 月 1 日，美国哥伦比亚号航天飞机发生空难，机上 7 人全部丧生。

2003 年 10 月 15 日，我国航天员杨利伟乘坐载人飞船“神舟”五号发射升空，于 10 月 16 日安全返回地面，飞行 21 h。

2005 年 10 月 12 日，我国航天员费俊龙、聂海胜乘坐“神舟”六号飞船发射升空，于 10 月 17 日安全返回地面。

2008 年 9 月 25 日，我国航天员翟志刚、刘伯明、景海鹏乘坐 “神舟”七号载人飞船发射升空。2008 年 9 月 27 日，翟志刚实现了首次出舱太空行走。“神舟”七号于 2008 年 9 月 28 日安全返回地面。

7.3　载人航天飞行器

根据飞行和工作方式的不同，载人航天器可分为载人飞船、航天飞机和载人空间站三类，航天飞机既可作为载人飞船和空间站进行载人航天活动，又是一种可重复使用的运载器。载人空间站又称为轨道站或航天站，可供多名航天员居住和工作。

7.3.1　宇宙飞船

1. 联盟号宇宙飞船

联盟号飞船由轨道舱、指令舱和设备舱三部分组成，总质量约 6.5 t，全长约 7 m，宇航员在轨道舱中工作和生活；设备舱呈圆柱形，长 2.3 m，直径 2.3 m，重约 2.6 t，装有遥测、通信、能源、温控等设备；指令舱呈钟形，底部直径 3 m，长约 2.3 m，重约 2.8 t。飞船在返回大气层之前，将轨道舱和设备舱抛掉，指令舱装载着宇航员返回地面。从联盟 10 号飞船开始，前苏联的宇宙飞船转到与空间站对接载人飞行，把载人航天活动推向了更高的阶段。

2. 上升号宇宙飞船

上升号宇宙飞船重 5.32 t，球形乘员舱，直径与东方号飞船大体相同，改进之处是提高了舱体的密封性和可靠性。宇航员在座舱内可以不穿宇航服，返回时不再采用弹射方式，而是随乘员舱一起软着陆。上升 1 号载 3 名宇航员，在太空飞行 24 h 17 min；上升 2 号载两名宇航员，在太空飞行 26 h 2 min。

3. 东方号宇宙飞船

东方 1 号宇宙飞船由乘员舱、设备舱及末级火箭组成，总重 6.17 t，长 7.35 m。乘员舱呈球形，直径 2.3 m，重 2.4 t，外侧覆盖有耐高温材料，能承受再入大气层时因摩擦产生的摄氏 5 000℃左右的高温。乘员舱只能载 1 人，有 3 个舱口，一个是宇航员出入舱口，另一个是与设备舱连接的舱口，再一个是返回时乘降落伞的舱口。宇航员可通过舷窗观察或拍摄舱外情景。宇航员的坐椅装有弹射装置，在发生意外事故时可紧急弹出脱险。同时，在飞船下降到距离地面 7 000 m 的地方，宇航员连同坐椅一起弹出舱外，并张开降落伞下降，在达到 4 000 m 高度时，宇航员与坐椅分离，只身乘降落伞返回地面。设备舱为顶锥圆筒形，长 2.25 m，重 2.27 t，在飞船返回大气层之前，与乘员分离，弃留太空成为无用之物。东方 1 号宇宙飞船打开了人类通往太空的道路。

4. 快船号载人飞船

俄罗斯计划制造的快船号载人飞船(图7.7)是世界第一种可回收性飞船,能重复使用25次。它最多能够载6名乘客(联盟号飞船只能载2~3人),并能够向轨道运送重达700 kg的货物,比现有最先进的“联盟TMA”运载量大一倍。它有多种用途,不仅能往来于国际空间站和地球之间,还可用于登陆月球、火星等其他星球。它能自动飞行长达10~15天,一旦国际空间站遇到紧急情况,快船号能迅速安全地将航天员送回地球。它能为太空旅客们提供安全舒适的服务。它有飞船型和飞机型两种返回方式,可满足不同需要。“升力体”外形在它身上第一次成为现实。

与美国的航天飞机不同,快船号将带有一个应急逃生系统,它可以使飞船和乘员在发射的任意阶段从出现故障的助推器中飞离出来。如果发射顺利,逃逸火箭就会点火分离,使飞船完成正常入轨。

图7.7 快船号载人飞船

5. “神舟”载人飞船

“神舟”系列载人飞船是我国近年研制的载人航天器(图7.8)。从1999年11月20日的“神州”一号到“神州”七号,历时9年实现了载人飞行和舱外太空行走,取得了航天技术的重大突破。这一成果标志着中国已成为世界上继俄罗斯和美国之后第三个能够独立开展载人航天活动的国家。“神州”七号载人飞船全长9.19 m,总质量为7.89 t,由轨道舱、返回舱、推进舱以及一个附加段组成,采用“三舱一段”式结构。“神州”七号有13个分系统,分别是:航天员分系统,有效载荷分系统,电源分系统,推进分系统,制导导航和控制分系统,仪表照明分系统,结构和机构分系统,环境控制与生命保障分系统,数据管理分系统,着陆回收分系统,应急救生分系统,测控通信分系统,热控分系统。

图7.8　“神舟”号载人飞船

7.3.2　航天飞机

航天飞机是1981年投入实际使用的最复杂的航天运输系统。如图7.9、图7.10所示。美国航天飞机是追求航天运载工具重复使用的产物,因而它是一种特殊的航天运载工具。由于它的轨道器在轨道上运行,因而可以执行航天器的任务,如对天地进行观测等。同时,由于轨道器上设有密封座舱和生命保障设备,因而又具有载人航天器的功能。美国航天飞机的主要性能参数见表7.3。

图7.9　美国航天飞机

图 7.10　美国航天飞机

表 7.3　航天飞机主要性能参数

组成 / 项目	轨道器		助推器	外挂贮箱
发动机	3 台主发动机	轨道机动（二台）	2 台	
推进剂	液氧/液氢	N_2O_4/一甲基肼	固体	液氧/液氢
推进剂质量/t		10.8	503.6×2	705.5
推力/kN	2 089.5×3	26.0×2	12 900.15	
	2 275.9×3			
工作时间/s	480	任选	120	
任务周期/天	7~10,30（增加补给）			
乘员/人	7,10（紧急情况）			
航天飞机机长/m	56.14			
航天飞机机高/m	23.34			
航天飞机货舱长度/m	18.28			
航天飞机货舱直径/m	4.57			
起飞质量/t	2050			
起飞推力/kN	32 068.9			
有效载荷质量/t	29.5（185 km 轨道，倾角 28.5°，肯尼迪航天中心发射）			

美国航天飞机由轨道飞行器、外挂燃料箱和固体火箭助推器三大部分组成。

1. 固体火箭助推器

固体火箭助推器共两枚，连接在外贮箱两侧上，长 45 m，直径约 3.6 m，每枚可产生 15 682 kN 的推力，承担航天飞机起飞时 80% 的推力，比冲为 2 913 N · s/kg。固体火箭发动机主要部件有：固体推进剂、壳体、燃烧室、喷管、挡药板和点火器，它所采用的推进剂见表 7.4。

表 7.4　固体火箭助推器主要参数

固体火箭助推器外形尺寸	高度/m	45.48
	直径/m	3.66
推进剂成分	过氯酸铵（氧化剂）	69.8%
	铝粉（燃烧剂）	16%
	氧化铁（催化剂）	0.2%
	聚合物（黏结剂）	12%
	环氧树脂（固化剂）	2%
一枚固体助推器	净重/t	87.73
	推进剂/t	503.18
	总重/t	590.91
	起飞推力（两台助推器）/kN	24 435.83

2. 外挂贮箱

航天飞机的外挂贮箱是一个庞大的尖头圆柱体，它有两个主要功用：为轨道器 3 台主发动机贮存和输送推进剂；在航天飞机轨道上升期间是连接轨道器和固体火箭助推器的支撑结构。长 46.2 m，直径 8.25 m，能装约 700 t 液氢液氧推进剂，它与轨道器相连。外挂贮箱的主要参数见表 7.5。

表7.5 外挂贮箱的主要参数

尺寸	直径/m	8.382
	高度/m	47.00
		16.25
		29.57
		6.86
总质量	结构质量/kg	35 500.0
推进剂质量	液氧/kg	617 727.3
	液氢/kg	102 727.3
推进剂容积	液氧箱/m^3	650.08
	液氢箱/m^3	1 741.12
	总容积/m^3	2391.2
推进剂密度	液氧/($kg \cdot m^{-3}$)	1 141.99
	液氢/($kg \cdot m^{-3}$)	67.46

由于液氢液氧的温度极低,因此如何保证外挂贮箱主结构及分系统部件在规定的温度范围内,如何防止液氢液氧的上部空气液化,如何避免贮箱外表面积冰等,是外挂贮箱设计中的主要问题,也是外挂贮箱的隔热和温控系统设计中所要解决的主要问题。此外,大直径箱体加工、成形和总装等都是外挂贮箱设计中的关键技术问题。

3. 轨道器

轨道飞行器是航天飞机中的核心部分。简称轨道器,它是美国航天飞机最具代表性的部分,长37.24 m,高17.27 m,翼展29.79 m。

它的前段是航天员座舱,分上、中、下三层。上层为主舱,有飞行控制室、卧室、洗浴室、厨房、健身房兼储物室,可容纳8人;中层为中舱,也是供航天员工作和休息的地方;下层为底舱,是设置冷气管道、风扇、水泵、油泵和存放废弃物等的地方。

它的中段为货舱,是放置人造地球卫星、探测器和大型实验设备的地方,长18.3 m,直径4.6 m,可装载24 t物品进入太空,可载19.5 t物资从太空返回地面。货舱的上部可以像蚌壳一样张开。与货舱相连的还有加拿大制造的遥控机械臂,用于施放、回收人造地球卫星和探测器等航天器。在货舱中也可用上面级火箭将航天器发射到更高的轨道。在货舱中还可对回收的航天器进行修理。它的后段有垂直尾翼、三台主发动机和两台轨道机动发动机。主发动机在起飞时工作,它使用外挂燃料箱中的推进剂,每台可产生1 668 kN的推力。在轨道器中段和后段外两侧是机翼。在轨道器的头部和机翼前缘,贴有约2万块防热瓦,保护轨道器在回返时不被气动加热产生的600～1 500℃的高温所烧毁。在轨道器的头锥部和尾部内,还有用于轻微轨道调整的小发动机,共44台。轨道器的主要尺寸见表7.6。

表 7.6　轨道器的主要尺寸

全长/m	37.24
高度/m	17.25
方向舵高度/m	8.02
机翼	
翼展/m	23.8
最大厚度/m	1.52
副翼	
宽度/m	6.10
面积/m^2	12.62
后段机身	
长度/m	5.49
宽度/m	6.71
中般机身	
长度/m	18.29
宽度/m	5.18
乘员舱/m^3	71.54
有效载荷舱	
长度/m	18.29
直径/m	4.57

飞行环境比现代中型喷气飞机要恶劣得多,它既要有适合于在大气层中作高超声速、超声速、亚声速和水平着陆的气动外形,又要有可以承受再入大气层时高温烧蚀的防热系统,因此,它是航天飞机设计中最困难最复杂的部分。

4. 未来的载人航天器

奋斗号和哥伦比亚号航天飞机的失事,揭示出航天飞机的设计在安全性方面还存在重大隐患。这一事实迫使人们必须改进设计,提高安全性以满足未来航天任务的需要。图 7.11 至图 7.13 是未来航天飞机的构想图。可以设想未来航天飞机的设计将充满了艰辛,充满了挑战,道路将会是极其漫长。

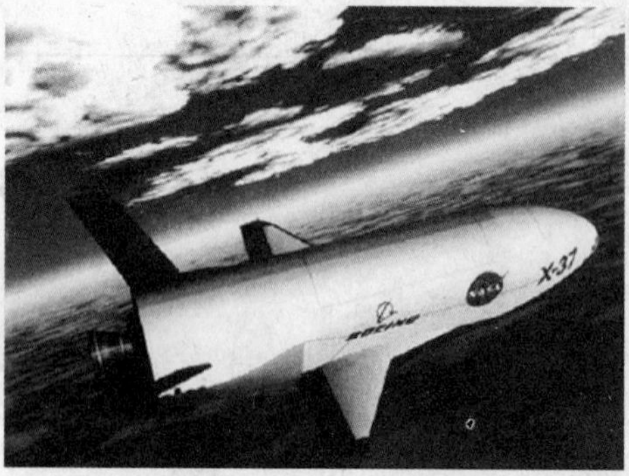

图 7.11 X37B 空天飞机

图 7.12 未来航天飞机构想图

图 7.13 未来空天飞机构想图

7.3.3 载人空间站

空间站和空间平台可用于对地进行综合观测;对太阳和恒星进行无大气折射的全谱段天空观测;研究微重力环境对材料和生物的影响,试验和生产空间产品(材料、药品)。空间平台可以做到有人照料飞行,也可以自主地独立飞行,可以和空间站共轨飞行,也可以在极轨道上飞行。完成上述飞行任务,空间平台可以提供无乘员干扰和无污染的良好微重力环境,能满足特殊的和高精度的定向要求。空间平台的有效载荷比和效费比比空间站优越得多;然而,空间站的用途比空间平台要广泛得多。它既可用于空间站自身和其他空间设施的装配、部署、维修、更换、补充、试验和检测,又可用于月球基地和飞往太阳系其他行星的中转站。

1984 年 1 月美国决定建造永久性空间站,建议由美国牵头,欧共体、日本和加拿大参加,几经挫折,由于经费、技术、政治等原因,到 1993 年改为以美国和俄罗斯为主,欧洲、日本和加拿大参加。

我国在 2008 年 9 月 25 日成功发射了"神州"七号载人航天器,并实现了太空行走,该项技术的突破将为计划组建我国自己的空间站奠定了技术基础。

1. 空间站系统组成

空间站主要由下列系统组成：有效载荷，结构系统，环境控制和生命保障系统，电源系统，数据管理系统，热控制系统，站内和站外活动系统，对接和停泊系统，姿态控制系统，轨道保持系统，推进系统等。此外，空间站系统设计还要考虑轨道选择、空间站外形选择等重要因素。

（1）有效载荷。

空间站上的有效载荷种类繁多，大致有以下几类：①空间天文观测和研究装置；②空间物理观测和研究装置；③对地观测装置；④空间材料研究和加工装置；⑤空间药物萃取装置；⑥空间生物学研究设施；⑦空间生命科学设施；⑧空间军事应用系统等。

（2）结构系统。

承担空间站安装诸系统、设施的位置、容积和载荷，连接各舱室。空间站在轨道上长期运行，各结构部件（特别是太阳电池翼悬臂、展开机构和定向机构、天线杆、控制系统飞轮、发动机部件等）在冷热、机械循环载荷作用下不出现疲劳破坏；居住舱采取结构设计防护措施，以防止微流星、空间碎片等的撞击破坏。

空间站结构的特点是：展开式结构和装配式结构。空间站设计外形的变化和增长能力是结构设计独特的问题。空间站结构的分析和综合，包括热分析和控制分析需要利用综合分析和最优化技术。

（3）环境控制和生命保障系统。

为了保证航天员在空间站上正常的生活环境，必须把新陈代谢产生的废物，如二氧化碳、湿气、热量、尿、粪便等加以收集，还原或储存起来。

环境控制和生命保障系统组成如下：①空气更新系统；②大气压力和成分控制系统；③舱温和湿度控制系统；④水回收系统；⑤人员保健和废物管理系统。

（4）电源系统。

电源系统满足空间站上各舱室功率需要，初期的空间站需要50 ~ 100 kW，未来的空间站需要150 ~ 300 kW。

电源系统技术包括电源的产生和能量储存、电源的管理和分配。

（5）数据管理系统。

数据管理系统为空间站上各分系统、各舱室、平台提供完整的功能。空间站和地面之间的联系必须按最佳方式分配。

（6）通信和测控系统。

通信和测控系统是为空间站提供操作自主的关键系统。它们为空间站提供传输、接收、处理、控制功能，分配话音、遥测、指令、电视、宽频带数据、文字和图像以及跟踪数据服务等。

（7）热控制系统。

热控制系统的任务是保证空间站各舱室、平台、仪器、各种设备在允许的环境温度范围内工作，提供航天员适宜的生活温度。

热控制系统应达到三个主要目的：长寿命散热；多功能热量获取和传热；有效的热量利用系统。

热控制系统除了利用成熟的被动热控制技术外，大容量热管和泵式两相流传输系统将是空间站可应用的重要部件和系统。保证长寿命尚需在轨道上定期维修。

(8)控制系统。

空间站控制系统设计的主要任务是：高度复杂的人-机系统的自动化系统管理；非刚性结构（包括空间站在轨道里的外形变化）的精确的定向控制和稳定；空间站轨道保持和防撞控制；组合式系统具有高可靠性和相当长的寿命。

(9)推进系统。

推进系统用于空间站的姿态控制、轨道保持及机动变轨。该系统设计的性能和工作必须强调长寿命和高效能，以最少的推进剂消耗满足长寿命和低操作成本的要求。不仅能在空间站不同的工作阶段适应装配和空间站外形变化（如轨道器的对接操作、新增加的附着在空间站上的永久性或临时性空间系统装置），还应能提供三轴姿态控制能力和单轴轨道速度能力，提供站上补充系统的装配能力，以及空间站寿命结束时的处理能力。

(10)轨道选择。

轨道选择主要根据任务需要选择轨道（倾角和高度）。空间站上生命科学实验和空间材料加工任务基本上与轨道倾角无关，而地球资源任务则要求极轨道或太阳同步轨道。

(11)空间站外形选择。

空间站的外形选择是一个复杂的过程，涉及各类任务要求、站上各舱段、各分系统和专用设备的功能要求，站上各舱段、各单元、各结构块的排列组合等，没有单一的模式可以利用。

2. 礼炮号空间站

1971 年 4 月 19 日，苏联发射了世界上第一个空间站礼炮 1 号，质量 18.6 t，长 13 m，最大直径 4.2 m。有两个居住组合舱，即工作和生活舱（容积 90 m^3），转移和对接舱。站上装有科学技术和医学研究设备，还有材料加工的熔炉和多光谱相机。它有一个用于推进和安装仪器的无压力舱段。轨道倾角 52°，轨道高度约 300 km。联盟号和礼炮号在轨道上多次交会和对接，联盟号、礼炮号见图 7.14。

1971 ~ 1976 年，苏联共发射了 6 个第一代空间站。第二代空间站是 1977 年 9 月 29 日发射的礼炮 6 号和 1982 年 4 月 19 日发射的礼炮 7 号。尽管两代空间站的体积大致一样，但第二代空间站最显著的变化是增加了第二个对接口，这就使得苏联人可以发射另一组乘员去“访问”已在空间站上工作的航天员，也可利用进步号无人货船（一种联盟号的改型）作补给飞行，给空间站提供实验设备、食品、空气、淡水、个人用品，更重要的就是给空间站燃料贮箱加注推进剂。进步号货船有 2 300 kg 的载货能力，共向礼炮 6 号作了 12 次补给飞行。礼炮 7 号是

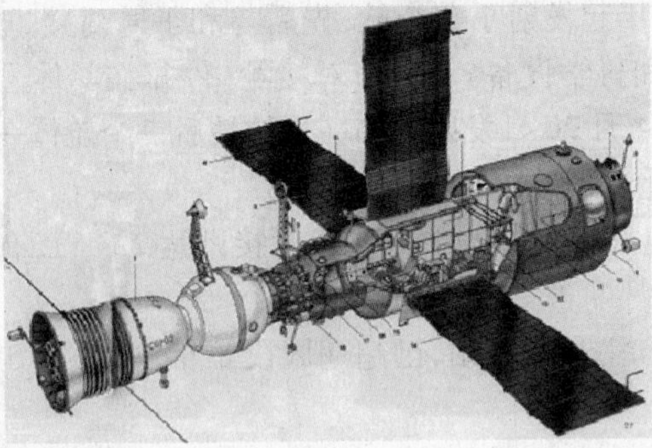

图7.14　联盟号和礼炮号

模块式空间站的雏形。1983年6月发射了一个重20 t的大型空间拖船(宇宙1443号)与礼炮7号在轨对接,可向空间运送2.5倍于进步号货船所携带的货物,把500 kg的货物带回地球。

3. 和平号空间站

"和平号"空间站是礼炮号空间站的发展型,属前苏联第三代空间站,也是模块式组合空间站的典型实例(图7.15)。和平号空间站共由6个模块组合而成,即核心舱、量子1号舱、量子2号舱、晶体舱、自然舱和光谱舱。核心舱的前端共有5个对接口,其侧面可以对接4个模块,轴向可对接载人飞船和货运飞船。

图7.15　和平号空间站

和平号核心舱于1986年2月20日发射,它提供基本的服务、航天员居住、生保、电力和科学研究能力。联盟-TM载人飞船为和平号接送航天员,进步-M货运飞船则为和平号运货。

和平号核心舱共有6个对接口,可同时与多个舱段对接。到1990年,苏联只为和平号核心舱增加了3个对接舱:即1987年与核心舱对接的量子-1(载有望远镜和姿态控制及生命保障设备)、1989年对接的量子-2(载有用于舱外活动的气闸舱、2个太阳电池翼、科学和生命保障设备等)、1990年对接的晶体舱(载有2个太阳电池翼、科学技术设备和一个特别的对接装置，它可与美国航天飞机对接）。俄罗斯自1995年起发射了3个舱，先后与和平号对接，这3个舱是：1995年发射的光谱号（载有太阳电池翼和科学设备）和一个对接舱（停靠在晶体号特别对接口上，用于与航天飞机对接）以及1996年4月26日发射的和平号的最后一个舱体——自然号（载有对地观测和微重力研究设备）。自此和平号在轨组装完毕。

全部装成的和平号空间站，全长87 m，质量达123 t（如与航天飞机对接则达223 t），有效容积470 m^3。

设计寿命为五年，1999年8月28日俄停用和平号空间站，已超期服役8年，2001年3月23日和平号空间站从太空坠落地球。

4. 国际空间站

国际空间站的研制成功将标志着载人航天活动进入一个新阶段。国际空间站的构形见图7.16。国际空间站的主要参数见表7.7。

图7.16 国际空间站

表7.7 国际空间站的主要参数

翼展（宽）	108.6 m
长度	88.5 m
质量	470 t
运行轨道高度	397 km
轨道倾角	51.6°
舱内大气压	101.33 kPa（与地球相同）
密封舱容积	1 202 m^3
电源功率	110 kW（给用户提供46 kW）
乘员人数	6 ~ 7人
工作寿命	10 ~ 15年

国际空间站主要基础设施的基本组成如下：

(1)基础桁架。

空间站的基础结构是桁架式大梁(龙骨),用来安装各舱段、太阳电池翼、辐射散热器、机器人移动服务系统、外露试验平台等。

(2)功能货舱(FGB)。

功能货舱是由俄罗斯研制的第一个在轨空间站单元,于 1998 年 11 月 20 日发射入轨。舱内有生命保障系统、发动机和居住功能(厕所和卫生设备)、电源、暂存燃料,外部装有多个对接口。功能货舱性能参数见表 7.8。

表 7.8　功能货舱性能参数

长度	12.4 m
最大宽度	4.05 m
起飞质量	23 545 kg
轨道质量	19 364 kg
在轨工作寿命	不小于 15 年
轨道倾角	51.6°
参考轨道高度	最高 434.43 km 最低 191.47 km
对接轨道高度	352.37 km

(3)实验舱。

实验舱共有 6 个,其中美国 2 个(一个实验舱、一个离心机舱(CAM)),欧空局(COF)1 个,日本 1 个,俄罗斯 2 个。美国、欧空局和日本实验舱(JEM)共有 33 个国际标准有效载荷机柜,美国 13 个,欧空局和日本各 10 个,俄罗斯研究舱也有 20 个试验机柜。离心机舱重 10 t,是一个提供人造重力的生物医学实验室。JEM 有外露平台,用于与空间环境直接接触的实验,平台上有一个小机械臂,用于有效载荷操作。COF 也有外露平台。

(4)节点舱。

节点舱有 3 个:节点 1 舱由美国提供,节点 2 舱和节点 3 舱由意大利建造。

节点 1 舱是一个圆筒形结构,有 6 个舱口,用于和其他舱对接。节点 1 舱两端各装有一个充压适配器,一个用做和航天飞机的对接口,一个用做与其他舱的连接通道。

节点 1 舱将与功能货舱连接,并用做美国实验舱、居住舱和一个气闸舱之间的通道。节点 2 舱用做 COF、JEM、后勤舱(MPLM)以及美国实验舱前端的通道。节点 3 舱备用,用于扩展空间站规模。

国际空间站各舱段质量和外形尺寸见表 7.9。

表 7.9 国际空间站各舱段质量和外形尺寸

	直径/m	长度/m	干质量/kg	舱内容积/m^3	标准架数目
美国实验舱	4.216	8.364	14 072	100	24
居住舱	4.216	8.364	12 500	100	—
日本舱	4.216	9.652	13 062	120	23
欧洲舱	4.216	6.165	11 500	76.8	16
节点舱	4.216	5.20	13 290	57	4
后勤舱	4.216	6.165	13 789	76.8	16

(5)电源系统。

空间站所需电源功率,美国、日本和 COF 各舱段分别为 33 kW,25 kW 和 20 kW,俄罗斯舱段为 22 kW。美国提供安装在主桁架上的 4 对大型太阳电池翼,输出功率 23 kW×4,和几组 360 A·h 的氢镍蓄电池组,俄罗斯科学动力平台(SPP)提供电源 25 kW。

(6)机器人移动服务系统。

机器人移动服务系统由加拿大提供,由 4 大部分组成:遥控机械臂系统(SSRMS),臂长 16.78 m,它能在空间搬运 125 t 的质量,用于装配、维修和空间站硬件替换;基础系统(MBS),包括基座、移动运输车、沿主桁架导轨,遥控机械臂系统可沿导轨方向往返移动和定位;专用灵巧机械臂,臂长 3.66 m,这是一个双臂机器人,用于舱外活动航天员完成的装配和维修任务;空间观测系统,用于控制机械臂的一种人工观测系统。机器人移动服务系统在国际空间站的组装、维修和替换中起关键作用。

(7)其他辅助设备。

如俄罗斯提供的改进型联盟 TM 飞船、进步号货船,欧空局提供的自动转移飞行器(ATV)等用于意大利提供的 MPLM 运输人员和货物。

7.4 展望火星飞行

1994 年,美国和俄罗斯等主要空间国家达成了一项联合进行无人火星探测协议。计划 2007 年美国和俄罗斯将发射无人返回式飞船,用于采集火星土壤和岩石并带回地球。2014 年通过国际合作将发射火星表面机器人系统,建立火星机器人基地,为人类登陆火星做准备。美国和俄罗斯还制订载人火星飞行计划,设想在 21 世纪 30 年代联合或单独实现载人火星飞行,并逐步建立火星基地。

美国航空航天局约翰逊空间中心最近提供了一个在 2007 年(人类第一颗人造地球卫星发射 50 周年)开始的载人火星飞行计划。该计划拟派一个 6 名航天员小组登上火星工作 500 天,在此之前需先在火星上建立一个可在 2 年内正常工作的长期性标准化系统。该系统涉及

4 个技术方面:至少向火星发射 3 艘货运飞船;飞船利用大气制动技术进行火星轨道飞行或降落机动飞行;飞船与火星表面会合;在火星上建立配有核电站和火星资源利用设备的全自动前哨工作站。

计划的主要组成部分包括:

(1)空间运输系统。

需要新研制或改进一种能把 240 t 有效载荷送入近地轨道的大型运载火箭。考虑上面级火箭装 3 台(货运飞船)或 4 台(载人飞船)核火箭发动机(比冲 9 000 N·s/kg),每次发射能将 100 t 质量从地球轨道送入火星轨道或将 65 t 质量送入火星表面。

(2)居住舱。

居住舱共 3 艘:一艘停留在火星轨道,两艘在火星表面上。居住舱由直径 7.5 m、长 4.6 m 的圆筒和两个椭圆形端盖组成。舱内空间分为 2 层,每层高 3 m。居住舱质量 54 t,带有飞往火星途中和在火星表面停留约 800 天中消耗的物资(飞行途中约 180 天,火星表面停留约 600 天)。舱内生命保障系统将先在国际空间站上工作验证。

(3)火星降落装置。

该装置的作用是在双锥形飞船外壳大气制动失效时完成下降着陆。下降着陆舱将大约 65 t 货物(如居住舱、火星上升舱、推进剂生产设备、核电站、火星表面移动系统等)运送到火星表面。

(4)火星上升舱。

由推进系统和密封舱组成,降落时位于火星降落装置顶部,上升前加注燃料。推进系统采用两台 RL10 型发动机,以 LO_2/CH_4 做燃料(比冲 3 790 N·s/kg),产生推力 254.8 kN,使密封舱达到 5.6 km/s 的速度到达火星轨道与地球返回舱交会。

(5)地球返回舱。

该舱停留在火星轨道上,能携带 6 名航天员返回地球。它由地球再入轨道舱、地球返回过渡居住舱(带有一个 36 kW 太阳能电源系统)和乘员返回舱组成。地球再入轨道舱要用两台改进的 RL10 发动机,乘员返回舱类似于“阿波罗”飞船的指挥舱,其质量约 5.5 t。

(6)火星资源利用(IRSU)设备。

火星资源利用设备为上升舱提供推进剂,并为长期生命保障系统储藏暂时不用的物资。由互为冗余的两套相同的 ISRU 设备组成,每套 ISRU 设备至少要为每次火星上升舱飞行任务生产 20 t 推进剂(LO_2/CH_4,混合比 3.5∶1)。

(7)火星表面电源系统。

为了保证火星前哨工作站的居住舱和推进剂生产设备所需要的电力,计划采用核电站和太阳能电站,核电站将使用 SP-100 型低温核反应堆,这种质量为 14 t 的核电站应能提供 160 kW 电力,部署在距离工作站 1 km 以外的地方。

(8)火星表面移动系统。

火星表面移动系统不仅对火星表面探测而且对基本的维修和日常活动都是必需的。在第一批航天员到达火星之前将使用自动漫游车，按离开居住舱的时间和距离划分，火星表面移动系统有三种：在居住舱附近进行 6 ~ 8 h 舱外活动所用的移动设备；在离居住舱 1 ~ 10 km 范围内活动所用的非密封的自推进漫游车；在离居住舱 500 km 半径活动所用的 2 ~ 4 人用遥控密封漫游车。

表 7.10 载人火星飞行计划概要

发射/到达时间	任务目标	操作程序
2007 年 9 月/(返回地球：2011 年 10 月)	带有过渡居住舱和加注推进剂的地球再入轨道级的无人地球返回舱-1(ERV-1)进入火星轨道	利用大型火箭送入地球轨道；利用核动力火箭建立最小能量过渡轨道飞往火星，利用大气制动进入捕获轨道
2007 年 9 月/2008 年 8 月	未加注推进剂的火星上升舱 1(MAV-1)、推进剂生产设备、核电站(160 kW)、多用途车及漫游车到达火星表面	利用大型火箭和核动力火箭沿最小能量过渡轨道飞往火星；下降前实施大气制动；自动部署核电站(离火星上升舱 1 km)；自动部署推进剂生产设备
2007 年 10 月/2008 年 9 月	居住舱-1、核电站、多用途车和遥控科学漫游车到达火星表面	利用大型火箭和核动力火箭沿最小能量过渡轨道把第 2 个着陆装置送入火星表面；在紧靠火星上升舱位置建立前哨工作站，配有密闭充气实验室和第 2 个备份核电站
2009 年 10 月/2010 年 8 月	带有过渡居住舱和加注推进剂的地球再入轨道级的无人地球返回舱-2(ERV-2)进入火星轨道	飞行程序和大气制动动作与 26 个月前发射的无人地球返回舱-1(ERV-1)相同
2009 年 10 月/2010 年 8 月	未加注推进剂的火星上升舱-2(MAV-2)、推进剂生产设备和核电站部署在火星上升舱-1(MAV-1)附近	飞行程序和大气制动动作与 26 个月前发射的火星上升舱-1(MAV-1)相同；火星上升舱-2 与火星上升舱-1 在火星表面会合，作为冗余备份
2009 年 11 月中旬/2010 年 6 月(2011 年 10 月离开火星，2012 年中返回地球)	载人居住舱-2，6 名航天员、舱外活动设备(EVA 和科学仪器到达火星表面)	飞行程序和大气制动动作与 26 个月前发射的居住舱-1 相同；利用火星上升舱-1(MAV-1，已加注推进剂)与地球返回舱对接，返回地球

空间站是研究长期飞行对人体影响的设施。美国将利用国际空间站研究人类在执行长达数月的火星飞行任务中所遇到的问题，把更多的火星飞行任务系统和硬件作为技术验证场所。例如，用火星居住舱替代原居住舱；利用空间站试验和演示用于火星任务的闭环再生式生命保障系统；利用空间站检验火星任务所必需的微型和“纳米”型电子组件，因为到达火星的 1 kg 质量必须从地球把 40 kg 质量的有效载荷送入地球轨道。

载人火星飞行的最大威胁是深空辐射（太阳粒子事件、连续的高能宇宙射线），要在历时约 300 天的火星飞行中保护航天员免受辐射危害，需要有新的屏蔽手段。在地球上铅是较理想的辐射屏蔽材料，但在空间，铅也许是最差的屏蔽材料：一是质量大；二是在高能粒子撞击下会发生未知的散裂效应。液氢可以提供最佳的屏蔽，但它需要制冷。如何解决深空辐射对航天员健康的危害和屏蔽问题，需要投资 100 亿 ~ 300 亿美元，花 25 年以上的时间。

人类为什么如此热衷于载人火星飞行呢？这是因为火星有可能成为人类将来实现地球生物，包括人类能够在那里生存和繁衍。

改造火星是人类的伟大理想之一。1997 年 7 月“火星探路者”登火星成功，记录到了在向阳方向火星表面尘埃和砾石之下的温度为 21℃，这恰好是令人感到舒适的温度，在夜间和两极气温则可低至-100℃，相比之下地球上最低温度也有-89℃。只要能得到液态水，某些地球生物完全可以适应火星上的温度极限。火星上其实有水（水冰），有些水冰存在于两极的干冰冠中，但更多的是以永久冻土的形式存在于火星的地表之下。最新的估算结果表明，如果火星上的固态水全部融化并且覆盖整个火星表面，这个星球将会变成 100 m 深的海洋。火星上一天的时间是 24 h 37 min，几乎与地球上的一天时间相同。火星的自转时间与地球上的一天时间相同。火星的自转轴与地球的基本相同，因此，四季的更替也会与地球类似。如果能够提供生存所需要的大气以及更高的温度，则地球上的生物就可以很容易地调节其生理节奏。

为了使地球生命在火星上繁衍生息，需要更稠密的大气层，需要大气中有更多的氧气，需要热量，需要火星表面有液态水。其他还需要一个保护层，保护人们不受太阳紫外线和太阳风的侵袭。

为使火星表面变暖，科学家詹·拉夫洛克第一个提出温室效应法，建议向火星大气中施放大量的氯氟化物，可以捕获更多的太阳热辐射，使火星表面升温。接下来，火星表面的干冰就会部分升华，变成 CO_2 气体。大气中 CO_2 的增加会进一步促进升温，带动更多的干冰升华，如此循环往复。分析表明，这个过程最终将导致火星的大气压强达到地球的 1/5，地表温度大幅度升高，那时即使在高纬度地区，也会季节性地存在液态水。那么，氯氟碳（CIFC）从哪里来？一部分可从地球上运送，更多的只能在火星表面上制造。这就意味着首先要进行初步的火星开发和定居。

假设利用上述方式之一提高了火星表面的温度，增加了大气层的密度，并提供了液态水。下面的问题是：氧气从哪里来？气压只有占到大气压的 1/6，人才能正常地呼吸并感觉舒适。经过升温后的火星大气虽然密度大了，但主要成分仍是 CO_2。人们无法在 CO_2 占主导地位的大气中生存，然而植物却能。植物能在光合作用的过程中吸收 CO_2，释放 O_2。由此可见，改造火星大气的关键在于引进植物。当然这些植物要先改变基因，以适应火星的生长条件。

富含 O_2 的大气层在阳光照射下，双原子氧可以变成三原子氧，即所谓臭氧。它可以有效地阻挡波长小于1/3 μm 的紫外线。这样，大气就能起到遮阳帘的作用。将来，地球上的人类在火星上定居后，火星大气只能保护人们不受正常的太阳风气侵袭，而当抵达火星的粒子流特别强大时，人们很可能需要另外的保护。

假设对火星进行初步开发，建设营地，建立永久性定居点，然后通过温室效应升温，直到有足够的液态水（把永久冻土中的水释放出来）和较为稠密的 CO_2大气层。最后，把整个火星表面种满植物，光合作用将吸收 CO_2，制造并释放 O_2。这个过程有多长呢？从种好全部植物到人类能在火星表面上直接呼吸并生存，至少要 1 000 年。因此，以今天的科技水平来衡量，改造火星不是几百年的事情，而是几千年的事情。

第8章　星际航行

【教学目的】

通过本章的学习，使学生对星际探测的问题有所了解，认识到在他们的面前有无数的问题期待着去研究和解决。

【内容提要】

本章简要地介绍了行星际和恒星际探测的问题。在太阳系内人们已经开展了大量的卓有成效的探测工作，并获得了行星的部分资料，对太阳系有了更进一步的认识。对于实现恒星际探测，还有漫长的道路要走，不但要解决时空的问题及恒星际航行的动力问题，还要解决一系列的难以逾越的技术问题，载人恒星际航行也许只能是梦想。

本章内容主要参考褚桂柏教授主编的《航天技术概论》一书。详细内容请参见上述文献的相关章节。

8.1 空间航行的基本理论

8.1.1 齐奥尔科夫斯基公式

К·Э·齐奥尔科夫斯基是近代火箭技术和航天飞行的奠基人，为火箭技术和航天理论做出了重要的贡献。他一生从事利用火箭技术进行航天飞行的研究。在他的经典著作中，对火箭飞行的思想进行了深刻的论证，最早从理论上证明了多级火箭可以克服地心引力进入太空。他建立了火箭运动的基本数学方程，奠定了航天学的基础，并具体地阐明了用火箭进行航天飞行的条件、火箭由地面起飞的条件、人造地球卫星及实现飞向其他行星所必须设置中间站的设想。

齐奥尔科斯基公式是在理想情况下，即在没有考虑空气阻力和地心引力的影响下，建立动量守恒方程式。因火箭增加的动量等于火箭喷射出的气体动量，而其符号相反，如设m为火箭的瞬时质量，C为火箭的喷气速度，$m^{(1)}$为火箭开始飞行的质量，$m^{(2)}$为火箭飞行终了时的质量，V为火箭飞行终了时具有的速度，$\mathrm{d}v$为火箭飞行的速度增量(图8.1)，那么

$$m\mathrm{d}v = -C\mathrm{d}m \tag{8.1}$$

$$-\frac{\mathrm{d}m}{m} = -\frac{\mathrm{d}v}{C} \tag{8.2}$$

在$m^{(1)}$到$m^{(2)}$及$v=0$到V之间积分得

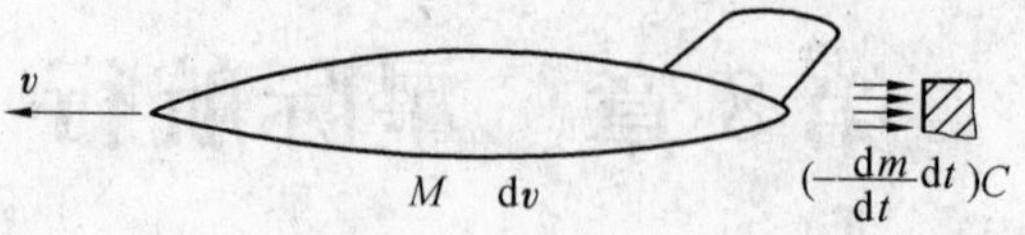

图 8.1 火箭在无外力作用下的运动

$$\int_{m^{(1)}}^{m^{(2)}} -\frac{\mathrm{d}m}{m} = \int_0^V \frac{\mathrm{d}v}{C} = \frac{1}{C}\int_0^V \mathrm{d}v \tag{8.3}$$

$$-\ln m \mid_{m^{(1)}}^{m^{(2)}} = \ln\frac{m^{(1)}}{m^{(2)}} = \frac{V}{C} \tag{8.4}$$

所以

$$\frac{m^{(1)}}{m^{(2)}} = \mathrm{e}^{\frac{V}{C}} \tag{8.5}$$

从齐奥尔科夫斯基公式(8.5) 可以计算出火箭在一定的喷气速度下所携带的推进剂及其与结构质量比。从公式(8.5) 中可以看出,火箭喷气速度 C 越大,质量比$\frac{m^{(1)}}{m^{(2)}}$越小。当喷气速度下降时,质量比$\frac{m^{(1)}}{m^{(2)}}$是指数函数的关系,增加得很快,即质量比大,也就是火箭起飞质量远远大于停止工作时的质量。因为两个质量之差等于火箭推进剂的质量,所以质量比大就等于推进剂增加,而火箭飞行终了时达到高速度的质量减小了,也就是火箭的有效载荷减小了,两者都不可取,所以要从各方面采取措施使其喷气速度增加,以求得质量比的减少。例如,选择性能优良的双组元液体推进剂既可增加火箭的喷气速度,又可增加火箭飞行的有效载荷。

8.1.2 阿克莱公式

实现恒星际航行,首先考虑的也是速度问题。阿克莱(J. Ackeret) 公式是在理想情况下,即在无外力作用下,建立起动量守恒方程式。例如,设火箭相对于发射点的速度是 v,向前为正方向;相对于火箭的喷气速度为 w,向后为正方向(图 8.2);那么根据相对论力学的定律,在固定于发射点的坐标中,喷气速度 w' 为

$$-w' = \frac{-w+v}{1-\frac{wv}{c^2}} \tag{8.6}$$

$$\mathrm{d}\left(\frac{mc^2}{\sqrt{1-\frac{v^2}{c^2}}}\right) + \frac{\mathrm{d}mc^2}{\sqrt{1-\frac{w'^2}{c^2}}} = 0 \tag{8.7}$$

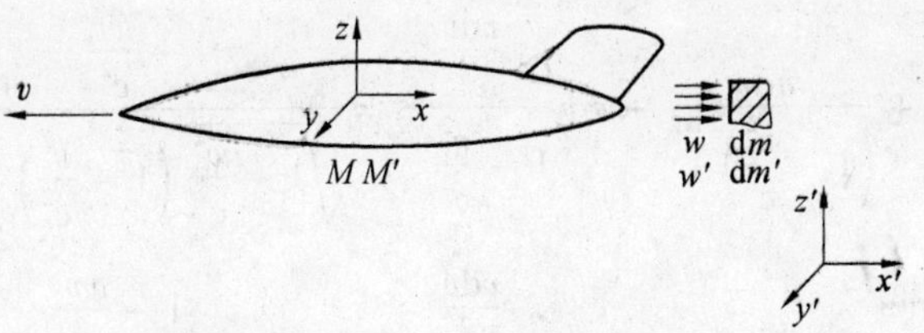

图 8.2　火箭在无外力作用下的相对论力学计算

而动量守恒方程式为

$$\mathrm{d}\left(\frac{mv}{\sqrt{1-\frac{v^2}{c^2}}}\right)+\frac{\mathrm{d}m(-w')}{\sqrt{1-\frac{w'^2}{c^2}}}=0 \tag{8.8}$$

式中，c 为光速，$c=(29.979\,29\pm0.000\,08)\times10^4\,\mathrm{km/s}$；$m$ 为静质量；m' 为动质量；$\mathrm{d}m$ 为喷气的静质量；$\mathrm{d}m'$ 为喷气的动质量，则

$$m'=\frac{m}{\sqrt{1-\frac{v^2}{c^2}}} \tag{8.9}$$

$$\mathrm{d}m'=\frac{\mathrm{d}m}{\sqrt{1-\frac{w'^2}{c^2}}} \tag{8.10}$$

从而可以写出能量守恒方程式，即总能的一部分变成喷气的能量。利用公式(8.3)可得

$$1-\frac{w'^2}{c^2}=1-\frac{1}{c^2}\left(\frac{-w+v}{1-\frac{wv}{c^2}}\right)^2=\frac{1-2\frac{wv}{c^2}+\frac{w^2v^2}{c^4}-\frac{w^2}{c^2}+2\frac{wv}{c^2}-\frac{v^2}{c^2}}{\left(1-\frac{wv}{c^2}\right)^2}=\frac{\left(1-\frac{w^2}{c^2}\right)\left(1-\frac{v^2}{c^2}\right)}{\left(1-\frac{wv}{c^2}\right)^2} \tag{8.11}$$

$$\frac{1}{\sqrt{1-\frac{w'^2}{c^2}}}=\frac{1-\frac{wv}{c^2}}{\sqrt{1-\frac{w^2}{c^2}}\sqrt{1-\frac{v^2}{c^2}}} \tag{8.12}$$

由此，式(8.4)和式(8.5)可写成

$$\frac{\mathrm{d}m}{\left(1-\frac{v^2}{c^2}\right)^{1/2}}+m\frac{\frac{v\mathrm{d}v}{c^2}}{\left(1-\frac{v^2}{c^2}\right)^{3/2}}=-\frac{1-\frac{wv}{c^2}}{\sqrt{1-\frac{w^2}{c^2}}\sqrt{1-\frac{v^2}{c^2}}}\mathrm{d}m \tag{8.13}$$

$$\frac{v\mathrm{d}m}{\left(1-\frac{v^2}{c^2}\right)^{1/2}}+\frac{m\mathrm{d}v}{\left(1-\frac{v^2}{c^2}\right)^{1/2}}+mv\frac{\frac{v\mathrm{d}v}{c^2}}{1-\frac{v^2}{c^2}^{3/2}}=\frac{1-\frac{wv}{c^2}}{\sqrt{1-\frac{w^2}{c^2}}\left(1-\frac{v^2}{c^2}\right)^{1/2}}\left(\frac{-w+v}{1-\frac{wv}{c^2}}\right)\mathrm{d}m \tag{8.14}$$

$$\frac{v\mathrm{d}m}{\left(1-\frac{v^2}{c^2}\right)^{1/2}}+\frac{m\mathrm{d}v}{\left(1-\frac{v^2}{c^2}\right)^{1/2}}+mv\frac{\frac{v\mathrm{d}v}{c^2}}{\left(1-\frac{v^2}{c^2}\right)^{3/2}}=\frac{1-\frac{wv}{c^2}}{\sqrt{1-\frac{w^2}{c^2}}\left(1-\frac{v^2}{c^2}\right)^{1/2}}\left(\frac{-w+v}{1-\frac{wv}{c^2}}\right)\mathrm{d}m \tag{8.15}$$

消去 dm,得

$$v\mathrm{d}m+m\mathrm{d}v\frac{1}{1-\frac{v^2}{c^2}}=\frac{-w+v}{1-\frac{wv}{c^2}}\left(\mathrm{d}m+m\frac{\mathrm{d}v}{v}\frac{\frac{v^2}{c^1}}{1-\frac{v^2}{c^2}}\right) \tag{8.16}$$

整理可得

$$-\frac{dm}{m}=\frac{c}{2w}\left(\frac{1}{1-\frac{v}{c}}+\frac{1}{1+\frac{v}{c}}\right)d\left(\frac{v}{c}\right) \tag{8.17}$$

如果火箭的初始静质量是 $m^{(1)}$,发动机工作停止时的静质量是 $m^{(2)}$;初始速度 $v=0$,终了速度为 V,积分后可得阿克莱公式

$$\frac{m^{(1)}}{m^{(2)}}=\left(\frac{1+\frac{V}{c}}{1-\frac{V}{c}}\right)^{\frac{c}{2w}} \tag{8.18}$$

为了比较阿克莱公式和齐奥尔科夫斯基公式,对公式(8.18)加以整理,即

$$\frac{m^{(1)}}{m^{(2)}}=\mathrm{e}^{\frac{c}{2w}\ln\left(\frac{1+\frac{V}{c}}{1-\frac{V}{c}}\right)} \tag{8.19}$$

展开对数函数可得

$$\ln\left(\frac{1+\frac{V}{c}}{1-\frac{V}{c}}\right)=\ln\left(1+\frac{V}{c}\right)-\ln\left(1-\frac{V}{c}\right)=2\frac{V}{c}\left[1+\frac{1}{3}\left(\frac{V}{c}\right)^2+\frac{1}{5}\left(\frac{V}{c}\right)^4+\frac{1}{7}\left(\frac{V}{c}\right)^6+\cdots\right] \tag{8.20}$$

所以

$$\frac{m^{(1)}}{m^{(2)}}=\mathrm{e}^{\frac{V}{w}\left[1+\frac{1}{3}\left(\frac{V}{c}\right)^2+\frac{1}{5}\left(\frac{V}{c}\right)^4+\frac{1}{7}\left(\frac{V}{c}\right)^6+\cdots\right]}=\mathrm{e}^{\frac{V}{w}}\mathrm{e}^{\left(\frac{V}{c}\right)^2\left[\frac{1}{3}\frac{V}{w}+\frac{1}{5}\frac{V}{w}\left(\frac{V}{c}\right)^2+\frac{1}{7}\frac{V}{w}\left(\frac{V}{c}\right)^4+\cdots\right]} \tag{8.21}$$

式(8.21)第二个指数函数作为$\left(\frac{V}{c}\right)^2$的幂级数展开,那么

$$\frac{m^{(1)}}{m^{(2)}}=\mathrm{e}^{\frac{V}{w}}\left\{1+\frac{V}{w}\left(\frac{V}{c}\right)^2\left(\frac{1}{3}\right)+\left[\frac{V}{w}\left(\frac{V}{c}\right)^2\right]^2\left[\frac{1}{18}+\frac{1}{5}\left(\frac{w}{V}\right)\right]+\left[\frac{V}{w}\left(\frac{V}{c}\right)^2\right]^3\left[\frac{1}{162}+\frac{1}{15}\left(\frac{w}{V}\right)+\frac{1}{7}\left(\frac{w}{V}\right)^2\right]+\cdots\right\} \tag{8.22}$$

式(8.22)指出:当$\frac{V}{c}\to 0$时,也就是当火箭飞行速度远远比光速小的时候,公式(8.22)中整个大括弧的值等于1,所以阿克莱公式就简化为齐奥尔科夫斯基公式,即齐奥尔科夫斯基公式是阿克莱公式的特例。公式(8.22)指出,从齐奥尔科夫斯基公式到阿克莱公式的修正永远是正的,即是加大的。当火箭飞行速度很高时,用齐奥尔科夫斯基公式计算会得出过小的质量比。

恒星际飞行要求火箭飞行速度必须非常接近光速,因此一个主要的要求是喷气速度也必须达到半倍光速以上,不然质量比太大。如果利用地球上大量存在的氘(又叫做重氢)(主要在海水中),把氘聚变成氦,或受控制的热核反应。

中子 n 将很快地从反应气体中逸出,其所携带的16.55 MeV的能量不能用来加热,故为6个氘原子所产生的热能为26.6 MeV。如果把这个能量的70%有效地转变成动能,那么喷气速度可达到15 000 cm/s,比冲约为1.5×10^6 s。但即使这样大的喷气速度也只是光速的5%,即0.05倍光速。要达到飞行速度为0.80倍光速,其所必需的质量比如下。

用齐奥尔科夫斯基公式计算

$$\frac{m^{(1)}}{m^{(2)}}=\mathrm{e}^{0.8/0.05}=\mathrm{e}^{16}=0.088\,9\times10^{8} \tag{8.23}$$

而用阿克莱公式计算

$$\frac{m^{(1)}}{m^{(2)}}=\left(\frac{1+0.80}{1-0.80}\right)^{\frac{c}{2\times0.05c}}=\left(\frac{1.8}{0.2}\right)^{10}=34.8\times10^{8} \tag{8.24}$$

以上计算说明,在火箭飞行速度接近光速时,齐奥尔科夫斯基公式很不准确。其次就是用目前最强的氘聚变能源,要达到80%光速,总质量比将达到34.8亿,这是不可设想的大质量比。

8.1.3 航天飞行速度

1. 第一宇宙速度

第一宇宙速度指物体绕地球旋转,其旋转半径等于地球的半径时卫星所具有的旋转速度。

万有引力定律指出:任何两个物体之间都存在相互吸引的作用,其引力的大小和两个物体

质量的乘积成正比，和距离的平方成反比。这里应用万有引力定律对物体绕地球运动进行分析和计算。

如图 8.3 所示，假设地球：g 为表面引力常数；R 为地球的平均半径，$R = 6\ 371$ km；v 为物体绕地球的运动速度；r 为物体绕地球的旋转半径；M_e 为地球的质量；m 为物体的质量。在地球表面上的物体质量是地球对物体的吸引力称为重力，即

$$mg_r = G\frac{M_e m}{r \cdot r} \tag{8.25}$$

则

$$g = G\frac{M_e}{R^2} \tag{8.26}$$

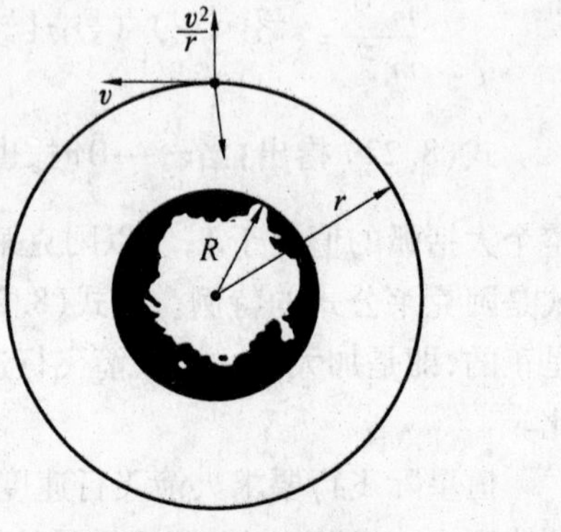

图 8.3　物体绕地球的运动

式中，G 为万有引力常数，$G = (6.670\ \pm 0.005) \times 10^{-3}[\mathrm{N}][\mathrm{mm}]^2[\mathrm{g}]^{-2}$。在离地球圆心 r 轨道绕地球旋转的引力 F 为

$$F = G\frac{M_e m}{r \cdot r} \tag{8.27}$$

由式(8.25) 和式(8.26) 可得

$$g_r = g\left(\frac{R}{r}\right)^2 \tag{8.28}$$

因此，作用在物体上的力 F 为

$$F = mg_r = mg\left(\frac{R}{r}\right)^2 \tag{8.29}$$

单位质量的引力，即 $m = 1$ 时的 F 为 $g\left(\frac{R}{r}\right)^2$，所产生的加速度为$\frac{v^2}{r}$，所以

$$g\left(\frac{R}{r}\right)^2 = \frac{v^2}{r} \tag{8.30}$$

或

$$v^2 = gr\left(\frac{R}{r}\right)^2 \tag{8.31}$$

则

$$v = \sqrt{gr\left(\frac{R}{r}\right)^2} = \sqrt{gR}\left(\frac{R}{r}\right)^{\frac{1}{2}} \tag{8.32}$$

公式(8.33) 说明：r 越大，v 越小，即离地球越远地球对物体的引力越小，因此物体绕地球旋转的速度也就越小。

卫星绕地球旋转的周期 T 是

$$T(r)=\frac{2\pi r}{v}=\frac{2\pi r}{\sqrt{gR}\left(\frac{R}{r}\right)^{\frac{1}{2}}} \tag{8.33}$$

即

$$T(r)=2\pi\sqrt{\frac{R}{g}}\left(\frac{r}{R}\right)^{\frac{3}{2}} \tag{8.34}$$

由公式(8.34)可以看出，卫星绕地球的旋转周期同样是距离的函数，距离越远（即 r 越大）周期越长。一方面是因为旋转半径增加了；另一方面是因为增加引力变小，旋转速度降低，所以引起了旋转周期的增加。

第一宇宙速度 V_1 由不使卫星落地，而又能自由地绕地球运转所需的能量决定。根据公式(8.32)得出

$$V_1(R)=\sqrt{gR}\left(\frac{R}{r}\right)^{\frac{1}{2}} \tag{8.35}$$

由此计算出第一宇宙速度为

$$V_1/(\mathrm{m\cdot s^{-1}})=\sqrt{gR}=\sqrt{9.81\times 6\,371\,000}\approx 7.91\ \mathrm{km/s} \tag{8.36}$$

而旋转周期为

$$T_1(R)=2\pi\sqrt{\frac{R}{g}}\left(\frac{R}{r}\right)^{\frac{3}{2}}=2\pi\sqrt{\frac{R}{g}} \tag{8.37}$$

即

$$T_1(R)/\mathrm{s}=2\pi\frac{\sqrt{Rg}}{g}=2\times 3.141\,6\times\frac{7\,910}{9.81}\approx 5\,070 \tag{8.38}$$

$$5\,070\ \mathrm{s}=84.5\ \mathrm{min}$$

中国的返回型遥感卫星在离地面 170 ~ 400 km 的大气层中运转，速度比 8 km/s 略小，而运转周期比 84.5 min 长，约 90 min。

如果卫星的运转周期为 24 h（24 h = 1 440 min），其轨道面为赤道，即在地球上看卫星是静止不动的，这时卫星离地面的高度 h 可作如下计算

$$\left(\frac{1\,440}{84.5}\right)^{\frac{2}{3}}=\frac{r}{R}\approx 6.63 \tag{8.39}$$

所以

$$h/\mathrm{km}=r-R=6.63R-R=5.63R=5.63\times 6\,371\approx 35\,869$$

这种高度的轨道在地球外辐射带的范围内。地球的内辐射带在离地面 600 ~ 6 000 km 之间，而外辐射带在离地球中心 20 000 ~ 60 000 km 处。

2. 第二宇宙速度

第二宇宙速度 V_2 指从地球表面发射一个能永远离开地球引力场的物体所需的速度。这里不考虑空气的阻力，只计算引力的作用。因此，从地球表面飞到无限远处的物体对引力场所做的功等于在发射时具有的动能。功等于从地球到无限远处的距离乘以作用力。由于 $F = f(r)$ 力是距离的函数，故必须在 R 到∞范围内进行积分。单位质量的卫星所做的功等于

$$\int_R^\infty g\frac{R^2}{r^2}\mathrm{d}r = gR^2 - \frac{1}{r}\bigg|_R^\infty = gR \tag{8.40}$$

所以

$$\frac{1}{2}V^2 = gR \tag{8.41}$$

即

$$V_2/(\mathrm{km \cdot s^{-1}}) = \sqrt{2gR} = V_1\sqrt{2} = 7.91 \times \sqrt{2} = 11.18 \tag{8.42}$$

发射高轨道卫星所需的总能量，即从地球发射到 r 轨道并绕地球运转所需的能量等于从地面提高到 r 轨道所做的功，加上卫星在轨道上的动能。对单位质量而言，从地面提升到 r 轨道所做的功为

$$\int_R^r g\frac{R^2}{r^2}\mathrm{d}r = gR^2 - \frac{1}{r}\bigg|_R^r = gR(1 - \frac{R}{r}) \tag{8.43}$$

而动能由式(8.31)给出，所以如果总能量以相当于 V 的动能代表，那么

$$\frac{1}{2}V^2 = \frac{1}{2}v^2 + gR(1 - \frac{R}{r}) = \frac{1}{2}gR(\frac{R}{r}) + gR(1 - \frac{R}{r}) = gR(1 - \frac{1}{2}\frac{R}{r}) \tag{8.44}$$

$$V^2 = 2gR(1 - \frac{1}{2}\frac{R}{r}) = V_2^2(1 - \frac{1}{2}\frac{R}{r}) \tag{8.45}$$

则

$$V = V_2\sqrt{1 - \frac{1}{2}\frac{R}{r}} \tag{8.46}$$

对应于把卫星发射到 $T(r) = 24\ \mathrm{h} = 1\ 440\ \mathrm{min}$ 的轨道上去所需能量的速度为

$$V/(\mathrm{kg \cdot s^{-1}}) = V_2\sqrt{1 - \frac{1}{2}\frac{R}{r}} = V_2\sqrt{1 - 0.007\ 54} \approx 0.961 \times 11.18 \approx 10.74 \tag{8.47}$$

这个速度要求已经是第二宇宙速度的96.1%，所以发射高轨道的卫星将比发射低轨道的卫星要难。而实际上，发射24 h周期的卫星比发射宇宙火箭更难更复杂些。

3. 第三宇宙速度

第三宇宙速度 V_3 指物体脱离太阳系引力场所需的最小速度，即在充分地利用了地球绕太

阳旋转所具有的能量的情况下,再增加一部分能量就可以使其脱离太阳的引力。因为地球绕太阳旋转的实际椭圆轨道与圆形轨道差别很小,为了简化推导,假设地球绕太阳旋转的轨道是圆的,同时因为各行星相互之间的吸引力比起太阳的吸引力小得多,故忽略不计,只考虑太阳对地球的引力作用。

如图 8.4 所示,假设 M_s 为太阳的质量,M_e 为地球的质量;R 为地球的半径;R_{es} 为地球到太阳的距离;g 为地球表面的引力常数;g_s 为太阳对地球表面上的引力常数,那么类似公式(8.26) 可以写出

$$g_s = G\frac{M_s}{R^2} \tag{8.48}$$

结合公式(8.26) 可得

$$g_s = g\frac{M_s}{M}\left(\frac{R_{es}}{R}\right)^2 \tag{8.49}$$

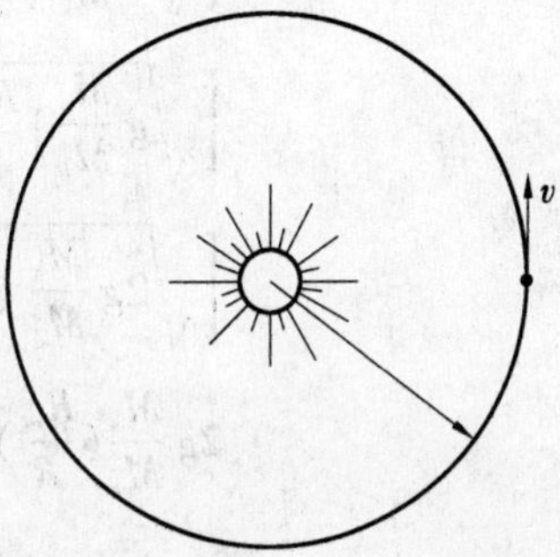

图 8.4　地球在太阳系中的运动

那么,在地球轨道上太阳对每单位质量的引力为 $g\frac{M_s}{M_e}\left(\frac{R_{es}}{R}\right)^2$。式(8.48) 中引力常数在计算轨道速度及脱离引力场速度和前述计算第一宇宙速度及第二宇宙速度的 g 一样,起同样的作用,所以地球绕太阳的速度(卫星的速度一样计算) 为

$$V_{s1} = \sqrt{g_s R} = \sqrt{g\frac{M_s}{M_e}\left(\frac{R_{es}}{R}\right)^2 R} \tag{8.50}$$

而单位质量物体脱离太阳的引力所具备的速度为

$$V_{s2} = \sqrt{2g_s R} = \sqrt{g\frac{M_s}{M_e}\left(\frac{R_{es}}{R}\right)^2 2R} \tag{8.51}$$

单位质量的物体脱离太阳系的引力,利用了地球所具有的速度,即物体脱离地球轨道的方向与地球绕太阳旋转的方向相同时,还需增加的速度为

$$V_{s2} - V_{s1} = \sqrt{g\frac{M_s}{M_e}\left(\frac{R_{es}}{R}\right)^2 2R} - \sqrt{g\frac{M_s}{M_e}\left(\frac{R_{es}}{R}\right)^2 R} \tag{8.52}$$

这个速度增量所代表的动能,对单位质量来说为

$$\frac{1}{2}(V_{s2} - V_{s1})^2 \tag{8.53}$$

但这并不是说从地球表面发射一单位质量就只需要这么多动能,因为从地球表面出发,首先得克服地球的引力场,而后剩下来的能量才是公式(8.53) 所给出的动能。克服地球引力场的动能是 gR,所以从地球表面发射脱离太阳系的最小速度是(不计空气阻力)V_3,而

$$\frac{1}{2}V_3^2 - gR_{es} = \frac{1}{2}(V_{s2} - V_{s1})^2 \tag{8.54}$$

利用式(8.52)和式(8.53)则有

$$\begin{aligned}
V_3^2 = &\left[\sqrt{g\frac{M_s}{M_e}\left(\frac{R_{es}}{R}\right)^2 2R} - \sqrt{g\frac{M_s}{M_e}\left(\frac{R_{es}}{R}\right)^2 R}\right]^2 + 2gR_{es} = \\
&\left[\sqrt{g\frac{M_s}{M_e}\left(\frac{R_{es}}{R}\right)^2 R}(\sqrt{2}-1)\right]^2 + 2gR_{es} = \\
&\left[\sqrt{2g\frac{M_s}{M_e}\left(\frac{R_{es}}{R}\right)^2 R}\left(1-\frac{1}{\sqrt{2}}\right)\right]^2 + 2gR_{es} = \\
&2g\frac{M_s}{M_e}\left(\frac{R_{es}}{R}\right)2R\left(1-\frac{1}{\sqrt{2}}\right)^2 + 2gR_{es} = \\
&2gR_{es}\left[1+\frac{M_s}{M_e}\frac{R_{es}}{R}\left(1-\frac{1}{\sqrt{2}}\right)^2\right]
\end{aligned} \tag{8.55}$$

所以

$$\begin{aligned}
V_3/(\mathrm{km\cdot s^{-1}}) = &V_2\left[1+\frac{M_s}{M_e}\frac{R_{es}}{R}\left(1-\frac{1}{\sqrt{2}}\right)^2\right]^{\frac{1}{2}} = \\
&11.18\left(1+332\ 000\times\frac{6\ 371}{149\ 500\ 000}\times 0.292\ 9^2\right)^{\frac{1}{2}} \approx 16.63
\end{aligned} \tag{8.56}$$

上述计算重点放在最小的脱离太阳系速度这一概念上。体现这个概念从两方面考虑:第一,充分地利用了地球在轨道上公转的速度,使宇宙火箭对太阳运动的方向与地球公转运动的方向一致,任何其他宇宙火箭的方向会增大速度的要求。第二,使宇宙火箭一开始就加足速度到 V_3,而不是先只加到第二宇宙速度 V_2,等宇宙火箭脱离了地球引力场,已经对地球没有相对速度,然后再加速到它能离开太阳系。如果分两段加速,那么所加的速度总和就不是 V_3,而是 $V_2+(V_{s2}-V_{s1})$,总和自然大于 V_3。所以从加速的观点出发,一鼓作气比分两段好。为什么有这样的区别呢?因为在地球表面附近加速,火箭喷气留在势能低的地方,而在脱离地球引力场后加速,火箭喷气将留在势能高的地方。

8.2 太阳系探测

多少世纪以来,人们就渴望了解地球和认识宇宙,在人类历史发展的不同阶段,曾对我们周围的世界提出过不同的假说,如中世纪的地心说等。随着技术的进步,人类对地球和宇宙的了解也日益增多,宇宙空间的奇妙现象促使人类日益渴望加深对自身生存环境和宇宙的进一步了解。

正是由于当代航天技术的成就,才使探索宇宙成为现实。世界航天发展史可以分为三个阶段:第一个阶段是围绕地球的探测,1957 年 10 月 4 日世界上第一颗人造地球卫星上天,便宣告了这个阶段的开始;第二个阶段是行星际探测,摆脱地球引力场的作用奔向其他行星,其中包括月球探测、火星探测和金星探测等;第三个阶段是恒星际探测,摆脱太阳引力场的作用奔向其他恒星系。

8.2.1　太阳系

太阳系是 46 亿年以前由宇宙中星云物质形成的。太阳系由太阳和围绕它旋转的八大行星及其所属的卫星、几万颗小行星、彗星和流星体所组成。所有的大小行星都围绕着太阳,沿同一方向(反时针方向 —— 从天球北极看太阳系)运转。大行星的轨道近似于圆形,它们的轨道面几乎在同一平面内。表8.1列出了有关太阳系的一些行星资料。在表8.1中,行星按离太阳远近而排列。可以看出,八大行星显然分为两类:地球、水星、金星和火星是一类,其特点为直径比较小,密度比较大,是岩石性的。而木星、土星、天王星和海王星是另一类,其特点为直径比较大,密度比较小,这类行星的大气中含有氨和甲烷,因此整个星球一定包含大量的氢。天文学上把太阳系的水星、金星、地球和火星称为内行星,把木星、土星、天王星、海王星称为外行星。

表 8.1　太阳系

序号	名称	水星	金星	地球	火星	木星	土星	天王星	海王星	太阳
1	天文符号		♀							⊙
2	离太阳的平均距离/AU	0.387 1	0.723 3	1.000 0	1.523 7	5.202 8	9.538 8	19.191 0	30.070 7	
3	恒星周期/年	0.241	0.615	1.000	1.881	11.862	29.458	84.015	164.788	
4	会合周期	115.88 日	538.9 日		779.9 日	1.092 年	1.035 年	1.012 年	1.006 年	
5	轨道偏心率 e	0.205 6	0.006 8	0.016 7	0.093 4	0.048 4	0.055 7	0.047 2	0.008 6	
6	轨道面与黄道面倾角									
7	平均轨道速度/$(km\cdot s^{-1})$	47.84	35.01	29.76	24.15	13.04	9.66	6.76	5.47	
8	直径(赤道上)/km	4.878	12 400	12 756	6 800	143 640	120 500	53 400	49 600	1 393 000

续表 8.1

序号	名称	水星	金星	地球	火星	木星	土星	天王星	海王星	太阳
9	体积（地球 = 1）	0.055	0.92	1.00	0.15	1 344.8	766.6	73.5	59.2	1 300 000
10	质量（地球 = 1）	0.055	0.815	1.00	0.107	318.35	95.30	14.58	17.26	332 488
11	平均密度（水 = 1）	0.99	0.88	1.00	0.71	0.24	0.12	0.20	0.29	0.256
12	表面自由落体加速度 $/(\mathrm{m^2 \cdot s^{-1}})$	3.70	8.43	9.81	4.02	27.67	12.74	9.58	11.22	274.68
13	逃逸速度 $/(\mathrm{km \cdot s^{-1}})$	4.17	10.78	11.19	5.09	60.19	36.28	21.32	23.43	618
14	圆周速度 $/(\mathrm{km \cdot s^{-1}})$	2.94	7.23	7.91	3.60	42.55	25.66	15.07	16.57	436.85
15	旋转周期	176 日	2 760 日	23 h 56 min4.09 s	24 h 37 min 22.6 s	9 h 50 min	10 h 14 min	24 h	22 h	25 日
16	最高表面温度 /℃	427	465	60	−20	−140	−150	−200	9	5 700
17	轨道面与赤道面倾角 /(°)	0	3.4	23.5	25.2	3.1	26.7	98.0	29.0	
18	太阳常数（地球 = 1）	6.7	1.9	1.0	1/23	1/27	1/91	1/368	1/904	
19	大气成分（比例依次递降）	无	CO_2, N_2, H_2O, O_2	N_2, O_2, H_2O, Ar, CO_2	H_2O, N_2, Ar, CO_2	H_2, He, CH_4, NH_3, H_2O	H_2, He, CH_4, NH_3, H_2O	H_2, He, CH_4, NH_3, H_2O	H_2, He, CH_4, NH_3, H_2O	许多
20	卫星数	0	0	1	2	22	21	15	2	
21	反照率	0.125	0.59	0.35	0.15	0.44	0.42	0.45	0.52	

注：太阳系资料的说明：

（1）天文符号。通常用这些符号来代替各行星的名称。

（2）天文单位（AU）。以从地球到太阳的平均距离为 l，其距离等于 149 457 000 km，月球到地球的平均距离为 384 400 km。

（3）恒星周期。恒星周期是各行星绕太阳公转一周所需的时间。地球绕太阳公转一周的时间为 365 天零 5 小时 48 分 46 秒，此即称为一个太阳年（或回归年）。

（4）会合周期。会合周期表示从地球上来看其他各行星绕太月转一周的时间。

（5）轨道偏心率 e。即椭圆方程 $r = \dfrac{r_0}{1 - e\cos\theta}$ 中的 e 参数；当 $e = 0$ 时，轨道为圆形。

(6) 轨道面与黄道面倾角。轨道面与黄道面倾角表示各行星的运行轨道面与黄道面之夹角(黄道指地球运行轨道的平向)。

(7) 平均轨道速度。平均轨道速度为各行星在轨道上绕太阳公转的平均线速度。

(8) 直径。直径指各行星的平均直径。地球赤道直径为 12 756.776 km,两极直径为 12 713.824 km。

(9) 体积。以地球体积为 1 度量其他行星。

(10) 质量。以地球质量为 1 来度量其他行星。地球的质量为 $5.976\ 5\times10^{21}\ \pm0.004\times10^{21}$ t。

(11) 平均密度。以地球密度为 1 度量其他行星。水星、金星、地球、火星密度相近,但木星、土星、天王星和海王星等密度却比地球低得多,说明这些行星的组成有很大的差别。

(12) 表面自由落体加速度。物体受行星引力作用自由下落行星表面所产生的重力加速度(地球表面重力加速度 $g/(\mathrm{m\cdot s^{-2}}) = 9.806\ 0 - 0.026\ 0\cos 2\varphi$,$\varphi$ 为纬度)。

(13) 逃逸速度。物体从行星表面脱离该行星引力所需要的速度(不计大气阻力)。

(14) 圆周速度。物体以行星半径做圆周运动所产生的切向速度(不计大气阻力)。

(15) 旋转周期。为各行星自转一周所需的时间。

(16) 最高表面温度。天文学方法测得的各行星之最高表面温度。

(17) 轨道面与赤道面倾角。表示各行星的运行轨道面与赤道面(垂直于行星自旋轴,通过质心的平面)之夹角。

(18) 太阳常数。以地球周围之太阳常数为 1 来度量其他行星。地球的太阳常数是指在地球大气层外,太阳在单位时间内投射到离太阳平均日地距离处垂直与射线方向的单位面积上的全部辐射能,该常数为 1 353 $\mathrm{W/m^2}$。

(19) 大气成分。大气成分指根据在行星表面所发现的气体推测的大气成分。

(20) 卫星数。卫星数行星所具有的卫星数量。

(21) 反照率。反照率为被行星反射的太阳光的总量与入射太阳光总量之比。

在太阳系八大行星中,除水星和金星外,均有自己的天然卫星,目前已发现的至少有 63 颗天然卫星(表 8.2)。其中地球 1 颗,火星 2 颗,木星 22 颗,土星 21 颗,天天王星 15 颗,海王星 2 颗。所有这些天然卫星都比它们的行星小得多。最大的天然卫星是木卫三,其直径为 5 268 km,比行星和水星还要大。最小的天然卫星是火卫二,直径仅几千米。地球卫星是一颗较大的天然卫星,其直径为 3 476 km。轨道半径为 384 400 km。

表 8.2　太阳系行星的卫星

行星	卫星	卫星半径 /km	卫星质量 $\times10^{20}$/kg	卫星密度 $\times10^3$ /$(\mathrm{kg\cdot m^{-3}})$	轨道半径 $\times10^3$/kg	旋转周期 /d	轨道偏心率	轨道倾角 /(°)	备注
地球	月球	1 737.4	735	3.34	384.4	27.3217	0.054 9	5.1	可用做航天站
火星	火卫一	13 × 11 × 9			9.38	0.318 9	0.015 0	1.02	
	火卫二	8 × 6 × 5			23.46	1.262	0.000 8	1.82	

续表 8.2

行星	卫星	卫星半径 /km	卫星质量 $\times 10^{20}$/kg	卫星密度 $\times 10^3/(kg \cdot m^{-3})$	轨道半径 $\times 10^3$/kg	旋转周期 /d	轨道偏心率	轨道倾角 /(°)	备注
木星	木卫一	1821	892	3.56 ±0.10	421.6	1.769	0.004	0.04	
	木卫二	1565	487	3.04 ±0.75	670.9	3.551	0.009	0.47	可用做航天站
	木卫三	2634	1495	1.94 ±0.08	1070	7.155	0.002	0.21	可用做航天站
	木卫四	2043	1067	1.82 ±0.34	1880	16.689	0.007	0.51	可用做航天站
	木卫五	131 × 73 × 67			181.3	0.498	0.003	0.45	
	木卫六	85			11480	250.6	0.158	27.6	
	木卫七	40			11 737	259.7	0.207	24.8	
	木卫八$^{\triangle}$	18			23 500	735	0.38	145	
	木卫九$^{\triangle}$	14			23 700	758	0.28	153	
	木卫十	12			11 720	259.2	0.107	29.0	
	木卫十一$^{\triangle}$	15			22 600	692	0.21	164	
	木卫十二$^{\triangle}$	10			21 200	631	0.17	147	
	木卫十三	5			11 094	238.7	0.148	21.6	
	木卫十四	20			128.0	0.295	0.000	0.0	
	木卫十五	13 × 10 × 8			129.09	0.298	0.000	0.0	
	木卫十六	55 × 50 × 45			221.9	0.675	0.013	0.9	
土星	土卫一	199	0.38	1.2	185.5	0.942	0.020	1.52	
	土卫二	249	0.81	1.2	238.0	1.370	0.004	0.02	可用做航天站
	土卫三	523	6.25	1.0	294.7	1.888	0.000	1.86	可用做航天站
	土卫四	560	11.6	1.6	377.4	2.737	0.002	0.02	可用做航天站
	土卫五	764	22.7	1.2	527.0	4.518	0.001	0.35	可用做航天站
	土卫六	2575	1370	1.9	1221.9	15.945	0.029	0.33	可用做航天站
	土卫七	180 × 140 × 113	1.14	—	1481.1	21.277	0.104	0.43	
	土卫八	718	18.9	1.9	3561.3	79.331	0.028	7.52	
	土卫九$^{\triangle}$	110	—	—	125954.0	540.4	0.163	175	
	土卫十	97 × 95 × 77	—	—	151.5	0.695	0.007	0.1	
	土卫十一$^{\triangle}$	69 × 55 × 55			151.4	0.694	0.009	0.3	
	土卫十二$^{\triangle}$	18 × 17 × 14			377.4	2.737	0.005	0.2	
	土卫十三	15 × 13 × 8			294.7	1.888	0.0	2	
	土卫十四	15 × 8 × 8			294.7	1.888	0.0	2	
	土卫十五	19 × 17 × 13			137.7	0.602	0.002	0.3	
	土卫十六	74 × 50 × 34			139.4	0.613	0.004	0.0	
	土卫十七	55 × 44 × 31			141.7	0.629	0.004	0.1	

续表 8.2

行星	卫星	卫星半径 /km	卫星质量 $\times 10^{20}$/kg	卫星密度 $\times 10^3$/(kg·m^{-3})	轨道半径 $\times 10^3$/kg	旋转周期 /d	轨道偏心率	轨道倾角 /(°)	备注
天王星	天王卫一△	579	13.0	1.6	191.0	2.520	0.003	0.0	
	天王卫二△	585	13.0	1.5	266.3	4.144	0.004	0.0	
	天王卫三△	789	42.5	1.9	435.0	8.706	0.002	0.0	
	天王卫四△	761	29.0	1.5	583.5	13.463	0.001	0.0	
	天王卫五△	120×234×233	0.87	1.5	129.4	1.4135	0.017	0.0	
	天王卫六	13			49.5	0.330			
	天王卫七	15			53.8	0.372			
	天王卫八△	21			59.2	0.433			
	天王卫九△	31			61.8	0.463			
	天王卫十	27			62.7	0.475			
	天王卫十一	42			64.4	0.493			
	天王卫十二	54			66.1	0.513			
	天王卫十三	27			69.9	0.558			
	天王卫十四	33			75.3	0.662			
	天王卫十五	77			86.0	0.762			
海王星	海王卫一△	1750 ±250	1 285	—	355.3	5.877	0.000	159.9	
	海王卫二	345 ±180	—	—	5 510.0	359.881	0.749	27.2	

注:△ 表示与运行方向相反。

绝大多数天然卫星没有大气,土卫六和海王卫一有大气,木卫一也可能有大气存在,或因火山有稀薄的二氧化硫大气存在。土卫六淹没在液体乙烷的海洋里,海王卫一为液氮所覆盖。

从天文上观测到在火星轨道和木星轨道之间有一个小行星带(实际上有几条带),已知的小行星 95% 位于这条带内,到目前为止共发现了 6 000 多颗。主要小行星的数量和大小见表 8.3。其中最大的小行星是谷神,直径约 1 003 km。直径小于 1 km 的小行星,根据前苏联科学家 C·B·阿尔洛夫的计算应是 250×10^6 个。因此,小行星带存在以万颗计的小行星对到火星以外航天器飞行将带来很大的困难。对小行星的进一步研究,搞清楚它们的运动规律,对将来的航天飞行意义重大。

表 8.3 小行星的数量和大小

直径/km	小行星数	直径/km	小行星数	直径/km	小行星数
1 ~ 40	668	121 ~ 160	85		
41 ~ 80	539	161 ~ 200	30	≥241	15
81 ~ 120	210	200 ~ 240	18		

8.2.2 行星际探测

1. 月球探测

深空探测是以对月球的探测开始的,月球是地球唯一的天然卫星,也是未来航天飞行理想的中间站和人类进入太阳系空间的第一个定居点。直接考察月球有助于更好地了解地-月系统的起源。

1958 年至 1976 年 8 月,美国和苏联共发射了 83 个无人月球探测器,其中美国 36 个,苏联 47 个,发射成功的无人月球探测器见表 8.4,成功地进行了硬着陆、软着陆和月面探测。此后,日本 1990 年 1 月发射了一颗月球探测器,成为第 3 个向月球发射探测器的国家。2007 年 11 月 7 日,中国的嫦娥一号实现了环月轨道的飞行。印度也在 2008 年 10 月 22 日发射了印度首个月球探测器月船 1 号,实现了环月飞行和月面的撞击试验。

此外,美国还进行过 8 次载人月球探测,其中包括 6 次载人登月。1969 年 7 月 20 日,美国 N·A·阿姆斯特朗和 E·E·奥尔德林乘坐阿波罗 11 号飞船(图 8.5)登月成功,在月球静海西南角着陆,成为涉足地球之外另一天体的首批人员。他们在月球上安放了科学实验装置,拍摄了月面照片,搜集了 22 kg 月球岩石与土壤样品,然后自月面起飞,与指挥舱会合,返回地球。他们首次实现了人类登上月球的理想。1994 年 1 月 25 日,美国发射了克莱门汀 1 号

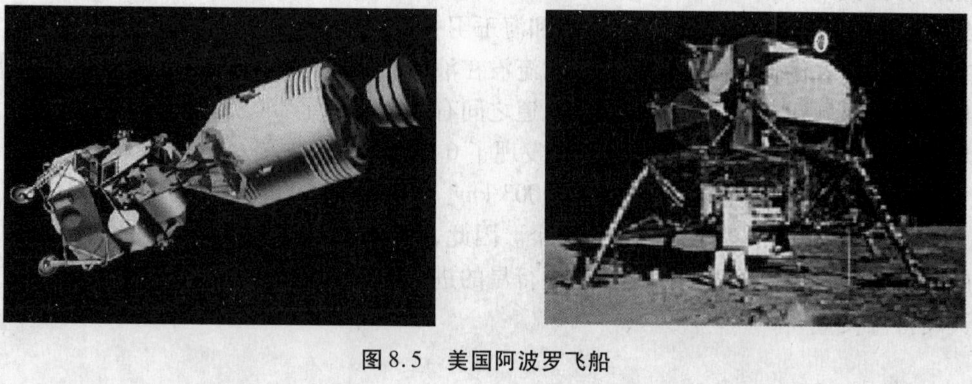

图 8.5 美国阿波罗飞船

(Clemmentine-1)月球极轨卫星,发回 180 万幅图片,发现月球极区有水冰。1998 年 1 月 7 日,美国发射了月球探测者(Lunar Prospector)月球极轨卫星,发现月球两极有大量水冰。

表 8.4　美国、前苏联发射成功的无人月球探测器

名　称	发射日期	运载火箭	质量/kg	任务
月球 2 号(前苏联)	1959.9.12	A-1	390	第一个击中月球
月球 3 号(前苏联)	1959.10.4	A-1	—	—
徘徊者 7 号(美国)	1964.7.28	宇宙神-阿金纳	366	在撞在 Cognitum 海之前,向地球发送了 4 306张高分辨率月球照片
月球 9 号(前苏联)	1966.1.31	A-2.e	1 583	首次软着月成功,着月点在北纬 7°8′、西经 64°33′。在 4 天中,向地球发送了电视全景照片和辐射照片资料。着月舱重 100 kg
月球 10 号(前苏联)	1966.3.31	A-2.e	1 600	第一颗成功的月球卫星,卫星重 254 kg,绕月轨道为 350 km×1 017 km,轨道周期 178.3 min,倾角 71°32′。工作寿命 56 天
勘探者 1 号(美国)	1966.5.30	宇宙神-人马座	995	在月球南纬 2°27′、西经 43°11′处着月。在 6 个星期中,向地球发送 11 237 张照片和工程数据
月球轨道器 1 号(美国)	1966.8.10	宇宙神-阿金纳	385	进入 40 km×1 865 km 月球轨道,倾角 12°12′。向地球发回 211 张月球电视照片
月球 12 号(前苏联)	1966.10.22	A-2.e	1 625	月球轨道:100 km×1 740 km,轨道周期 205 min,倾角 15°。向地球发送月面的电视照片
月球轨道器 2 号(美国)	1966.11.6	宇宙神-阿金纳	390	月球轨道:40 km×1845 km,倾角 11°48′。向地球发回了 184 张阿波罗可能的登月地点的电视照片
勘探者 3 号(美国)	1967.4.17	宇宙神-人马座	1035	在月球南纬 2°56′、西经 23°20′软着月,向地球发回了 6 315 张电视照片和工程数据
探险者 35 号(美国)	1967.7.19	推力加大的德尔它	104	月球轨道:804 km×7 400 km,倾角 147°。向地球发回了粒子和磁场资料

续表 8.4

名　称	发射日期	运载火箭	质量/kg	任务
勘探者 5 号（美国）	1967.9.8	宇宙神-人马座	1 005	在月球北纬 1°25′、西经 22°5′软着月。向地球发送 18 000 张电视照片。第一次作了月球土壤化学分析
勘探者 7 号（美国）	1968.1.7	宇宙神-人马座	1 008	在月球南纬 40°53′、西经 11°26′的泰谷环形山附近软着月。向地球发回 21 274 张电视照片。作了月球土壤化学分析
探测器 6 号（前苏联）	1968.11.10	D-1.e	5 600	绕月飞行，返回苏联
月球 16 号（前苏联）	1970.9.12	D-1.e	5 600，登月器重 1 800	第一次成功地将月球土壤自动取样并返回飞行。取样位置在南纬 0°41′、东经56°18′
月球 17 号（前苏联）	1970.11.10	D-1.e	5 600	月球车 1 号重 756 kg；下降空重 1 080 kg。落在月面上有效载荷总重 1 836 kg。第一个成功的自动漫游者。登月点位于北纬 38°18′、西经 35°的雨海
阿波罗 15 号（美国）P 和 F 子卫星	1971.7.26	土星 V	36	从阿波罗 15 号的飞船上释放出粒子和磁场子卫星
月球 20 号（前苏联）	1972.2.14	D-1-e	5 600	自动月球取样，返回地球。取样地点在北纬 3°32′、东经 56°33′的月球高原上
月球 22 号（前苏联）	1974.5.29	D-1-e	5 600	月球轨道。完成了大量机动
月球 24 号（前苏联）	1976.8.9	D-1-e	5 600	月球土壤深处取样，返回地球。取样地点在北纬 12°45′、东经 62°12′
克莱门汀 1 号（美国）	1994.1.25		424	对月球全球测绘，发回了 180 万幅图像，探测数据表明，月球上有水冰
勘探者 1 号（美国）	1966.5.30	宇宙神-人马座	995	在月球南纬 2°27′、西经 43°11′处着月。在 6 个星期中，向地球发送 11 237 张照片和工程数据
月球探测者（美国）	1998.1.7	雅典娜-2 号	126	利用中子光谱仪探测月球水冰，发现月球两极有大量水冰。完成任务后在月面坠落

图 8.6 为月球探测器拍摄的近期地貌图片。

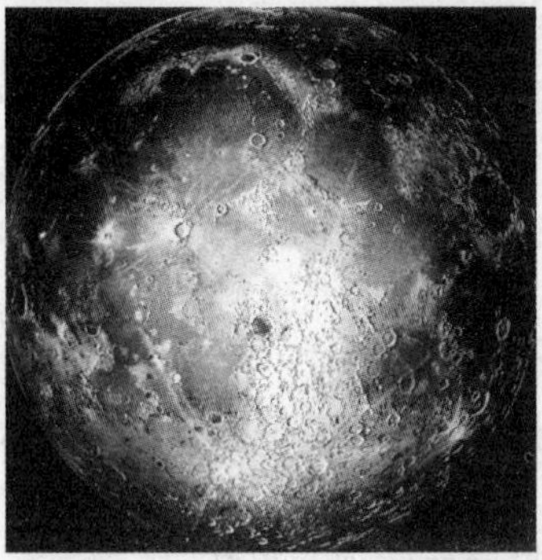

图 8.6　月球近期地貌图片

在地球表面隔着大气观测行星,已经不能满足对行星的深入研究。行星和行星际探测器对行星和行星际空间的研究提供了新的手段。1960 ~1978 年,美国、苏联和西德共发射了 63 个行星和行星际探测器,其中美国 23 个,苏联 38 个,西德 2 个。

探测表明,太阳风像喷水池螺旋形喷水图形;发现地球磁场在向着太阳的一面太阳风被压缩;发现金星没有磁场和辐射带,金星表面温度为 4 750 ℃,有稠密的大气层和频繁的闪电,大气中二氧化碳的体积分数为 97%;探测表明火星没有磁场和辐射带,大气中二氧化碳的体积分数为 95%;探测表明水星有磁场,表面温度在 510 ~2 100℃之间;木星的辐射带强度是地球强度的 10 000 倍,而且它的脉动磁场延伸到土星附近。

水星,美国的水手-10 探测器曾先后于 1974 年和 1975 年两次飞越水星。20 世纪 70 年代后期,由于飞船推进系统和防热需求等因素的制约,水星探测计划被延缓。

木星,美国的先驱者-10、11 探测器分别于 1974 年和 1975 年飞越了木星,发回了 300 幅木星及其卫星的照片。美国的旅行者-1、2 探测器于 1979 年飞越木星。用于深入研究木星的伽利略探测器(图 8.7)于 1989 年发射,主要对木星及其卫星的化学成分和物理状态进行了研究。欧空局发射的尤里希斯探测器在飞越木星并对木星进行探测后,进入太阳极轨道。

图 8.7　伽利略号探测木星

2. 金星探测

目前,人类已经发射了38个金星探测器,其中美国7个,前苏联31个。它们中的22个探测器成功对金星进行了探测,其中3个飞越金星,6个探测金星,4个金星轨道器,9个金星着陆探测器。这些探测器都是1989年以前发射的。飞行器主要有如下系列。

(1)"金星"系列。前苏联,1963 ~ 1984年发射,其中有7个探测器在金星表面实现软着陆。

(2)水星2号探测器。1962年8月27日,美国发射的水手2号探测器第一次成功飞越金星,探测金星及其周围空间。

(3)"先驱者"探测器。美国,1978年发射,在金星表面实现软着陆。

(4)"麦哲伦"探测器。美国,1989年发射,绕金星观测飞行243天。

(5)"伽利略"探测器。美国,1989年发射,于1990年2月飞越金星,进行遥感观测。

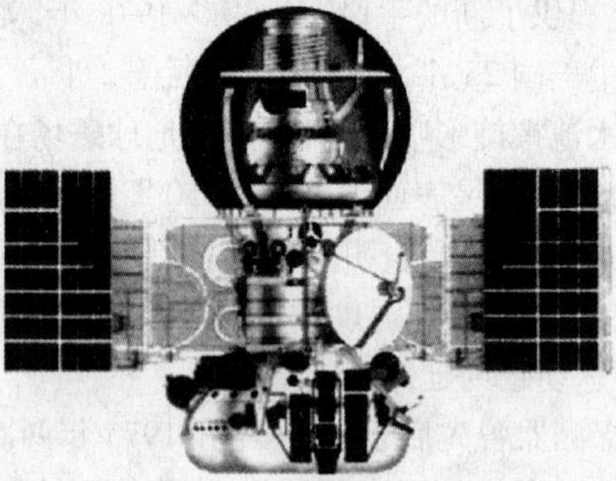

图8.8 金星11、12号探测器

3. 火星探测

20世纪90年代至今,人类深空探测的重点是火星探测,火星探测已成为继月球探测后的又一空间探索的热点。截止到2001年底,人类共发射了33个火星探测器,其中美国14个,前苏联17个,俄罗斯1个,日本1个。现共有15个探测器成功对火星进行了探测,其中5个飞越火星,6个火星轨道器,4个火星着陆器。2003年再次进入了火星的探测高潮,图8.9至图8.14为火星探测器照片。

图 8.9　火星快车进入环绕火星的极轨道

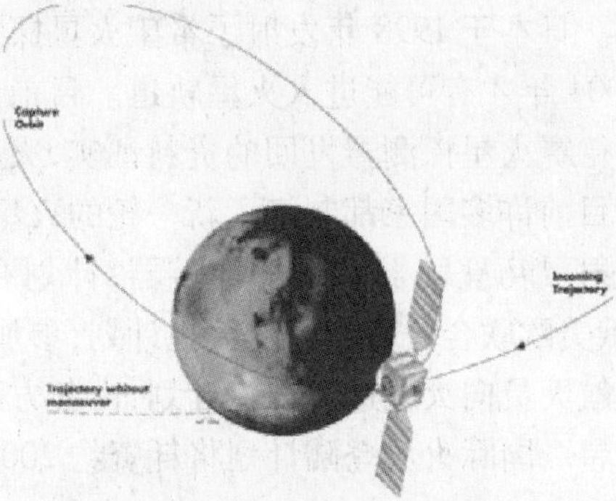

图 8.10　火星快车航行轨道器

图 8.11　火星快车调整距离和姿态

图 8.12　探测器与轨道器分离

图 8.13　猎兔犬 2 号探测器进入火星大气层时的情况

图 8.14　勇气号探测器

从 20 世纪 90 年代至今，美国先后发射了火星观察者、火星全球勘探者、火星探路者、火星气候轨道器、火星极地着陆器和奥德赛火星探测器，其中火星观察者、火星气候轨道器和火星极地着陆器都失败了。俄罗斯仅在 1996 年发射了火星-96 探测器，该探测器在发射阶段就失败了。日本于1998年发射了希望火星探测器,由于推进器出现故障推迟了到达火星的时间,于2004年才有可能进入火星轨道。目前的火星探测主要是对火星进行深入的研究,2002年由奥德赛火星探测器发回的资料证实,火星存在大量的冰,这预示着火星上有存在生命的可能性。目前许多国家都制订了新一轮的火星研究计划。美国2003年发射火星探测漫游器,2007年发射灵巧登陆器和长期漫游器,计划在2010年以后,进行火星取样返回任务。2002年4月,俄美欧联合公布了登陆火星计划,参加火星登陆计划的各方已同意在2014 ~ 2015年间,派遣航天员向火星进发。按计划,由各方选派的6名航天员将在2014 ~ 2015年间乘飞船飞赴火星。国际火星登陆计划将耗资约200亿美元。

4. 土星探测

美国的先驱者-11于1979年9月飞过土星探测到土星的两个新环。美国的旅行者-1于1980年11月接近土星发回土星环照片。美国的旅行者-2于1981年8月飞近土星观测了土星和土星环。1997年,美国发射了卡西尼号土星探测器(图8.15),它所携带的欧空局的惠更斯子探测器将在土卫六上着陆,目前探测器一切正常,探测土星及土卫六的大气结构和成分。

图8.15 “卡西尼”号土星探测器

美国的旅行者-2探测器于1986年和1989年分别飞越了天王星与海王星。研究表明,天王星和海王星主要由冰、岩石、氢和氦组成。由于没有探测器拜访过冥王星,人们对其了解很少,主要是基于天文观测。美国于2004年发射普鲁东-魁伯快车冥王星探测器。

8.2.3 行星际航行轨道

行星探测器在行星际航行时,其运动已不再是简单的二体问题,事实上它受到多个天体的引力作用,由于引力的作用与距离的平方成反比,距离较远的天体的引力作用相对要小得多,因此问题本身可以作进一步的简化。将这类三体问题进一步简化为二体问题或以二体问题为基础的摄动运动,称限制性二体问题。

从地球飞往太阳系各行星可以有很多条轨道,这些轨道的形式,需要消耗的能量、航行时间、制导系统的精度要求等因素各不相同。采用什么样的轨道,取决于行星探测的任务,一般不载人的行星探测器大都采用消耗能量少的轨道;对于载人的行星探测,应考虑采用航行时间短的轨道。

1. 双切轨道

双切轨道(图 8.16)是将航天器从地球轨道上送到目标行星轨道上去的最经济、花费能量最少的轨道,即霍曼轨道。

用火箭将航天器先送入在黄道面内的一围绕地球的圆形轨道上,由此轨道的一点到目标行星圆形轨道的中间过渡轨道,是外切于地球轨道、内切于目标行星轨道,并以太阳为一焦点的椭圆轨道,这样的中间过渡轨道叫做霍曼轨道。轨道的近日点在地球轨道上,远日点在目标行星轨道上。

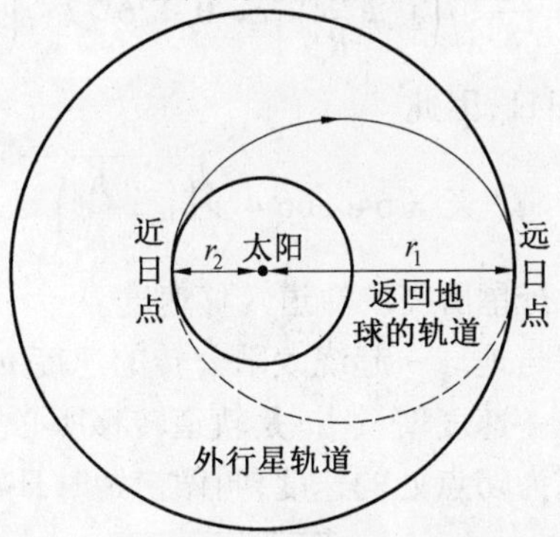

图 8.16　双切轨道

行星际飞行器送入在黄道平面内的绕地球的等待圆行轨道上,仍然同地球一起绕太阳运动。为了使其脱离地球轨道沿霍曼椭圆轨道运动,还需要加一定的速度,使它脱离地球引力场,刚好沿椭圆过渡轨道飞行,到达椭圆轨道的远日点,也就是椭圆与目标行星轨道相切的那一点。在远日点,还必须再给飞行器提供一定的冲量,使它达到进入行星轨道所应有的轨道速度,如果这时不再提供这一冲量,那么,飞行器将由于能量不足而不能进入行星轨道,而是沿椭圆轨道的另一半向近日点运动,然后重复运行在这个椭圆轨道上成为太阳的一颗人造行星。

上面所说的是向外行星发射飞行器时的过渡轨道。若向内行星航行,中间轨道也是椭圆轨道,但要从地球轨道上使飞行器进入远日点内切于地球轨道、近日点外切于目标行星轨道的椭圆轨道。为此,须先使飞行器减速,进入过渡椭圆轨道,到达近日点时,再减速一次,进入内行星轨道,见图 8.16。

(1)沿双切轨道到达目标行星所需的时间。

粗略估算,可以认为过渡椭圆轨道就是行星际航行的全部轨道。因此,到达目标行星所需要的时间为半个过渡轨道周期。按开普勒第三定律可求得

$$t = \frac{\pi}{\sqrt{\mu_{\Theta}}} a^{\frac{3}{2}} \tag{8.57}$$

式中 μ_{Θ}—— 太阳的引力常数;

a—— 椭圆轨道半长轴,$a = \frac{R_e + R_p}{2}$,其中 R_e 为地球至太阳的平均距离;R_p 为行星至太阳的平均距离。

若用天文单位表示距离,用星年表示时间,对于地球的公转周期,则有

$$1\ 星年 = \frac{2\pi}{\sqrt{\mu_{\Theta}}} R_e^{\frac{3}{2}} \tag{8.58}$$

由此得

$$t/\ 星年 = \frac{\sqrt{2}}{8} \sqrt{\left(1 + \frac{R_p}{R_e}\right)^3} = 0.176\ 77 \sqrt{\left(1 + \frac{R_p}{R_e}\right)^3} \tag{8.59}$$

而 1 星年 = 365.256 35 平太阳日,因此

$$t/\ 天 = 64.566\ 4 \sqrt{\left(1 + \frac{R_p}{R_e}\right)^3}$$

(2) 沿双切轨道飞往目标行星所需的轨道转移速度。

飞行器进入等待圆形轨道与地球一起绕太阳公转的速度 $v_{\Theta 1} = 42$ km/s,为进入双切椭圆轨道,还需要加一定的速度,这一速度增量 Δv 是轨道转移所必要的。

在双切轨道上与地球轨道为切点处的速度,叫做初始时日心速度 v,即

$$v = \sqrt{\mu_{\Theta}\left(\frac{2}{R_e} - \frac{1}{a}\right)}$$

把 a 代入上式,得

$$v = \sqrt{\frac{2\mu_{\Theta}}{R_e}} \sqrt{\frac{R_p/R_e}{1 + R_p/R_e}} \tag{8.60}$$

由此可得轨道转移速度 Δv 为

$$\Delta v = v - v_{\Theta 1}(外行星)$$
$$\Delta v = v_{\Theta} - v(内行星) \tag{8.61}$$

2. 月球航行轨道

(1) 没有脱离地球的引力作用范围。

地球(相对于太阳)的引力作用范围半径为 926 000 km,而月球至地球的平均距离小于此值,因此,由地球向月球航行,其过渡轨道可以是相对地球的椭圆。和行星际飞行器不同,向月

球发射飞行器的发射速度不一定要大于第二宇宙速度。

月球航行轨道由两段组成:第一段是以地球引力为主的阶段,这段轨道为地心圆锥曲线;第二段是以月球引力为主的阶段,这段轨道为月心圆锥曲线,飞行器在这段内相对月球的速度,往往超过月球的脱离速度,因而是相对月球的双曲线轨道。两段轨道连接起来,就是月球航行轨道。

在地月系统中,月球相对于地球的作用范围半径为66 190 km。因此,两段轨道的分界限是以月球为中心、66 190 km为半径的球面。

(2) 有代表性的月球航行轨道。

有代表性的月球航行轨道是以大椭圆轨道作为过渡轨道,如图8.17所示。首先把飞行器送入环绕地球的圆形等待轨道之后,在适当的时候在等待轨道的给定点,给飞行器以一定的冲量,使之转移到地月转移轨道(在椭圆轨道)向月球附近飞行,转移轨道一直延伸到月球引力作用范围。若要飞行器成为月球的卫星或在月球上软着陆,则需作机动飞行,否则飞行器或击中月球,或掠过月球作临时飞行。在月球上软着陆时,由于月球没有大气层,只能用制动火箭减速。

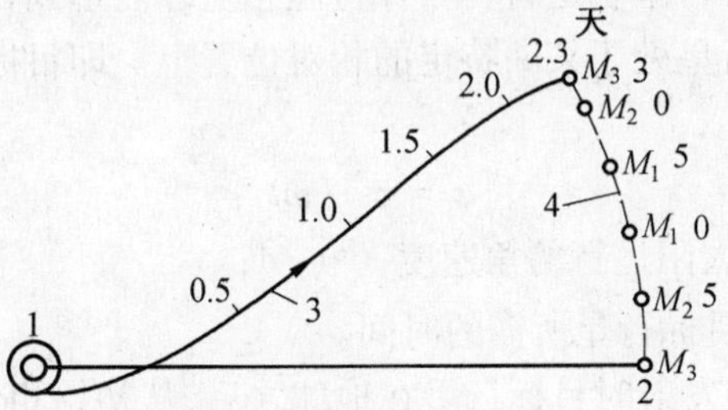

图8.17 月球航行轨道

1— 地球;2— 月球;3— 探测器轨道;4— 月球轨道

3. 甩摆航行

甩摆航行就是飞行器在航行中借助某个行星的引力来加速、改变航向,进入另一个轨道到达目标行星。这种航行轨道与前述的双切轨道直接到达目标行星比较,能够大大缩短航行时间,特别适合于向遥远的外行星的航行。利用甩摆原理,可以进行大周游航行,即用一个探测器依次飞经多个行星附近,实现对多个行星的探测。

例如,水手10号水星探测器,于1973年11月3日发射。运载火箭将探测器加速,送入绕地球的轨道,然后再加速至11.4 km/s向金星方向航行(图8.18)。1974年2月5日,探测器在距金星表面5 800 km高度掠过,在金星引力场作用下,探测器发动机只需短暂的加速,航行轨道转移34°,进入另一条轨道。该轨道与水星轨道在远日点相切,并在这一点与水星相遇,在距水星背面750 km高度掠过;而后,在水星引力场作用下,又转到另一条绕太阳运行的椭圆轨道,如图 8.18 所示。这是在行星探测中,第一次利用甩摆技术改变探测器的轨道。水手 10 号若只依靠运载火箭的运载能力,还不能到达水星,但若选择适当的发射时间,精心设计航行轨道以利用金星的引力,就可以使用原有的运载火箭,送探测器到达水星。

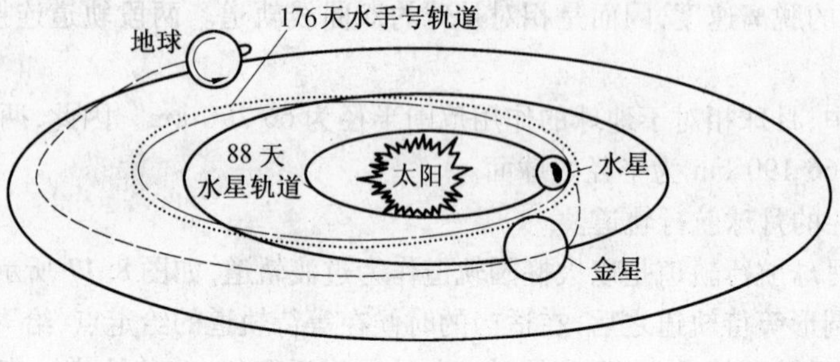

图 8.18　水手 10 号航行轨道

4. 发射窗口

行星际飞行器进入目标行星轨道时与目标行星相遇才能达到目的,为此,飞行器发射的时间必须选择在地球和目标行星处于某一特定的相对位置上。即目标行星相对于地球有一初始相位角 φ,可按下式计算

$$\varphi = \pi - \omega t \tag{8.62}$$

式中　ω—— 目标行星绕太阳运行的角速度,(°) /d;

　　t —— 飞行器到达目标行星所需的时间。

对于内行星,φ 是负值,发射时目标行星在地球之后,从初始相位角开始,经过一段时间后赶上地球;对于外行星,φ 是正值,发射时目标行星处在地球之前,从初始相位角开始,经过一段时间后被地球赶上。

按照初始相位角,就可确定飞行器从地球向目标行星的出发时间,这种特定的初始相对位置叫做"发射窗口",每隔一定时间才"打开"一次,如水星为 4 个月,火星为 2 年 2 个月等。即经过一定的周期以后就重复出现初始相位角一次,如图 8.19 所示。

同时,飞行器到达目标行星后再返回地球,也存在一个返回相位角,如图 8.20 所示,即飞行器在目标行星上需要一段"等待时间"。返回相位角按下式计算

$$\beta = \omega_e t - \pi \tag{8.63}$$

式中　ω_e—— 地球绕太阳运行的角速度,(°) /d。

以火星为例,初始相位角 $\varphi = 44.3°$,返回相位角 $\beta = 75°$,由于地球至火星往返飞行时间为 518 天,在火星上的等待时间为 450 天,共计 968 天。

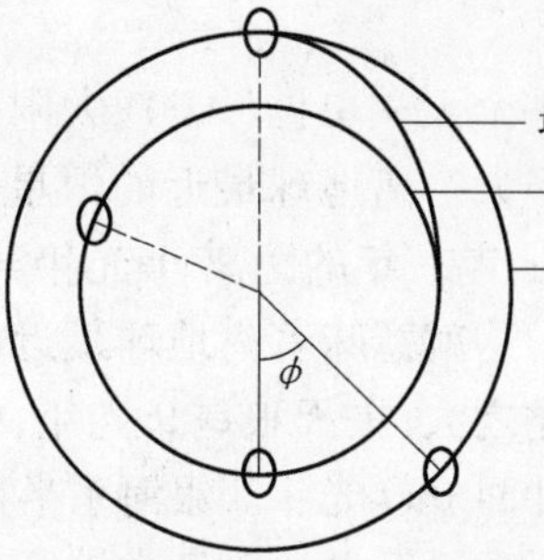

图 8.19　初始相位角

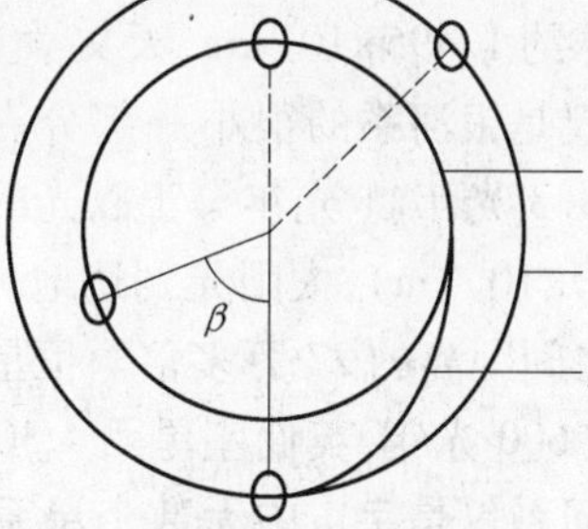

图 8.20　返回相位角

8.3　恒星际飞行

英国《新科学家》杂志报道，行星状星云是太阳似恒星终止生命的最后时刻的精彩呈现，当恒星开始死亡时，先变为红巨星，之后再演变成为行星状星云。图 8.21、图 8.22 为拍摄到的星云图片。实质上，行星状星云是一些垂死恒星抛出的尘埃和气体壳，直径一般在一光年左右。我们的太阳大约在 50 亿年内开始死亡，最终也将变成红巨星。虽然行星状星云的寿命平均只有 3 万年左右，但能帮助重化学元素融合成下一代恒星。

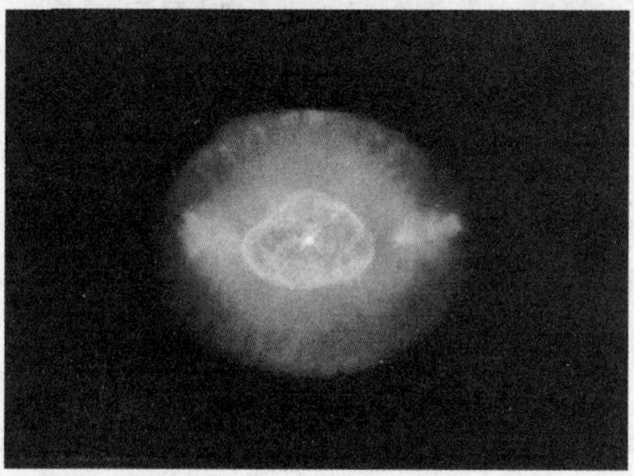

图 8.21　眨眼星云

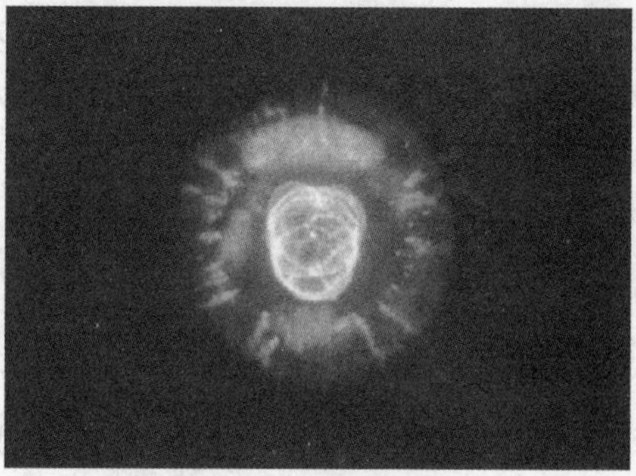

图 8.22　爱斯基摩星云

正是这宇宙演化的奥秘驱动了人类去探索未知的恒星世界，去目睹那些遥远的恒星世界的演化过程。开展恒星际航行是指太阳系以外的恒星际空间的飞行，简称宇宙航行。中国著名科学家钱学森在 1957 年发表的“远程星际航行”一文中，论述了恒星际航行的基本问题。

人类亲身访问其他恒星系文明世界将会遇到一系列全新的问题，例如，利用牛顿经典力学计算宇宙航行轨道就很不准确了，必须用相对论力学的规律；现有燃料达不到宇宙航行所需要的速度,必须寻求新的火箭动力等。

太阳离地球约 1.495×10^9 km,天文学上把此距离定义为一个天文单位(AU),太阳系半径为 60×10^9 km,仅是银河系的很小一部分。恒星间的距离有多大?离地球最近的恒星——半人马座 α 星约 4.3 光年(1 光年等于以光的速度 3.0×10^6 km/s 走一年的距离,1 光年=9.45×10^{12} km=94.500×10^9 km),太阳光到达地球的时间约为 8 min,这就意味着离地球最近的恒星是地球和太阳之间距离的 27 万多倍。恒星际间的距离是如此之大,去天狼星 9 光年,织女星 27 光年,北极星 600 光年,英仙座星团 4 300 光年,武仙座星团 34 000 光年。银河系半径为 42 400 光年,而银河系仅是宇宙中无数个星系中的一个。其他星系如天文学上经常涉及的仙女座星云(图 8.23),距离地球 1 500 000 光年,目前可观察的宇宙空间范围约为 120 亿光年。

到其他恒星去旅行首先是速度问题,用现代火箭技术所能达到的最高速度为 20 km/s,可以飞出太阳系,但不等于恒星际航行。以这个速度航行到半人马座 α 星需要 6 万年,到天狼星约需 12 万年。航行时间比起人的寿命来说太长了,这种旅行不可想象。所以说,恒星际航行必须使宇宙飞船以接近光速的速度航行。要达到接近光的速度则,必须把火箭的喷气速度加速到接近光的速度才行。

图 8.23 **仙女座大星云**

目前的化学能火箭发动机、原子能火箭发动机和电火箭发动机是太阳系航行的主要动力,均不能用做载人宇宙航行的推进系统。例如,化学能火箭发动机仅能为宇宙飞行提供每秒几十千米的飞行速度;又如,电火箭发动机目前尚处于初期应用阶段,即使 20 年后核电推进系统把最大飞行速度提高 4~8 倍,也不能应用于宇宙航行。适合于宇宙航行的推进系统可能有核脉冲火箭、恒星际冲压喷气发动机和光子火箭。

1. 核脉冲火箭的工作原理

燃料粒被压缩成原体积的几千分之一,利用高能辐射(激光或粒子束)加热到 10^9 K,这极高的温度能引起燃料粒聚变爆炸,这个过程可直接用做推进。20 世纪 70 年代英国人曾研究过采用上述推进系统的飞船方案,该无人飞船飞往巴纳德恒星(离地球 5.91 光年,一颗引起兴趣的恒星,在该星的附近很可能有行星,但未必有生命),利用高能激光或粒子束点燃氘、氦-3燃料粒引起核聚变爆炸,推进两级宇宙飞船。比冲为 10^7 N · s/kg,喷气速度为 10 000 km/s,加速度 0.1~1.2 m/s^2。但获得氦-3 非常困难,因为它在地球上非常稀少,于是人们设想可以从月球上制取或从木星大气里得到。飞船的第一级带推进剂 46 000 t,净质量 1 690 t。第一级产生的推力为 7.54×10^8 N,工作时间 2.06 年。第二级带推进剂 4 000 t,净质量为 980 t,推力为 6.63×10^5 N,工作时间 1.76 年,喷气速度 10 000 km/s。飞船携带 500 t 有效载荷的最后速度为光速的 0.122 倍。核脉冲火箭在恒星际飞行中具有运送无人有效载荷能力。

2. 星际冲压喷气发动机系统

星际冲压喷气发动机系统的概念产生于 1960 年,该方案是利用巨大的收集器收集恒星际空间的氢,然后利用电磁场浓缩用做聚变发动机的燃料(星际系空间物质非常稀少,每立方厘米仅 1 ~ 2 个原子,这些原子主要是氢)。该方案非常吸引人,不需要自带推进剂。问题是收集器正面直径大到几千千米,用什么材料创造? 宇宙飞船初始速度需要 10^{-4} ~ 10^{-1} 光速,聚变火箭发动机如何设计? 等等。

3. 光子火箭

光子火箭是一种理想的恒星际航行的运载器,其理论于 1953 年提出。根据著名的爱因斯坦相对论能量定律,质量和能量不仅相联系,而且质量和能量不可分割,质量可以全部转化为动能。由此利用物质 - 反物质湮没反应把质量全部转变成动能。正电子和电子结合湮没产生两个或多个 γ 射线(光子),质子和反质子结合湮没产生两个或多个介子,这些介子不稳定,很快衰变成电子(或正电子)和中微子(没有质量或现代方法尚不能测量)。介子、电子或正电子是带电的,以接近光速运动,这些带电粒子在强电场作用下以极高的速度喷射,其喷射速度等于光速(或接近光速),从而产生推力。问题是现代科学技术尚未解决大量的反物质的生产和储存问题。光子火箭是很有希望的恒星际航行动力,如宇宙飞船航行速度为光速的 0.995 倍,其质量比为 100,这是可以设想的,然而工程问题难以置信,宇宙飞船每吨质量产生的功率 300×10^4 MW,5 000 t 宇宙飞船产生的总功率将超过 1990 年全世界发电能力的 8 000 倍。

根据爱因斯坦的特殊相对论效应,在接近光速飞行的宇宙飞船上,时间的进程要比地球上慢得多,这个过程称为时间延缓效应。要得到任何明显的时间延缓效应,宇宙飞船必须以十分接近光的速度飞行,如当宇宙飞船飞行速度为 0.9 倍光速时,宇宙飞船上的时间为地球上时间的 43.6%;当宇宙飞船飞行速度为 0.999 999 5 倍光速时,则宇宙飞船上的时间为地球上时间的 0.1%。如果设想在人的工作寿命期间(45 年),宇宙飞船飞行 200 万光年到达仙女座星云,飞船上的时间为 20 年,时间延缓系数 107,若宇宙飞船到达仙女座星云的最后质量为 500 t,即使飞船的初始质量和最后质量之比为 400 亿倍(4×10^{10}),飞船所需功率约为 6×10^{19} MW 或为太阳输出功率的 16%,这是不可想象的。实际上,宇宙飞船在恒星际空间飞行的速度不可能完全达到光速,因为恒星际空间物质的阻力将引起宇宙飞船的速度损失。

根据相对论力学计算,到半人马座 α 星时,宇宙飞船最大飞行速度为 0.80 倍光速,而喷气速度为光速的 0.60 倍。用两级火箭(每一级的质量比 6.24),一级用来加速火箭到 0.80 倍光速,一级用做刹车。最大加速度为 2 000 cm/s^2(约 2 G),那么加速和减速对飞船中的人各为一年,等速飞行段对飞船中的人为 2.5 年,共需 4.5 年,往返飞行一次共需 9 年。到天狼星(8.7 光年)采用多级火箭,用等加速度 2 000 cm/s^2 及等减速度 2 000 cm/s^2,宇宙飞船最大飞行速度为 0.94 倍光速,喷气速度仍为 0.6 倍光速。加速和减速对飞船上的人各为 0.8 年,等速飞行段对飞船中的人为 2.5 年,共需 4.1 年。

由上述例子可以看出,用低速进行宇宙航行是很难想象的,即使在 0.8 倍光速下,航行所需要的时间也要几年;而要使喷气速度达到光速的 0.6 倍,就必须使推进剂在燃烧后放出足够的能量,使其相关联的质量为推进剂原来质量的 20%(相关联质量指:转变成动能的那部分质量占推进剂原来质量的百分数。当喷气速度等于光速时,相关联的质量就为 100%)。假定现在最强的推进剂氢的超聚变反应成功发生,其相关联的质量约为 1%,喷气速度为光速的 5%。可以预计,宇宙飞船的飞行速度将达到光速的 30%。经过加速和减速飞行,大约 15 年能飞到半人马座 α 星。但是,即使用氢聚变反应产生的核能源,其质量转变成动能还不到原质量的 1/100,喷气速度仅为光速的 5%。这样的喷气速度要使宇宙飞船的航行速度达到 0.8 倍光速,根据相对论力学计算,宇宙飞船起飞时的质量是到目标恒星地区时的质量 34.8 亿倍,这是不可设想的大质量比。

宇宙航行不同于航天飞行,航天飞行是现实的,而宇宙航行还只不过是一个伟大的理想。按照现代科学技术水平,现在谈论宇宙飞船如何设计和建造没有什么实际意义。因为宇宙飞船的设计和建造需要解决一系列复杂的科学和工程技术问题,除了前面所述推进系统是关键技术外,还有宇宙飞船以接近光速在恒星际空间飞行时遇到恒星际物质如尘埃微粒、冰粒等粒子撞击的防护问题;光子火箭喷射的光子束能量极大,若有百万分之一的热量传递给飞船将会把飞船烧毁,如何进行防热设计;宇宙飞船长期航行中如何保持精确的制导、导航和控制问题;如何保持在遥远距离内和地球通信的问题;长期飞行环境和生命保障系统设计问题;宇宙飞船可靠性设计问题;和宇宙航行任务有关的社会问题等,按照现代科学技术水平均无法确切回答。光子火箭推进系统产生极大的能量,发射时的喷射将会冲刷整个地球。显然,用光子火箭推进的宇宙飞船只有远离地球才能发射。

参考文献

[1]曲广吉.航天器动力学工程[M].北京:中国科学技术出版社,2001.

[2]褚桂柏.航天技术概论[M].北京：中国宇航出版社,2002.

[3]叶敏,肖龙翔.分析力学[M].天津:天津大学出版社,2005.

[4]张劲夫,秦卫阳.高等动力学[M].北京:科学出版社,2005.

[5]WITTENBURG J .多刚体系统动力学[M].北京：北京航空航天大学出版社,1986.

[6]洪嘉振.计算多体系统动力学[M].北京:高等教育出版社,1999.

[7]黄文虎,邵成勋.多柔体系统动力学[M].北京:科学出版社,1996.

[8]黄圳圭.航天器姿态动力学[M].北京：国防科技大学出版社,1997.

[9]章仁为.卫星轨道姿态动力学与控制[M].北京：北京航空航天大学出版社,1998.

[10]刘敦,赵钧.空间飞行器动力学[M].哈尔滨:哈尔滨工业大学出版社,2003.

[11]褚桂柏.展望21世纪的航天技术[J].航天器工程,2001(4):99.

[12]褚桂柏.恒星际航行-新技术革命的今天和明天[M].天津:天津科学技术出版社,1986.

[13]钱学森 .星际航行概论[M].北京：科学出版社,1963.

[14]李思强.载人飞船工程学概论[M].北京：科学出版社,1985.

[15]罗克韦尔国际公司.航天飞机运输系统[M].张钟林,译.北京:航空工业出版社,1988.

[16] KAPLAN M H.空间飞行器动力学控制[M].凌福根,译.北京:科学出版社,1981.

[17]黄祖蔚.单机入轨火箭,载人航天发展展望[M].北京:宇航出版社,1997.

[18]CHOBOTOV V A. Orbital Mechanics(2nd ed)[M]. Washington DC：AIAA. Education Series, 1991.

[19]HUGHES P C. Spacecraft Attitude Dynamics[M]. New York：John Wiley & Sons,1986.

[20]HUGHES P C,GARDNER L T. Asymptotic Stability of Linear Stationary Mechanical Systems [J]. Applied Mechanics,1975,42(1)：228 - 229.

[21]KANE T R,LIKINS P W,LEVINSON D A. Spacecraft Dynamics[M]. New York:McGraw-Hill Book Company,1983.

[22]MEIROVITCH L. Method of Analytical Dynamics[M]. New York:McGraw-Hill Book Company,1970.

[23]SHRIVASTAVE S K. Orbital Perturbation and Stationkeeping of Communication Satellite[J]. Spacecraft and Rockets,1978,15(3):67 - 78.

[24]KAPLAN M N. Modern Spacecraft Dynamics and control[M]. New York:John Wiley & Sons, 1976.

[25] ROY A E. Orbital Motion[M]. Bristol: Adam-Hilger, 1978.

[26] FlURY W. Station Keeping of a Geostationary Satellite[J]. Review of Scientific and Technique CECLES/CERS 1973, 5: 131 - 156.

[27] LAWDEN D F. Impulsive Transfer between Elliptical Orbits[M]. New York: Academy Press, 1962.

[28] BENDER D F. Optimum Coplanar Two-Impulse Transfer Between Elliptic Orbits[J]. Aerospace Engineering, 1962, 21: 44 - 52.

[29] THOMPSON W T. Introduction to Space Dynamics[M]. New York: Wiley, 1961.

[30] DOUGHERTY H J, LEBSOCK K L, RODDEN J J. Attitude Stabilization for Synchronous Communication Satellite Employing Narrow-Beam Antennas[J]. Journal of Spacecraft and Rockets, 1971, 8: 834 - 841.

[31] TERASAKI R M. Dual Reaction Wheel Control of Spacecraft Pointing[J]. Symposium of Attitude Stabilization and Control of Dual-Spin Spacecraft, SAMSO and Aerospace Corporation, El Segundo, California, 1967: 185-196.

[32] VAN DEN BOSCH P, JONGKIND W, SWIETEN A. Adaptive Attitude Control for Large-angle Slew Maneuvers[J]. Automatica, 1986, 22(2): 209 - 215.

[33] HUGHES P C. Dynamics of Flexible Space Vehicles with Active Attitude Control[J]. Celestial Mechanics, 1974, 9(1): 21 - 39.

[34] MARTIN G D, BRYSON A E. Attitude Control of a Flexible Spacecraft[J]. Journal of Guidance and Control, 1980, 3(1): 37 - 41.

[35] LIKINS P W, FLEISCHER G E. Results of Flexible Spacecraft Attitude Control Studies Utilizing Hybrid Coordinates[J]. Spacecraft and Rockets, 1971, 8(3): 264 - 273.

[36] AMIROUCHE F M L, HUSTON, R L. Dynamics of Large Constrained Flexible Structures[J]. ASME Journal of Dynamic Systems, Measurements and Control, 1988, 110(1): 78 - 83.

[37] BOOK W J. Recursive Lagrange Dynamics of Flexible Manipulator Arms. Int[J]. Robotics Research, 1984, 3(3): 87 - 101.

[38] Cavin R K, Dusto A R. Hamilton's Principle - Finite Element Methods and Flexible Body Dynamics[J]. AIAA, 1977, 15(12): 1684 - 1690.

[39] Chadha B, Agrawal O P. Dynamic Analysis of Flexible Multibody Systems Using Mixed Modal and Tangent Coordinates. Computers and Structures, 1989, 31(6): 1041 - 1050.

[40] GREGORY C Z. Reduction of Large Flexible Spacecraft Models Using Internal Balancing Theory[J]. Guidance, Control and Dynamics, 1984, 7(6): 725 - 732.

[41] HABLANI H B. Modal Identities for Multibody Elastic Spacecraft[J]. Guidance, Control and Dynamics, 1991, 14(2): 294 - 303.

[42] HO J Y L, HERBER D R. Development of Dynamics and Control Simulation of Large Flexible Space System[J]. Guidance. Control and Dynamics, 1985, 8(3): 374 - 383.
[43] HUGHES P C. Dynamics of a Chain of Flexible Bodies[J]. Astronautical Science, 1979, 27 (4): 359 - 380.
[44] HUGHES P C. Modal Identities for Elastic Bodies with Application to Vehicle Dynamics and Control[J]. Applied Mechanics, 1980, 47(1): 177 - 184.
[45] HUGHES P C, SKELTON R E. Modal Truncation for Flexible Spacecraft[J]. Guidance and Control, 1981, 4(3): 291 - 297.
[46] HUSTON R L. Methods of Analysis of Constrained Mechanical System[J]. Mechanics of Structures and Machines, 1989, 17(2): 135 - 144.
[47] HUSTON R L. Computer Methods in Flexible Multibody Dynamics. Int[J]. Numerical Methods in Engineering, 1991, 32(8): 1657 - 1668.
[48] HUSTON R L. Multibody Dynamics - Modeling and Analysis Methods[J]. Applied Mechanics Review, 1991, 44(3): 109 - 117.
[49] KANE T R, LEVINSON D A. Formulation of Equations of Motion for Complex Spacecraft[J]. Guidance and Control, 1980, 3(2): 99 - 112.
[50] KANE T R, LIKINS P W, LEVINSON D A. Spacecraft Dynamics[M]. New York: McGraw-Hill Book Company, 1983.
[51] LEVINSON D A. Equations of Motion for Multi-Rigid-Body Systems via Symbolic Manipulation [J]. Spacecraft and Rockets, 1977, 14(8): 479 - 487.
[52] LIKINS P W. Dynamics and Control of Flexible Space Vehicles[J]. JPL. TR, 1970(32): 1329
[53] LIKINS P W. Finite Element Appendage Equations for Hybrid Coordinate Dynamic Analysis. Int[J]. Solids and Structures, 1972, 8(5): 709 - 731.
[54] LIKINS P W. Dynamic Analysis of a System of Hinge-Connected Rigid Bodies with Non-rigid Appendages. [J]. Solids and Structures, 1973, 9(12): 1473 - 1487.
[55] MEIROVITCH L, NELSON H D. High Spin Motion of Satellite Containing Elastic Parts[J]. Spacecraft and Rockets, 1966, 3(11): 1597 - 1602.
[56] MEIROVITCH L, QUINN R D. Equations of Motion for Flexible Spacecraft[J]. Guidance, Control and Dynamics, 1987, 10(5): 453 - 465.
[57] MEIROVITCH L, KWAK M. Dynamics and Control of Spacecraft with Retargeting Flexible Antennas[J]. Guidance, Control and Dynamics, 1990, 13(2): 241 - 248.
[58] MODI V J. Attitude Dynamics of Satellite with Flexible Appendages-A Brief Review[J]. Spacecraft and Rockets, 1974, 11(11): 734 - 751.
[59] ROBERSON R E, WITTENBURG J W. A Dynamical Formalism for an Arbitrary Number of In-

terconnected Rigid Bodies with Reference to the Problem of Satellite Attitude Control[C]. London:Proceedings on 3rd IFAC Congress,1968.
[60]SNABANA A A. Dynamics of Multibody Systems[M]. New York:John Wiley & Sons,1989.
[61]SHABANA A A. Dynamics of Flexible Bodies Using Generalized Newton-Euler Equations, ASME[J]. Dynamical Systems,Measurements,and Control,1989,112(3):496 - 503.
[62]SINGH R P,VANDERVOORT R J,LIKINS P W. Dynamics of Flexible Bodies in Tree Topology-A Computer-Oriented Approach[J]. Guidance,Control and Dynamics,1985,8(5),584 - 590.
[63]SKELTON R E,HUGHES P C. Modal Cost Analysis for Linear Matrix-Second-Order System [J]. Dynamic System,Measurement and Control,1980,102(3):151 - 158.
[64]SKELTON R E,HUGHES P C,HABLANI H B. Order Reduction for Models of Space Structures Using Modal Cost Analysis[J]. Guidance,Control and Dynamics,1982,5(4):351 - 357.